二十世纪
中國史學名著十講

赵克生 主编

海南出版社
·海口

图书在版编目（CIP）数据

二十世纪中国史学名著十讲 / 赵克生主编 . -- 海口：
海南出版社，2023.12
ISBN 978-7-5730-1407-8

Ⅰ.①二… Ⅱ.①赵… Ⅲ.①史籍—研究—中国
Ⅳ.① K204

中国国家版本馆 CIP 数据核字 (2023) 第 220269 号

二十世纪中国史学名著十讲
ERSHI SHIJI ZHONGGUO SHIXUE MINGZHU SHI JIANG

主　　编：赵克生
责任编辑：陈泽恩　余传炫
特约编辑：刘蔚然
装帧设计：陈　悦
海南出版社　出版发行
地　　址：海口市金盘开发区建设三横路 2 号
邮　　编：570216
电　　话：0898-66822134
印刷装订：长沙市宏发印刷有限公司
版　　次：2023年12月第1版
印　　次：2023年12月第1次印刷
开　　本：880 mm × 1 230 mm　1/32
印　　张：10
字　　数：226千字
书　　号：ISBN 978-7-5730-1407-8
定　　价：58.00元

如发现印装质量问题，影响阅读，请联系海南出版社调换。

前　言

　　每年春天的研究生招生复试（面试）就像本科教育与研究生教育的连接点，让我们有机会透过这个点来审视本科教育质量，了解即将招录的研究生的学术素质，但常常是喜忧参半，一言难尽。面试中，我们一般都会问一个问题：谈谈你在教材之外读过的一两本专业著作。学生的回答要么是没有读过，要么是读过黄仁宇《万历十五年》。其实继续追问《万历十五年》是怎样一本书，他们大多数也没有读懂，不能给出一个令人满意的答案。这种情况的普遍性说明了历史专业本科教育、研究生教育存在一个亟待解决的难题，即如何让学生顺利进入专业学习，熟悉名家名著，摆脱教材依赖，开阔学术视野。明清科举时代，有一种读书人不读"四书五经"，专读应试时文，被称作"时文秀才"。如果一个历史专业的学生，专背教材，高分过关，获得学士学位，不也是"教材学士"吗？！

　　为了破解这个难题，近年来我们开设了"史学名著导读"课程，选择二十世纪出版的中国史学名著（包括西方学者所著的中国史学名著中译本），采取学生预习、教师导读、课堂讨论等形式，着重介绍著者生平、写作背景、结构与内容、学术贡献与特色，以及评价和可能存在的不足，勾勒出著作的整体面貌，呈现著作的精髓要义、著者的治史方法。考虑到本科生的学习时间与知识积累情况，结合主干课程"中国古代史"的重点内容，选择的名著大都难度适中、篇幅较小。这门课首先由我们学院老师讲授，学生们认真阅读，一学期下来做了厚厚的读书笔记，取得了一定效果。

课程的改革并未就此止步。我们把该课程同时引入研究生课程体系，把封闭的课程变成开放的课程，除了本学院老师导读之外，还通过"名家荐名著"系列学术讲座，邀请国内著名学者参与导读。北京大学辛德勇教授、上海师范大学钱杭教授、南开大学孙卫国教授、上海社科院周武研究员等学者或莅临海南师范大学现场授课，或因疫情所限而线上授课，给学生带来不一样的学术体验。值得一提的是，这些外校老师与所导读的名著及其作者还有非同寻常的关系：辛德勇教授是黄永年先生的研究生，周武研究员是陈旭麓先生的研究生，孙卫国教授是郑天挺先生《明史讲义》的整理者及先生哲嗣郑克晟教授的研究生。他们亲侍师侧，涵育熏陶，学脉相承，对于所导读的名著有着不同于外人的体认与感悟。有些老师虽与名著作者无师承关系，但都是某一领域的权威专家，如钱杭教授对于宗法、宗族的研究，高寿仙教授、黄国信教授对于明清社会经济史的研究，周文玖教授对于近代史学史的研究，马晓林教授对于元史的研究，皆为一时之选。

以上讲课内容经过整理、完善，最后以《二十世纪中国史学名著十讲》一书出版，供学生们以及对中国历史感兴趣的读者参考，希望能指点些许路径，助益他们徜徉书海，扬帆远航。

编 者

2023 年 11 月

目　录

1

第一讲

史学大师的学术自白

谈谈严耕望的《治史三书》

周文玖

作者是卓有成就的大史学家，书中谈的都是自己的经验，从自己治学的得与失中提炼、概括史学方法，而不是空谈史学理论和史学方法论；里面有大量的典型的事例，虽是言方法，却不令人感到枯燥。

　　周文玖，1964 年出生，历史学博士，北京师范
大学历史学院教授、博士生导师，史学理论与中国
史学史教研室主任。在《史学理论研究》《民族研究》
等学术期刊发表论文、学术评论 160 余篇，出版《中
国史学史学科的产生和发展》《史学史导论》等著作
8 部。

　　严耕望是享誉世界的史学大家，在中古政治制度史和中
古历史地理的研究方面，成就卓著。1957—1959 年，严耕
望在美国哈佛大学访学，1979 年春季在耶鲁大学担任访问教
授，西方汉学界对他的学术成果非常赞叹，给予了很高的评
价。严耕望是安徽人，1949 年随"中研院"史语所到了台湾，
后来又受聘至香港。作为台湾和香港的学者，他的学术成果
在 30 年前的大陆还很难看到。20 世纪 80 年代北京大学周
一良教授访问美国，在美国买了许多书。回国的时候，一般
书籍都交给邮局托运，但有两本书他认为最有价值，为避免
丢失，他随身携带，其中一本就是严耕望的《中国地方行政
制度史》。严耕望著作体量大，质量高。他的著作大都是多
卷本大部头的书，而且构成系列。代表作有《两汉太守刺史
表》《唐仆尚丞郎表》《中国地方行政制度史》《唐代交通图

考》等，均为多年精心研究之结晶。这些书的专业性很强，在中国的中古史研究方面价值很大。然而严耕望在史学界影响更大的却是他晚年所写的谈治学经验、治学方法以及自己学术经历的书，虽然篇幅不大，却风靡学界，多年畅销不衰，成为习史、治史者的案头必读书，这就是《治史三书》。

今天我讲的内容包括三部分：严耕望生平、《治史三书》的内容及特点、由《治史三书》看严耕望的学术风格及史学批评。

读其书，要知其人。首先我们了解一下严耕望的生平。

一、严耕望生平

严耕望（1916—1996），号归田，安徽桐城人。严耕望的家人世代务农，他本名严德厚，小名"耕旺"，大概是家人期望他勤于稼穑，兴家旺宅。读书后用小名作学名，并改为严耕望。严耕望的八十载人生，可分为几个阶段。

21岁以前（1916—1936）是第一个阶段。这个阶段，他读初小、高小、初中、高中。高小时期，他的数学很好，老师冯溶生数学课上得精彩，使他对数学非常感兴趣，成绩优异。直到高中，他的数学成绩都很优秀。高中时期，严耕望受历史老师李则纲影响大。他听李则纲的学术讲演"历史演变的因素"，主要是用历史唯物主义的观点揭示历史的变化和发展，感到非常有兴趣，萌生从事历史研究的志向。

21岁到29岁（1937—1945）是第二个阶段。这个阶段，他在武汉大学历史系读书，在齐鲁大学国学研究所做助理员，在华西大学、北碚修志委员会短暂工作。受教于吴其昌、钱穆、顾颉刚等。

29岁到48岁（1945—1964）是第三个阶段。1945年9月，严耕望通过毛遂自荐，得到傅斯年的赏识，进入史语所工作（当时史语所在四川宜宾李庄，后迁南京）。1949年1月，随史语所迁往台湾。1957年9月至美国，1959年6月返回台湾。其间与胡适、杨联陞等交往密切。近二十年里，严耕望的职称从助理员（1945年9月）晋升为研究员（1959年8月）。1964年7月离开史语所。

48岁至65岁（1964年8月—1981年7月）是第四个阶段。严耕望任香港中文大学教授，并常往返于港台之间。1970年7月，当选"中研院"院士。1979年春季他到耶鲁大学历史系为中国史博士班讲授"唐史"。1981年4月，《治史经验谈》出版，这就是后来的《治史三书》之第一书。

65岁至80岁（1981年8月—1996年10月）是第五个阶段。严耕望自香港中文大学退休后，主要居住于香港，仍在新亚研究所担任导师，在港台两地参加一些学术活动或兼课。学术研究笔耕不辍，学术成果不断问世。其间，史语所一度聘他为特约研究员、专任研究员。1985年从史语所退休。《治史答问》于1985年出版，《钱穆宾四先生与我》于1992年出版，自此，《治史三书》齐备。

严耕望是一个纯粹的学者，一生不与政治沾边。他的座右铭就是："工作随时努力，生活随遇而安。"[1]"有书可读，万

1　严耕望:《治史三书》，上海人民出版社，2011年，第99页。

事足；任何荣辱享受都其次又其次。"

1944年春，离开齐鲁大学国学研究所的严耕望拟回家乡任教，因为战事受阻，滞留重庆。为了生计，当时，顾颉刚、钱穆拟介绍他到中央政治学校，他以政治学校不免要沾上政治色彩未去，而宁愿"暂居史地图表社，为史学会标点《后汉书》"[1]。

对严耕望一生学术生活影响最大的学者是钱穆和傅斯年。钱穆的影响主要是在学术思想和治学方法上，傅斯年的影响主要是为严耕望提供了读书、研究的优越环境。二者缺一，严耕望都难以达到他作为大史学家的学术水平。对此，严耕望多次在回忆文章中对钱穆、傅斯年表示感恩之情。严耕望与钱、傅不同的是，他既不卷入学派纷争，也不参与政治活动。他一直把自己限定在一个学术人的范畴内，不逾越雷池一步。

他心无旁骛，一心向学。严耕望把学术看得高于一切，全身心投入学术研究。他本人淡泊名利，多次谢绝名利双收的职位。如钱穆几次邀请他到收入更加丰厚的香港担任教职，"中研院"院长王世杰期望他领衔主编《中国通史》，他都认为有悖于自己的学术理想而拒绝。尽管钱穆、王世杰都是他尊敬的师长前辈，并且他们那样做也是为了改善他的经济状况，提高他的学术地位，然而，他却不为所动。他说："学术工作只为兴趣与求真的责任感。为了学术成就，名利权位，皆不能分心争取。而权位两者，不但不能争取，而且

1　严耕望：《治史三书》，第251页。

要绝对避而远之，就是无意中为形势所迫落到头上，也要设法避开，决不可贪图暂时虚荣，阻妨大计。"[1]1973 年，香港中文大学恳请他担任历史系讲座教授。香港中文大学一个学系只设一位讲座教授。讲座教授，位高、权重、薪厚，是学者求之不得的荣誉职衔。但严耕望却再三推辞，终于不就，因为讲座教授需兼行政。他说："就一个纯学人而言，任何高级名位头衔都是暂时的装饰，不足重视。只有学术成就才是恒久的贡献，必须坚持。"[2]

他坚持以道家自处而以儒家待人的立身处世原则。严耕望说："我这个人，一向以道家自处，以儒家待人。"[3]宽以待人，严以律己；在物质生活上要求很低，在学术追求上则刚毅进取。这种立身处世原则，有其坚强的一面，也有其纯净的一面。正是坚持这样的原则，他才在史学上取得了惊人的成就。

"为学问而学问""献身学术"，这是严耕望纯净学术人的写照。

二、《治史三书》的内容及特点

《治史三书》是把三本书合为一书，给它起了一个新名字，叫"治史三书"。这三本书是《治史经验谈》《治史答问》《钱

1　严耕望：《治史三书》，第 105 页。

2　严耕望：《治史三书》，第 268 页。

3　严耕望：《治史三书》，第 268 页。

穆宾四先生与我》。它们最先都是作为"岫庐文库"的一种在台湾单行出版的。《治史经验谈》出版于 1981 年,《治史答问》出版于 1985 年,《钱穆宾四先生与我》出版于 1992 年。

1998 年 3 月,辽宁教育出版社"新世纪万有文库"将《治史经验谈》《治史答问》《钱穆宾四先生与我》合在一起,书名为《治史三书》,纳入该文库第二辑的"近世文化书系"出版。

2006 年 1 月,辽宁教育出版社将《治史三书》更名为《怎样学历史——严耕望的治史三书》纳入"花生文库·大师谈学习系列"出版。

2008 年 1 月,上海人民出版社出版《治史三书》的中文简体字版。

《治史经验谈》谈了 9 个方面的问题,依次为:原则性的基本方法,几条具体规律,论题选择,论著标准,论文体式,引用材料与注释方式,论文撰写与改订,努力途径与工作要诀,生活、修养与治学之关系。

《治史答问》是对《治史经验谈》的补充,是以答问的形式谈治史经验和史学评论,包括 21 个题目,涉及严耕望的读书经历,学术研究需要注意的问题,以及作者对 20 世纪著名史家的评论,等等。

《钱穆宾四先生与我》由上、下两篇,外加两个附录组成。上篇《钱穆宾四先生行谊述略》,下篇《从师问学六十年》。两篇附录分别是《我与两位王校长》《我对傅斯年孟真先生的感念》。

上述三本书出版后,不仅在台湾、香港大受欢迎,在大陆也是热销书。

之所以如此，与书中具有这样几个特点有关：1. 文字质朴，通俗易懂，深入浅出，雅俗共赏。2. 作者是卓有成就的大史学家，书中谈的都是自己的经验，从自己治学的得与失中提炼、概括史学方法，而不是空谈史学理论和史学方法论；里面有大量的典型的事例，虽是言方法，却不令人感到枯燥。3. 所谈的史学方法既有普遍性，又有一定的针对性，是历史研究者关注的问题。

这从书中的小标目，就能反映出来。如讲治史的几条具体规律时，他的标目是：1. 尽量少说否定话；2. 不要忽略反面证据；3. 引用史料要将上下文看清楚，不要断章取义；4. 尽可能引用原始或接近原始史料，少用后期改编过的史料；5. 后期史料有反比早期史料为正确者，但须得另一更早期史料作证；6. 转引史料必须检查原书；7. 不要轻易改字。

"尽量少说否定话"，道理不难理解。寻找历史真相，下断语时，肯定的断语比较容易有把握，只要你找到了可信的史料，纵然只有一条，有时也可以下肯定的断语。如说某人的生年，某事发生的时间、地点，只要提出可靠的证据，就可做出判断。但否定的判断就不容易，甚至说极其困难。因为过去发生的事，不一定每一件事情都记载下来。有记录的，又未必传世，即使传世，也未必一直传到现在。而现在保存的记录，你也未必都看得到。个人所知道的、所掌握的史料都是有限的，不能因为自己没有看到可以肯定某件事的史料，就否定某件事的存在。严耕望列举了古人以及现代人的书中不少人都犯了这个毛病。所以他说"尽量少说否定话"。"尽量少说否定话"就是陈寅恪说的"说有容易，说无难"。

要之，经验之谈，文字朴实，有事例，有故事情节，所谈又是治史者应该掌握的史学方法，这些特点是这部书长期受到史学工作者、文史爱好者青睐的主要原因。

三、由《治史三书》看严耕望的学术风格及史学批评

（一）严耕望的学术风格

严耕望的学术研究，主要集中在政治制度史和历史地理两个领域。自踏上历史研究之路，严耕望就善于制定自己的学术计划，然后按部就班，长年累月为之耕耘和奋斗，故他的著作，无一不体现深厚的学术积累，有些著作具有紧密的关联，形成较强的系统性。如《中国地方行政制度史》，包括《秦汉地方行政制度》和《魏晋南北朝地方行政制度》，前后花费二十年。《唐代交通图考》更是令人震惊，从搜集资料到出版前五册，历时将近半个世纪。由于这样的突出成就，严耕望在 20 世纪 80 年代，已成为享誉国际的著名史学家。严耕望的治史风格，可归纳为以下几点：

1. 在学术路径上，通过专精以达博通

做学问有专家之学和通才之学的分别，严耕望的老师钱穆的学术道路是通才之路。钱穆推崇通才之学，他说："现在人太注意专门学问，要做专家。事实上，通人之学尤其重要。"[1]

1　严耕望：《治史三书》，第 238 页。

他认为第一流的学问都是通的学问，并鼓励严耕望走通才之路。然而严耕望在这一点上并没有完全听从钱穆的，而是先走专家之路，再逐步向博通发展。

严耕望所走的专家之路，其实也是受钱穆的启迪后做出的抉择。钱穆 1941 年曾到武汉大学做了一个月的学术讲演，他发表的研究历史有两个专门学问必须弄通的观点，决定了严耕望一生的治学道路。严耕望回忆说："先生一开讲，就说历史学有两只脚，一只脚是历史地理，一只脚就是制度。中国历史内容丰富，讲的人常可各凭才智，自由发挥。只有制度与地理两门学问都很专门，而且具体，不能随便讲。但这两门学问却是历史学的骨干，要通史学，首先要懂这两门学问，然后自己的史学才有巩固的基础。……此刻听到先生这番话，自然增加了我研究这两门学问的信心，所以我后来几十年的努力，坚定不移的偏向这两方面发展。"[1] 应该说，严耕望的大部头著作都属于专家之学的范畴，即政治制度史和历史地理学两个专业方向。

但专与通是密切联系的，专到一定程度，也会达到通的境界。因此，严耕望走的虽是专家之学的路线，但钱穆的期待和鼓励，对他还是起到了潜移默化的作用。严耕望在《钱穆宾四先生与我》一书中，特意回顾了钱穆对他的教导，引用了钱穆给他的书信。如有一次钱穆对他和同学钱树棠说："（你们）现在都研究汉代，一个致力于制度，一个致力于地理，以后向下发展，以你们读书毅力与已有的根柢，将有

1　严耕望:《治史三书》，第 237—238 页。

成就，自无问题，但结果仍只能做一个二等学者。纵然在近代算是第一流的成就，但在历史上仍然要退居第二流。我希望你们还要扩大范围，增加勇往迈进的气魄！"[1] "一个人无论读书或做事，一开始规模就要宏大高远，否则绝无大的成就。一个人的意志可以左右一切，倘使走来就是小规模的，等到达成这个目标后，便无勇气。一步已成，再走第二步，便吃亏很大！"[2] 严耕望虽自感"天资有限，求一隅的成就，已感不易。若再奢望走第一流路线，恐怕画虎不成反类狗"[3]，但骨子里还是向着钱穆指引的目标奋进，与钱氏不同的是他并不想"成为领导社会、移风易俗的大师"，只想成为学术成果彪炳千秋的一流学问家。这从他给亲人的书信中可以看出："过去两年半，我赴海外工作，想将40年来所研究之唐代交通问题作一结束，去年开始出书，颜为唐代交通图考，迄今已出5册，约150万字以上（全书将来出齐约8册，200万字以上），此为我平生功力最深之著作，亦为司马氏《通鉴》以后900年来史学界功力最深之论著。《日知录》、《明儒学案》、《文史通义》诸书，其境界也高，影响也大，但功力不如我之深，我书精审远过前人。"[4] 这里，他将自己的《唐代交通图考》与顾炎武、黄宗羲、章学诚的代表作比肩，所表现的得意和自负，与他平素谦逊的为人形成鲜明对比。

---

1 严耕望：《治史三书》，第245—246页。

2 严耕望：《治史三书》，第246—247页。

3 严耕望：《治史三书》，第246页。

4 转引自严伯高《我的四叔——严耕望先生》，载《安庆文史资料》第27辑《香皖两江情》，中国文史出版社，1997年，第111页。

　　严耕望的博通，有多方面的表现。一是他不做点的孤立研究，而是做面的研究。他所研究的问题，往往都是包含很多小问题的大题目。此乃横通。因为在他看来，历史不能做平面的划割，同一时间的各项活动更彼此有关联有影响。从研究效率和效果看，这样做能够发现材料的彼此冲突、彼此关联和相互补充，能够及时纠正因材料片面而导致的错误，避免许多重复劳动，产生大而精的成绩，因此，看似慢实则快。如他对魏晋南北朝地方行政制度的研究，就是如此。魏晋南北朝地方行政制度，包括都督府建置问题、州府僚佐问题、郡县制度问题、北魏军镇问题、领民酋长问题、诸部护军问题、北周总管问题等。为了一下子解决这个广阔的问题群，他将这一时代的重要书籍统统看了一遍，对这一时代有了全面的认识。二是注重上下贯通。他说"我们不得已研究一个时代，或说研究一个朝代，要对于上一个朝代有极深刻的认识，对于下一个朝代也要有相当的认识"。[1]他曾把卷帙浩繁的《宋史》从头至尾阅读一过，为的是"对于宋代有个概括的认识，最主要的目的就是希望能对研究唐史有所帮助"。[2]三是在专史中求通。严耕望在其早年的政治制度史研究中，就有打通专史的想法。他说"我的意态还是通的专史，并非横的断代史"。[3]在其后期的著作中，更是由专史的叙述辐射到历史的各个方面。他的《唐代交通图考》，"交通之

1　严耕望:《治史三书》，第 12 页。

2　严耕望:《治史三书》，第 15 页。

3　严耕望:《治史三书》，第 127 页。

外，有随文旁涉者，如国疆、如互市、如军镇、如唐诗地理等"。[1] "以经济地理为重心，学术宗教文化地理次之，所以除了行政区划、军事建置之外，社会经济宗教文化各方面问题，凡关涉区域性或可从区域着眼观察的资料都在搜讨之列"。[2] 严耕望希望他的《唐代交通图考》，对于将来人研究唐代问题，不论是政治、军事、经济、文化乃至唐人散文诗篇等各方面，都会有参考价值。四是他具有建立中国历史的立体观的自觉意识。他说，中国自古是个大国，版图广阔，民族复杂，各地区、各民族的生计状况与风俗习惯差异很大，写历史的人不应当只注意到汉族聚居区域的核心地带，以偏概全，应当建立中国历史的立体观，把中国境内各个地区、各种民族的历史文化全部容纳到中国历史体系中来，这才能算是一部真正的"中国通史"、"中国文化史"。只着重中央政治的演变、中央政令的推行与各方面伟大人物的表现，而且只限于汉族活动的核心地带，这决不能算是全民性的"中国通史"、"中国文化史"。[3]

2. 在研究旨趣上，做实在具体的研究，不做抽象理论的研究

严耕望的学术成果基本是对具体历史问题的研究。诚如

1　严耕望：《治史三书》，第 207 页。

2　严耕望：《我撰唐代交通图考的动机与经验》，载《严耕望史学论文集》，上海古籍出版社，2009 年，第 1488 页。

3　严耕望：《治史三书》，第 193 页。

他所说的："我的主要工作涉及两大范围，一是政治制度史，二是历史人文地理，都是具体性，少涉抽象性。"[1] 这与他的史学观和治学趣味密切相关。他说："所谓研究成果，分析起来，也可大别为意见、看法与基本史实两类。意见、看法往往是就史实作解释，属于论史性质，可因见仁见智，各有不同，也或许有时间性。但基本史实则绝不能有两样，只要真正探得了史实的真相，就永远有其价值，不是暂时性的。"[2] "我认为治史仍当以发掘史实真相为主流，以解释、论史为辅助。"[3] 这个史学价值观决定了他的历史研究旨趣，即如他说的"为把稳起见，最好多做具体问题，少讲抽象问题"[4]。因为发掘史实真相，是一种纯科学的活动，是一种探求历史存在的研究，其证据比较具体，较易做客观的把握，需要主观判断的成分比较少，比较容易做到客观公正。而解释历史、对历史进行评论，则不免带有作者的主观成分，其研究成果往往难以成为定论。这一旨趣与傅斯年建立史语所时立定的工作旨趣高度一致。严耕望常引以为豪的史语所工作环境，大概也包括学术旨趣。

严氏虽然强调实在具体研究，但也并不是认为理论研究没有必要，而是认为应该根据个人才情做出选择。一般常人不必把主要精力用于理论研究上。他不否认理论研究的重要性，只

1　严耕望：《治史三书》，第 47 页。

2　严耕望：《治史三书》，第 167 页。

3　严耕望：《治史三书》，第 167 页。

4　严耕望：《治史三书》，第 48 页。

是觉得自己的天资不适合做理论研究。但他依然对从事理论研究和抽象问题研究的学者提出忠告，说："若是对于抽象问题实有浓厚兴趣，又自信天分极高，能透视常人所不能窥视，自亦可以从事抽象问题的研究，不过要特别警觉，谨慎从事！天分高，功夫深又能谨慎，所得成果，纵不能得到公论的承认，但若能真正成一家之言，也就是一项成就！"[1]

3. 在运用数据方面，主要依靠基本史料，把研究建立在基本数据上

严耕望的著作，大都卷帙庞大，运用数据繁复，数据种类众多。以《唐代交通图考》为例，几尽用有关唐代之文献，包括正史、通鉴、政书、地志、别史、杂史、诗文、碑刻、佛藏、科技、杂著、类纂诸书，以及考古数据。严耕望非常欣赏陈垣"竭泽而渔"的治史精神和方法，在自己的研究著述中，尽量贯彻之。尽管如此，在史料观上，严耕望依然具有自己的朴实认识。他说："新史料固然要尽量利用，但基本功夫仍然要放在研究旧的普通史料上。研究历史要凭史料做判断的依据，能有机会运用新的史料，自然能得出新的结论，创造新的成绩，这是人人所能做得到的，不是本事，不算高明。真正高明的研究者，是要能从人人能看得到、人人已阅读过的旧的普通史料中研究出新的成果，这就不是人人所能做得到了。"[2] 为了说明自己的观点，他举钱穆、汤用彤、陈寅恪等

---

1 严耕望:《治史三书》，第48页。
2 严耕望:《治史三书》，第21页。

人的例子，认为尽管他们学术背景不同，学术特点各异，但他们的代表作如《刘向歆父子年谱》《国史大纲》《汉魏两晋南北朝佛教史》《唐代政治史述论稿》《隋唐制度渊源略论稿》等，所用的资料主要还是普通史料，都是人人所能看得到的。他重视正史的史料价值，对正史史料价值的论述，相较于一般历史考证派更加平实。他说："所谓基本材料书，最主要的是指专题研究所属时代的正史，不管它写得好不好，它总是比较包罗万象，什么东西都有，这是正史体裁的好处。"[1] "我个人治史的路线也是从一般普通史料入手，虽然我征引史料除正史、政书、地志之外，涉及诗文、石刻、佛藏、杂著等相当广泛，也偶引新史料，但真正基础仍然建筑在正史上。"[2]当然，他这样说，绝无否定新史料的价值之意。但他认为新史料的出现有其偶然性，而且对新史料的解读也不能离开基本史料。他认为，能够看到新史料是福气，但历史研究不能仅靠福气，否则没有新史料，就不能再做研究？新发现的史料虽然珍贵，但不易得，而且新史料大都是片面的，残缺不全。只有对旧史料熟悉，才有能力去利用新史料；否则即使有幸见到新史料，也不知是何物，更谈不上利用。[3]这与过分强调新史料的重要性乃至垄断新史料而忽视旧史料者，绝然不同。五四以来，有些新历史考据学派的学者追求新史料，

1　严耕望：《治史三书》，第 18 页。

2　严耕望：《治史三书》，第 22—23 页。

3　廖伯源：《严耕望传》，载《严耕望先生纪念论文集》，稻乡出版社，1998 年，第 19 页。

把是否运用新史料作为治学能否跟上潮流的重要指标，重野史，轻正史，甚至主张不看二十四史，这种观点显然带有一定的片面性。吕思勉说："正史之所以流传至今，始终被认为正史者，即由其所包者广，他书不能代替之故。"[1] 可见，严耕望虽工作于强调新史料的史语所，但他的史料观却是十分平正的。

4. 在研究方法上，主要是通过对史料的考辨、归纳、统计而得出结论，而不倚重新奇的理论和方法

严耕望的著作都是以考据为根本。胡适提倡有一分证据说一分话，严耕望可谓是真正的实行者。他的《治史经验谈》最精彩的地方是关于史料的认定和使用。在其考据著述中，归纳、统计是他运用最多的方法，并且将之提升至史学方法论的高度。廖伯源说严耕望的"著作偏重归纳法之应用。搜集所有能见到之资料，以归纳法抽绎其共通性，往往有重大发现。"[2] 确实，严耕望认为，归纳法是史学研究的基本方法，演绎法不能成为主要方法。在他看来，社会科学理论只是历史研究的辅助工具，不能以运用理论作为主导方法。他也承认运用社会科学方法与理论研究历史本是条很好的途径，但他又认为过分强调，毛病很大。他说："史学研究是要有辩证发展的基本观念，运用归纳法求得新结论。演绎法只可用

1　吕思勉：《从我学习历史的经过说到现在的学习方法》，《吕思勉论学丛稿》，上海古籍出版社 2006 年版，第 584 页。

2　廖伯源：《严耕望传》，载《严耕望先生纪念论文集》，第 17 页。

作辅助方法，不能滥用为基本方法。"[1]归纳法讲究逻辑，因此，他强调逻辑在历史研究中的重要性，说："为学只在一'理'字，说理尤当思路明晰，考虑周详，不背逻辑基本原则。凡思路不清、思辨不明进而诸人相踵，竟不觉愣，此殆皆缺乏逻辑基本训练，思虑不密之故！若思路不清，思辨不密，读书纵多，纷纭取证，亦将难有深度成就！"[2]他的代表作《中国地方行政制度史》的突出特色就是运用归纳法，从众多的零散的史料中归纳出通则，重建封建社会的行政制度。如汉代地方官吏有籍贯规定的限制，但史书并没有明确的记载。严耕望将汉代官吏的传记资料搜罗几尽，对汉代地方官吏二千多人的籍贯进行排比和统计，得出自己的结论，除京师特例外，各级地方官及监察官不用本籍人：刺史不用本州岛人，郡国守相不用本郡人，县令长亦不用本郡人，属吏则必用本籍人，这个制度开始于汉武帝中叶。他的《两汉太守刺史表》与《唐仆尚丞郎表》也具有这个特点，从大量的史料中获取可供列表的史实，将复杂的历史简约化、条理化，从而揭示事物的关联性。

　　严耕望常把自已治史的成就与早年打下的良好的数学基础联系起来。他说："在我求学过程中，先得到溶生师的教诲，使我从数学的学习中，磨练成思考问题能深入、能细密的能

1　严耕望:《治史三书》，第 145 页。

2　严耕望:《严耕望史学论文选集》，联经出版事业公司，1991 年，第 139—
　　140 页。

力与习惯，不致思路混乱，或凭虚玄想。"[1] "因为数学根柢好，所以我在中学一直以数学见长。后来我虽然弃理习文，但研究问题能深入、能精细、不敢一步虚浮，这种作风，大都得之于少年时代的数学训练。"[2] 的确，数学是以逻辑为基础的，准确是基本要求。严耕望晚年回顾自己的学术成就时，对小学时期的数学老师冯溶生总是念念不忘，认为是这位老师启蒙了他的数学兴趣，让他打下了扎实的数学基础，这对他读大学以后的历史学习和研究，作用很大。

（二）严耕望的史学评论

严耕望虽不专做学术史研究，但他在晚年所写的回忆文章以及"治史答问"类著述，却表达了精彩的史学评论，其中不乏学术史的重要信息，在学术界产生了广泛的影响。

1. "四大家"论

严耕望写有文章《史学二陈》《通贯的断代史家——吕思勉》，特别将陈垣、陈寅恪、吕思勉、钱穆推为前辈中国史学"四大家"。他在著作中不厌其烦地陈述这个观点。他说："我认为前一辈的中国史学界有四位大家：两位陈先生、吕思勉诚之先生与业师钱穆宾四先生。"[3] "居常认为诚之先

---

1 严耕望：《治史三书》，第278页。

2 严耕望：《治史三书》，第236页。

3 严耕望：《治史三书》，第169页。

生当与钱先生及两位陈先生并称为前辈史学四大家。"[1]"论方面广阔，述作宏富，且能深入为文者，我常推重吕思勉诚之先生、陈垣援庵先生、陈寅恪先生与钱穆宾四先生为前辈史学四大家，风格各异，而造诣均深。"[2]当然，严耕望对自己的这个论断，也有一个说明，即没有包括时代比他们几位稍早的史学家："民国以来，中国史学界名家辈出，梁任公、王静安两位先生时代稍早，今置不论。"[3]严耕望的学术成就和纯正的学人风范，增强了人们对他的史学评论的认同感。因为一般人都相信老实人说的话，何况这个老实人又是大学问家。因此，严耕望提出的史学"四大家"论，影响颇大，对于这四位史学家学术声望的高涨起到促进的作用，特别是引起了更多学人对过去学界注意不够的吕思勉的重视。近年来吕思勉研究热的兴起，与严耕望对他的极力称赞不无关系。

2. 对陈寅恪的评论

严耕望对陈寅恪充满敬仰之情。首先，他钦佩陈寅恪的才气和语文工具。他说，"先生记忆力特强，据各家所记，除英、德、法、日等国语文外，遍习梵文及巴利、希腊、拉丁、波斯、土耳其、蒙、藏、满文，有些或且甚精"，"先生旷世奇才，加以早年环境优裕，语文工具特强，东西学术基础亦

1　严耕望：《治史三书》，第 178 页。

2　严耕望：《治史三书》，第 215 页。

3　严耕望：《治史三书》，第 215 页。

特别深厚"。[1] 其次，称赞他纯净学术人的风格。他说："我深爱寅恪先生纯净学术人的风格，而强毅独立，不为名位诱，不为威武屈。"[2] 第三，对陈寅恪的辩证的考据功夫十分叹服。他说："辩证的论著，重在运用史料，作曲折委蛇的辨析，以达成自己所透视所理解的新结论。此种论文较深刻，亦较难写。"陈寅恪的历史考证，偏重于此类，"往往分析入微，证成新解，故其文胜处往往光辉灿然，令人叹不可及"。[3]

但在赞誉的同时，严耕望还指出了陈寅恪的不足和缺点。如说他身体弱，未能尽其才："惟惜中年时代健康情况看来似颇差，殊难尽量发挥其才学。"[4] 再如说他才子文士风格的局限："陈先生虽是个谨严的史学家，生活修养所表现的性格也是最标准的'学术人'，但另一方面仍不脱才子文士的风格，不是个科学工作者，所以虽有大志而似无具体计划，也不会能耐烦的去做一个有组织的大工作。"[5] 虽佩服陈寅恪辨析史料的敏锐，但又认为"往往不免有过分强调别解之病"，一般人不宜模仿学习，并告诫曰："学者只当取其意境，不可一意追摩仿学。浅学之士若一意追摩，更可能有走火入魔的危险。"[6]

---

1 严耕望：《治史三书》，第 170 页。

2 严耕望：《治史三书》，第 175 页。

3 严耕望：《治史三书》，第 174 页。

4 严耕望：《治史三书》，第 170 页。严氏所论符合事实。《陈寅恪集》之《书信集》，内中所收陈氏与傅斯年的通信，大都与身体健康有关。特别是抗战时期，陈氏贫病交加，苦不堪言。

5 严耕望：《治史三书》，第 102 页。

6 严耕望：《治史三书》，第 174 页。

虽钦仰陈氏晚年凭其旷世奇才与无比强毅不屈的精神，完成巨著《柳如是别传》，但又感到这样的工作没有多大价值。"此书虽极见才学，但影响作用可能不会太大。"[1]原因在于文字太繁琐，论题太小，所研究的人物非关键性人物。此外，严耕望还指出陈寅恪的著作有不讲究体裁的缺点。在众人交口尊崇陈寅恪学术，认为其学术造诣高不可及的情形下，严氏却不失尊敬地指出陈寅恪的局限，反映了他理性冷静、坚持自己独立见解的学术态度。

3. 对陈垣的评论

严耕望对陈垣的学术评价很高，认为陈垣自学成名，早年著作涉及宗教史、年代学、史讳学、校勘学、目录学、元史等多方面，所写专书和论文，为学林重视，陈垣在抗战时期写的"古教四考"以及《通鉴胡注表微》，踏实有创获，寄寓民族大义，具有"永久性价值"。严耕望认为考证之术有"述证"与"辩证"两类别。与陈寅恪走的偏重辩证路数不同，陈垣偏重述证路数。述证路数的著作，"只要历举具体史料，加以贯串，使史事直相活当的显露出来。此法最重史料搜集之详赡，与史料比次之缜密，再加以精心组织，能于纷繁中见其条理，得出前所未知的新结论"。[2]陈垣"最重视史料搜集，至以'竭泽而渔'相比况。故往往能得世所罕

---

1 严耕望:《治史三书》，第 171 页。

2 严耕望:《治史三书》，第 174 页。

见，无人用过的史料，做出辉煌的成绩"。[1] 陈垣著作"以平实自许，也以平实著称"，创获着实丰硕。"前辈学人成绩之无懈可击，未有逾于先生者。"[2]

4. 对吕思勉的评论

严耕望将吕思勉称为"通贯的断代史家"，认为吕思勉的学术成就不在二陈和钱穆之下。他说，学术可分博通周赡与精深有新解两途，"学术创获诚然须专精有新解，但博赡仍是为学大道，且极不易，或许更难"。[3] 他对吕思勉长期以来为学界所忽视，声光"不及二陈及钱先生"的原因做了细致的分析，指出三个因素：

第一，近代史学风尚，偏向尖端发展，一方面扩大新领域，一方面追求新境界。……对于博通周赡但不够深密的学人就不免忽视。诚之先生属于博赡一途，故不免为一般人所低估。

第二，近代史学研究，特别重视新史料——包括不常被人引用的旧史料。……诚之先生的重要著作主要取材于正史，运用其他史料处甚少，更少新的史料。这一点也是他的著作被低估的一个原因。

第三，争名于朝，争利于市。诚之先生的时代，第一流大学多在北平，学术中心也在北平。前辈史学家能享大名，

1　严耕望：《治史三书》，第 174 页。

2　严耕望：《治史三书》，第 174 页。

3　严耕望：《治史三书》，第 179 页。

声著海内者，亦莫不设教于北平诸著名大学。诚以声气相求，四方具瞻，而学生素质也较高，毕业后散布四方，高居讲坛，为之宣扬，此亦诸大师声名盛播之一因。而诚之先生学术生涯之主要阶段，一直留在上海光华大学任教。上海不是学术中心，光华尤非一般学人所重视。诚之先生是一个埋头枯守，默默耕耘，不求闻达的学人，我想这也是他的学术成就被忽视之又一原因。[1]

这些论述都反映了严耕望对吕思勉的评价之高。不仅如此，他对吕思勉的人格、修养更是尊崇有加，吕思勉简直就是他的人生和学术事业的楷模。他这样描述他心目中的吕思勉："我想像他一定是一位朴质恬淡，循规蹈矩，不扬露才学，不争取名位的忠厚长者，无才子气，无道学气，也无领导社会的使命感，而是一位人生修养极深，冷静、客观、勤力、谨慎、有责任感的科学工作者。其治史，有理想、有计划，又有高度的耐性，锲而不舍的依照计划，不怕辛苦，不嫌刻板的坚持工作，才能有这些成就。世传他把二十四史从头到尾的阅读过三遍，是可以相信的。"[2] 对照严耕望的为人和学术风格，严氏对吕思勉的这些称赞，似乎是他自身人生追求的告白。

5. 对傅斯年的评论

严耕望对傅斯年充满感激之情，撰有怀念文章《我对傅

1　严耕望：《治史三书》，第178—179页。
2　严耕望：《治史三书》，第180页。

斯年孟真先生的感念》，说到自己给傅斯年写求职信毛遂自荐，得到傅斯年赏识而进入史语所；在生活上得到傅斯年关照，如傅氏为严耕望夫人推荐工作等，都让严耕望寄予"永恒的无限的感念"。但严耕望在与胡适的通信中，谈到推举钱穆为"中研院"院士时，对傅斯年的个性也有另一方面的评论："院士选举本为团结全国学术界而设。乃南京第一次选举之后，向达氏曾有'诸子出于王官'之讥，盖针对傅先生而发也。彼未入选，故有此讥，本不足重视。而上次谈话会时，竟有自然科学家某院士，亦有同样看法，彼身为院士，且非史学界中人，竟亦持此见，则殊堪重视。惟傅先生本以才智绝伦显，不以德量宽宏称，而当时主持院务者又非学术界之真正领袖，虽有此偏亦事理必然，未可苛议。"[1]这里说到傅斯年"以才智绝伦显，不以德量宽宏称"，这是对全面评价傅斯年有重要参考价值的评论。在另一处谈论钱穆的学术成就时，严耕望提到钱穆离开西南联合大学的原因，也暗示与傅斯年有关。他说："先生以一个中学教员骤跨入大学任教授，而对于当时学术界当权者，毫无逊避意，勇悍的提出自己主张，与相抗衡。此种情形，只有顾颉刚先生的胸怀雅量能相容忍，一般人自难接受。好在先生讲学深得学生欢迎，而北京大学自蔡元培先生以来又有容纳异议的传统，否则很难讲得下去！后来离开西南联大，据说仍与此点有关！

---

[1] 台北"中研院"近代史研究所胡适纪念馆藏 HS-NK05-138-014 号档案《严耕望致胡适函》，转引自林磊撰《严耕望先生编年事辑》，中华书局，2015年，第131—132页。

此后先生声望益高，超出等伦，更足招忌。所以学派对垒，也有人际关系，思之慨然！"[1]上引严耕望的这些文字，颇能反映傅斯年个性强势之特点。严耕望对傅斯年的提携是感激的，他写这些有关傅斯年的文字，不可能带有主观贬抑之意，因此，是符合实际、值得信赖的。

6. 论唯物史观的价值及唯物史观对自己的影响

严耕望也认识到唯物史观对历史研究的价值。他说："唯物论强调物质生活是人类历史演进的基本因素，政治与意识形态是上层建筑。我本来是非常同意这种看法的，所以特别注意经济史，我计划中的《唐代人文地理》也以经济地理所占分量最重。"[2]他对吕思勉认识到唯物史观的价值并进行运用表示称赞，说"先生在一九四五年发表的《历史研究法》称述马克思以经济为社会基础之说。……他治史相当注意社会经济方面的发展，在通史及各断代史中，这方面的篇幅相当多，《读史札记》中这方面的条目也不少，这在没有政治色彩的前辈史学家中是比较特别的！"[3]

严耕望走上史学研究之路，受中学老师李则纲的影响甚大。李则纲可称得上是一位马克思主义史学家。20 世纪 30 年代，他出版了著名的《史学通论》，以唯物史观为指导，阐

1　严耕望：《治史三书》，第 277 页。朱希祖写有《赠钱教授宾四》诗，对钱穆离开西南联合大学抱有同情之感，同时也流露出对傅斯年的不满。见《朱希祖书信集·郦亭诗稿》，中华书局 2012 年，第 217 页。

2　严耕望：《治史三书》，第 146 页。

3　严耕望：《治史三书》，第 177—178 页。

述历史学的基本理论。在"历史""历史学"的概念等问题上，基本采纳李大钊的观点。[1]严耕望在回忆自己从师问学的文章中，多次深情地述说李则纲对他的影响。他说："及到高中，中国历史教师是李则纲先生，我听他一次很有意义的讲演，又读到梁任公的《中国历史研究法》，对于中国历史的兴趣因此明显的被激发起来。"[2]"一九三四年，我由高中师范科转到普通科，第一个纪念周上，由李先生作学术讲演，题目大意是'历史演变的因素'，主要是用唯物论的史学观点作解释，我感到非常有兴趣。……在高中三年中，我由于李先生的引导与长庆的联系，看了不少社会科学书籍，也略涉一点唯物史观的理论，对于我后来的史学观念，影响也极大！"[3]

严耕望晚年对自己所取得的学术成就，应该说是满意的，他把自己成就的取得不仅归结于个人的主观努力、史语所优越的学术环境，而且还归结于李则纲、钱穆的影响。他说："继而得到则纲师的引导，广泛的吸取新知识，境界得到开阔，对于史学也渐有宏观的通识倾向。继又得到宾四师长期的琢磨，虽然始终自觉才气不够，但总想朝大处、远处、高处看，可谓'虽不能至，而心向往之！'"[4]他认为自己的学术成就之所以在史语所比较突出、独树一帜，与他充分地利用了史语所的条件和得到李则纲、钱穆的学术影响紧密相关。他对黄

---

1 参见刘开军《李则纲的史学理论成就》，《北京联合大学学报（人文社会科学版）》2008年第3期。

2 严耕望：《治史三书》，第116页。

3 严耕望：《治史三书》，第236—237页。

4 严耕望：《治史三书》，第278页。

彰健评述他的话非常赞同："又一次黄彰健兄说，'你在史语所，但所写论文与史语所一般同人不大相同。'他究竟是学术史的行家，故能一语道破！"[1]他也同意李济的说法："李济之先生曾一次很感慨的说，'你是充分的利用了史语所的环境！'此语诚然。"[2]也就是说，严耕望之所以有别于史语所同道，与他曾师从李则纲，受到唯物史观的影响大有关系。严耕望的论题，能从大处着眼，与诸多史语所同人局限于饾饤问题之考辨趣味有异；他重视从经济和社会的因素揭示和解释历史现象，也体现了他的研究深度。严耕望一再提到李则纲对他治史的影响，一定意义上反映了他肯定唯物史观在历史研究方面具有重要价值的见解。

结　语

严耕望是一位大师级的史学家，他虽不擅长演讲，但著作等身，成就很大。《治史三书》叙述了他的治学历程，总结了他的治学经验，归纳了许多治史原则和治史方法，对我们学习历史、研究历史具有启迪和指导意义，是一本值得认真研读和品味的著作。

1　严耕望：《治史三书》，第 279 页。
2　严耕望：《治史三书》，第 279 页。

第二讲

吕思勉与《中国宗族制度小史》

钱 杭

在此之前，中国学术界还没有以宗族制度为主题的专著，虽然有浩如烟海的大量文章和文献，但都只涉及了宗族的某一个组成部分、某一个学术内涵，真正谈得上是宗族问题专著的，只有这一部《中国宗族制度小史》。

　　钱杭，1953 年出生，历史学博士，上海师范大学人文与传播学院教授，博士生导师。在《中国社会科学》《历史研究》等杂志发表论文近百篇，出版《周代宗法制度史研究》等专著、《中国的宗族与国家礼制——从宗法主义角度所作的分析》等译著计 20 部。

　　今天的讲座大概由以下几个方面组成：首先是简单地介绍这本专著的形成历史、学术地位和主要价值；其次是介绍这部专著的内容，它的叙述结构是怎样的，然后从叙述结构中概括出便于理解、学习的逻辑结构，选择部分内容做一些比较纵深性的解读；最后我们要在这部专著的基础上看看吕思勉先生对前人的超越，以及我们如何来超越吕思勉先生。讲座从理论与方法两个层面展开。

一、吕思勉先生的通史家风

　　吕思勉（1884—1957），江苏武进人（即常州人），我的乡贤前辈。我无缘见到吕先生，我的老师吴泽教授跟他是同事。据吴泽先生说，吕思勉先生是性格非常平稳的读书人，两耳不闻窗外事，所以才有如此多的时间。但是吕先生从来不是一个不谙世事的人，他对整个世界的变化非常关注，展现在他的学问当中。他1951年进入华东师范大学历史系（原来在光华大学），在任上去世。现在常州十子街有吕思勉先生故居、展览馆。

我先对吕思勉先生史学研究基本特点做一个简单概述：体现了中国近代最具特色的一条学术路径，就是将浩如烟海的史籍（正史、经学、小学、方志、子集）按历史学各领域的专业标准，从现实需求出发，进行纵—横结合的贯通，努力展现"文化中国"的来龙去脉。

可以集中概括吕先生史学研究特点的，就是"通"。吕先生的视野就集中于传统史籍的范围内，在这方面，学术界对吕先生是有所批评的。吕先生对文献方面的要求特别严格，但是他对出土的甲骨文、金文，尤其是甲骨文则始终抱有一定警惕，程度当然不及章太炎先生，章太炎先生对这些出土文字基本不愿涉及。吕先生也有所警惕，早年曾受章先生的影响，有拒绝的倾向；但是后来他在私下、在文字作品以外，甚至在文字学的研究当中，实际上还是接触并使用了一些非文献的出土文字，这是他那个时代一种反向思维的理解。他们那一批学者认为，只有经过历代沉淀检验的文字才能成为历史研究的资料，甲骨文等疑点太多。为求安全、科学化，对此应该保持警惕。不要说早年在龙骨等中药材当中的发现让人心生警惕，就是后来李济他们经过科学发掘的小屯甲骨到底能说明什么，他们也觉得不妨保持警惕。吕先生这一代学者的眼界其实是非常宽的，他们就是认定中国传统史籍就史料方面来讲已经足够，不必旁生枝节，自找麻烦。他曾经说过，孔子也没见过、司马迁也没见过这些（出土材料），不是照样能够进行伟大的学术实践吗？现在我们已经意识到不宜做这种判断，我们已经很坚定地把出土文字作为中国历史文献中一个不可缺少的组成部分，比如稍后会提到的王国维先生，他通过把各种各样的文字资料，其中包括来源于传统史籍的，以及新出土的文字，全部作为史料，于是立刻就找到了一些新的突破口，寻找到一些新的方面。这在事实上是有利于学术发展的，现在已经成为我们的必修课。在这个角度上，史学界对以吕先生为代表的一些在史料上保持警惕的学者，一方面给予理解，另一方面也认为做得不够。当然，这已经是他们那一代学者的问题了。

就吕思勉先生以"通"为代表的史学实践来说，他的史学思想是值得我们认真体会的。例如他在1939年说，"要明白社会的所以然，也正不必把已往的事全数记得，只要知道'使现社会成为现社会的事'就够了"。这个理解是相当精彩的，某种程度上也是我们现在进行史学研究的一个重要出发点，一个重要的方法论提示。历史学家的一个重要责任，就是将当下所见的某一现象、某一物件、某一存在，大致是怎么从无到有、从小到大、从隐到显一步一步来到我们面前的过程，有序地呈现出来。历史学这样的一个文化分工，它的重要性与文学家、社会学家、人类学家的一个区别就是有这么一个对过程的追溯，厘清它们从无到有、从小到大、从隐到显一步一步来到我们面前的细节。从这一点来讲，它在方法上的有效性以及它的成果，已经被 20 世纪 80 年代新一代社会史的实践充分证明了。如果从历史编纂学的角度来表述和展开吕先生的意见，大致上就是在以文献为主的各类可信资料基础上，以阶段性基本问题为节点，对存续至今的某块区域、某条河流、某一人群、某类社会、某种文化之发生、发展、演变过程所做的贯通性叙述。我们现在所说的通史，大致的方法论，指引性、概括性的方法论，就是对吕思勉先生 1939 年所说的那段话的延伸。

吕思勉先生在史学方面有许多重要的贡献，今天我们要介绍、讨论的这一部专著主要的史学方法论基础就是以上所说。这本《中国宗族制度小史》，就是将作为一种现象、一种文化存在、一种规范的宗族，从无到有、从小到大、由隐到显一步一步来到我们面前的过程展现出来，这就是吕先生所要解决的问题。

二、通史家风与《中国宗族制度小史》

我们现在进入《中国宗族制度小史》这部著作。

这部著作是吕思勉先生对中国历史上若干重要制度进行贯通性研究的成果之一。我们都知道，中国历史上有许多重要制度需要进行总结，需要进行贯通性研究，看看它们是如何一步一步由小到大、由隐到显来到我们面前的，吕思勉先生为此进行了一系列贯通性研究。这本书就是 1920 年代完成的贯通性研究成果之一，由上海中山书局出版。

上海中山书局位于上海四马路（即现在的福州路），附近的望平街在上海现代史上也非常有名。望平街是报馆街，《申报》《新闻报》等著名报刊的报馆都设在那里。当时，吕思勉先生任职于上海光华大学国文系，同时在江苏省立常州中学兼课，编写《中国文化史》讲义。这些系列著作都是在那个时代完成的。1936年4月，这些成果由上海龙虎书店以《史学丛书》为题结集出版。

1985年，上海教育出版社将《史学丛书》中的四篇，加上其他未刊稿一起，编成《中国制度史》出版；《中国宗族制度小史》列为其中的第八章，改题为《宗族》。从上海龙虎书店出版的《史学丛书》中，大家能够看到它包含了五个方面的内容，即《中国国体制度史》《中国政体制度史》《中国宗族制度史》《中国阶级制度史》《中国婚姻制度史》，吕先生认为，这五个领域是中国现代史学界应当认真关注的。我们看《史学丛书》的提要：

> 我国现行的种种制度，究竟是从何而来？怎样成功？有何转变？有何演化？其于现代的社会，有何功效？有何弊病？而于将来，我们又当怎样去改造？若要解决这些问题，请一读本丛书，便可了然。

这几个问号，请大家一定要记住，这是我们进行选题并形成问题意识的重要提示，同时也是刚才我概括的吕思勉先生史学思想的要点。吕思勉先生非常关注从文献中发现的问题，我们读他的《秦汉史》《隋唐五代史》等著作时都能看到，他是根据二十四史等中国传统史学的记载，一步步发现许多问题，从而开始他的整体性学术实践，其中最能揭示历史学家社会责任的，还是我们刚才见到的这几个问号。我国现存的宗族制度，与传统比较已有许多改变，很多部分已经变得面目全非，但作为一项社会制度，至少它的基本方面还是存在的。我们现在要问的是，这些制度原来究竟是一种什么样的制度，它从何而来，怎样一步一步演变，其完整性、综合性、有效性何以成功？在许多历史关键点上发生了什么转变？发生了什么变化？与我们现代社会是不是存在矛盾，或者弊病？当然，所谓弊病是一种历史过程中发生的弊病，而不是历史上从来就有的弊病。它们是用我们现代社会主流价值观和价值体系进行衡量后出现的问题；而在古代，在这些制度的形成过程中，很可能并不是问题，只是现在成了问题。那么，这些问题是如何产生的？将来我们又该怎样去改造？这些问题也是历史学家要面对的，要在我们的学术研究过程和学术实践过程中，密切关注和认真思考这一点，原因就是我们所见到的一切都是历史的、历史性的（historical），在于所有这一切都是会演变的。我们现在所见的一切都只是历史的一个部分，历史的一个面貌、一个面相，存在的都是合理的，而合理的都是要发生变化的。这个就是由吕思勉先生的学术思想所衍生出来的问题、问号。当然，光读这些书还不能完全了解，也不能这样来要求，但是，我们要把这些问号始终放在我们进行选题、开展学术研究的每一个阶段，尽我们的努力完成。这也是我们共勉的一个主要内容。

提要

中國宗族制度小史

此篇追溯中國家族制度之根源，而詳其遷變，於宗族、姓氏、譜牒之源流，家族範圍之大小，繼嗣之法，財產之制，婦女之地位，一一窮源竟委，明析無遺，約書千百卷礼書而成一小冊者也。

中華民國廿五年四月增訂三版

史學叢書
平常本（全一冊定價三元五角）

著者　呂誠之

發行者　龍虎書店

分售處　各大書局

總發行所　龍虎書店
上海西藏路生昌里

有所權版
究必印翻

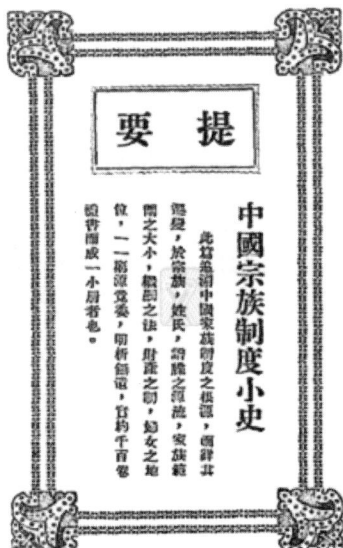

三、《中国宗族制度小史》是研究中国宗族与宗法问题的第一部专著

《史学丛书》的提要特别指出了《中国宗族制度小史》的问题意识：

> 此篇追溯中国家族制度之根源，而详其迁变，于宗族、姓氏、谱牒之源流，家族范围之大小，继嗣之法，财产之制，妇女之地位，一一穷源竟委，明析无遗，实约千百卷礼书而成一小册者也。

这是吕先生的原话，代表了他的历史感，展示了他所具有的自我要求。那么，我们现在如何为这部不足十万字的著作进行学术定位？

从出版年代就可以发现，这是经历了五四运动洗礼后的中国现代学者，在传统宗族已开始现代转型的背景下，系统研究中国宗族与宗法问题的第一部专著。这是我们可以对吕思勉先生这部专著（简称《小史》）进行的第一个基本定位。

《小史》不足十万字，属于通俗小册子，分量上显然不是那种"巨著"。但是它的重要性一点不低。五四运动号召"打倒孔家店"，这是一个重要的历史事件和历史时刻，虽然人们还不知道怎么来有效"打倒"，但是人们已经意识到自鸦片战争以来，中国在西方的文化、机械、军队、枪炮的打击下一路溃败，整个社会系统面临分崩离析，在这样一个场景下，为了救国救民，必须痛定思痛，进行深刻反省。于是，有识之士就从物质生产，到政治制度、阶级制度，层层递进，批判矛头涉及中国社会的各个方面。接着，人们把眼光进一步向下，终于意识到中国传统的家族制度、宗族制度对于社会前进也形成了巨大的拉拽力。从那个时候起，人们开始酝酿以冲击旧家族制度为主要内容的社会革命，"社会革命"的概念就是在这个过程中，从西方，特别是从日本引进的。五四运动虽然主题丰富，价值多元，但下决心与传统进行彻底决裂的主题倾向则非常清晰。这是经历五四运动洗礼后的现代学者的重要背景。

另外一个背景，就是传统宗族已经开始现代转型。其过程大致是：在传统时代，宗族在一个地区稳定地聚居着，在繁琐的礼仪指引下，宗族还表现出一系列文化惯习。在现代城市化运动、城市化生活、社会化运动形成的大环境中，这些稳固的宗族传统和宗族文化已经不适合了，它只能开始现代转型，无论是主动或者是被动，都不能再像以前那样生存了。1920年代中国发生了一系列重要的变化，如中国共产党的成立、马克思列宁主义唤醒中国的先进知识分子、北伐胜利、孙中山先生逝世、南京国民政府成立、以北洋军阀为主体的北京民国政府的衰落、现代国家体制的发展、现代共和制度的形成等等，就是在这样的背景下，吕思勉先生开始系统研究中国宗族与宗法问题，并完成了以此为背景的第一部专著。在此之前，中国学术界还没有以宗族制度为主题的专著，虽然有浩如烟海的大量文章和文献，但都只涉及了宗族的某一个组成部分、某一个学术内涵，真正谈得上是宗族问题专著的，只有这一部《中国宗族制度小史》。正是在这个意义上，所有希望研究中国宗族与宗法问题的学者，都要认真讨论、认真学习这部专著。

以下四点是我对它的一个初步概括。

第一，1902年梁启超提倡"新史学"转型，把史学的研究对象从中国传统的以帝王将相为主的政治上层领域，转型为一种"眼光向下"的社会史研究范式。吕思勉先生这部著作可以称得上是展示了"眼光向下"原则的一次重要实践，在学术史上具有非常重要的意义。

第二，1917年王国维发表的《殷周制度论》，因对中国宗族制度展开了一次综合性深入讨论而引起了古史学界的高度关注。在这篇专门讨论殷周政治制度演变历史的著名论文中，王国维认为，殷周之际是中国历史上第一个实现根本制度转变的时代。诚如刚才所说，王国维先生在写这篇专论时除了使用传统文献外，还使用了一批重要的甲骨、金文资料，在这一点上，吕思勉先生显然不及王国维先生的见识，两人之间的确存在一些距离。当然，这不是我们今天要讨论的主题。另外有一点也需要注意，吕思勉先生是在传统文献基础上进行中国宗族制度讨论的，若就此而言，他是在这个有限的史料范围中，做得相当好的一位。如果要做得更好，就应该进一步扩展文献的范围。这既是时代的局限，也是他个人的局限，我们没有必要回避这一点。可以肯定的是，这部著作是在王国维先生之后对中国宗族制度展开的一次卓有成效的讨论，这一点则是没有问题的，而王国维的《殷周制度论》讨论范围并不限于宗族制度，还涉及了其他很多问题。

第三，这是吕先生作为一名职业历史学家，以明确的史学思想为指导，进行的一次重要的学术实践。前面已经指出，吕思勉先生是有明确的史学思想的，他在《史学丛书》中提出的那一连串问号，就是他创作这部《小史》的基本的问题意识。我们现在经常教育同学或者写作书评，最困难的就是，我们面前的某部专著、某篇论文，没有直接给出问号。于是，我们就很难据此来判断它对这些一定存在的问号是否有解决的能力、解决过程如何、解决的结果是否圆满等，这就是我们作为读者的困难所在。我们上课的时候，包括我们自己，实际上也经常面临这些困难，尤其是对一些了解有限的、尚处于一知半解阶段的问题，经常难以发现和提出问题。如果连自己都提不出问题，怎么来要求别人做到做好呢？而所谓经典著作，一定是展示了一连串问题，而且是很直接、很典型地展示出一连串问题，从而使我们可能根据它展示的这些问号来评价它、鉴定它，向它学习，看它对这些问题的解决程度，做出了什么成绩，留下了什么遗憾。所以，问题和问号是非常重要的。

第四，这部专著是开展中国宗族研究的入门指南。这个观点是我在《中国宗族史研究入门》一书中提出的，以前我的老师指导我读这些书的时候，并不是把它作为入门指南，而是把它作为提高指南，是希望你读了这部著作后，能将自己的宗族研究水准再往上提高一步。我非常理解老师的意图，学者若要把自己的研究成果再提高一步，的确应该读这些书，因为它是绕不过去的。但经过几十年的实践后我体会到，在进行宗族研究的开始阶段，其实就该好好读这部书，应该将它列为入门指南，以使自己可以走正路行大道，堂堂正正，升堂入室，而不是放到走了弯路以后回过头来再读。这当然只是我个人的学习体会，只是讲逻辑过程，如果选择宗族制度作为研究目标，那一定需要读很多书，我的意见是把这部书的阅读顺序往前提一些，用它来展示和检查我们现有的学术积累中有没有问号，提出了一些什么问号，并与吕思勉先生提出的问号比较一下，看看我们的问号处于哪一个层次：所提问号明确不明确？有没有扩展性？能不能继续往下追问？是不是真问题？是不是与研究对象的基本样态相符合？如果回答是，它就是真问题，否则就不是。有些学者比较反感"真问题"的提法，觉得只要是问题都值得研究。这个观点并不见得对。有很多问题我们是没有能力进行研究的，比如有人问太平洋底下的一块石头是怎么来的，是怎么生成的。

这当然是一个问题，但却不是"真问题"。因为对我们而言，围绕着那块石头提出的一系列问号，都是你无法解决的，不仅与你，而且与整个人类的实际生活都几乎没有关系。因此它就不是我们所说的"真问题"。我们要提的问题应该是人类有机会面对的、我们能够大致理解的、通过努力可能得出答案的真实问题，学术高手跟初学者的区别，往往就是所提问题对于研究者而言是不是符合他的实际需要，有没有解决的空间，有没有可以入手之处，这是衡量研究者眼光的一个重要指标，所以我们不要小看这些问题的提出。就专业水准而言，吕先生这部书超过了之后的许多著作，如曾任蒋介石侍从秘书的陶希圣、著名社会学家高达观等人的著作。这些都是有关中国宗族制度研究的必读书，比如陶希圣《婚姻与家族》，也是五四以来的一部非常重要的著作。我们看它的章节，如《宗法以前及宗法》《宗法下之婚姻妇女及父子》《大家族制之形成》《大家族制之分解》《家族制度之没落》等，提问题的眼光都非常尖锐，属于我们不能忽略的前人研究成果。至于它怎么展开讨论，讨论中展示的观点有什么优点和缺点，这都是我们要通过阅读来思考的。就问题意识而言，这些都是具有稳定地位的学术著作。

高达观先生是早年复旦大学社会学系的社会学家，他的《中国家族社会之演变》是一部建立在古代文献和现代社会调查基础上的学术成果，达到了新的高度，当时的政府非常看重，书中所列章节，如《古代与现今家族社会之比较》（包含周代、宋代、晚清、战后中国社会工业化的问题），《战后中国家族社会演变之趋势》，这些问题显然可以补充吕思勉先生著作所未涉及的部分。

即便吕先生所提问题已被后人超越，但我们仍然清楚地看到，吕思勉先生追溯中国家族制度根源的眼界，即"详其迁变，于宗族、姓氏、谱牒之源流，家族范围之大小，继嗣之法，财产之制，妇女之地位，一一穷源竟委，明析无遗，实约千百卷礼书而成一小册者也"，则抓住了所有后续发展之源这一重点，正是这些"源"才发展成了日后的"流"。而对于这些属于源头部分的内容，吕先生不是事无巨细、一一展示，而只是指出了其中最核心的内容。这就是吕先生学术实践的重要特点，即始终能够把一个事物分成"源"和"流"，同时还能看到形成"流"的是一些什么"源"，这些"源"在其早期、在我们追溯的时间线的尽头，也就是在它不能再往前追溯的原点，或者是不能以文献为资料再往前追溯的这样一个阶段的表现形式。

在这里，我们是可以看到吕思勉先生存在的一些误区的，那就是对于"源"的追溯他只以传统文献为依据。因为他认为如果没有文字，没有经过千锤百炼的文字，没有在这些文字基础上形成的文献，溯源是无法进行的。事实证明，这种观点是不对的。与一百年前的吕先生相比，我们不仅要把甲骨、金文作为资料，还要再往前走一步，要考虑考古的问题，也就是要进入前文字阶段，我们的学术追溯要大大往前推，必须开始关注新石器时代的村落和村落中房屋的布局。比如，要根据良渚文化遗址来思考以往的家族性、聚居性祭祀问题，要关注当时的一些具有象征性意义的重要器物，不仅是《周礼》上曾经提到的器物，还有未被《周礼》文本提及，但一定存在的许多器物。在浙江良渚文化遗址的考古中我们就看到了一些具有家庭和家族象征意义的器物，甚至还有一些可能属于家族聚居形态的模型等，这些无文字器物完全超出了传世文献的记载范围，于是我们就可以把"源流"的"源"更往前推。这还不是所谓史前史的神话传说，那些神话传说保存在后人以文字书写的典籍中，我这里提到的"源"，主要是指在现有文字载体之外的，被吕先生高度警惕谨慎使用、不轻信"上当"的那部分猜测性内容，但实际上却可以大胆假设、小心求证，应该放手"穷源竟委"，这就到了比吕先生更高一级的阶段。然而，所有这些研究还是应该以吕先生百年前的努力为基础，要把这些著作列为我们进行新阶段研究的起点和入门。

我曾发表了对吕先生《中国制度史》第八章《宗族》的书评[1]，针对吕思勉先生《中国宗族制度小史》或者《中国制度史》第八章《宗族》的书评很可能只有这一篇，这一现象虽然不免令人感到困惑和遗憾，但同时也表示了时代的变迁和学术的进步，研究者毕竟已经有了更多可阅读的对象。在那篇书评的最后一页，我写明这是在吕思勉先生逝世三十五周年之际，作为同乡后学对他老人家的纪念。吕思勉先生的女儿和她丈夫李永圻先生后来也读到这篇小文，对我的研究表示认同，并邀请我去参加了吕思勉先生的纪念活动和故居落成仪式。这些都说明我在三十多年前对自己这位杰出的同

1　钱杭：《宗族与宗法的历史特征——读吕思勉〈中国制度史〉第八章〈宗族〉》，《史林》1991 年第 2 期。

乡先辈的由衷敬意，同时也表达了我把这部著作视为我们现在应当努力接续的一个重要学术对象的心愿。

由上，让我们更明确地概括一下这部著作在中国宗族研究学术史上的位置：

1. 全面展现了传世文献（正史、经学）中的宗族资料；

2. 扼要概括了中国古代宗族的基本问题及其特征；

3. 集中提示并演示了中国近代学者研究中国宗族的逻辑框架。

我们之所以可将吕先生的这部著作称为中国宗族研究的入门书，基本理由就在于它几乎把传世文献用到了充分的程度。如果做一个简略统计，全书直接使用了以下文献：

经部中的《礼记》《仪礼》《周礼》《尚书》《诗经》《大戴礼记》《尔雅》《左传》《公羊传》《穀梁传》等，同时还包括了许多礼学专著专论。

史部中的《史记》《汉书》《魏书》《隋书》《新唐书》《辽史》《元史》《清史稿》等，还有一部分方志（县志、州志）、谱牒、祠堂记、奏疏、法典、律例、经世文编等。

子部和集部中的《白虎通》《论衡》《史通》《义田记》、书札、《日知录》等。

这些都是直接征引的文献，还不包括没有直接表明来源，但被作者揉碎、化开使用的史料。

吕先生为完成一部《小史》而使用的史料，达到了如此规模，为我们树立了值得认真学习的榜样，令人钦佩不已。我们评价一部专著或者一篇文章的标准之一，就是看你使用的文献是不是达到了翔实和充分的地步。首先，至少种类要多样和足够；其次，在这个基础上，再看你实际运用的技巧。吕先生对手中资料的使用非常灵活，没有堆砌的现象，都是在吃透了资料的底蕴，揉碎、化开后才使用在叙述中。正是在这个意义上，我们称吕先生的这部专著，"全面展现了传世文献（正史、经学）中的宗族资料"。对于历史研究来说，要做到这一点很不容易。我们在学习过程中，对这些大家、大师运用资料的方法和展现的功力一定要好好体会，看他们在研究实践中怎么把文献用活、用好。有的时候，我们使用的文献数量并不少，有些文献还非常重要，甚至来自自己在田野考察中辛苦的收集，但使用时却大手大脚，几乎是"挥霍文献"，简单征引后写"由上可知""由此可知"，一笔带过，非常可惜。只要与吕先生的实践进行比较，我们就可以发现其中的区别。每一篇文章，每一段内容，在吕先生的审视下都产生了独特的作用，都由吕先生提出了许多问号，这就是大师的功力和魅力。

四、《中国宗族制度小史》的核心内容

吕先生这部《小史》在中国宗族研究学术史上的第二个重要地位，是"扼要概括了中国古代宗族的基本问题及其特征"。被吕先生关注到的宗族制度基本问题，主要有以下四类：

第一，宗族形成。在刚才展示的提要中，讲到了"此篇追溯中国家族制度之根源"，在《小史》下讨论家族制度，显然说明吕先生认定家族就是宗族，但其实家族与宗族在概念上还存在一些区别，这里就不再展开。吕先生的学术理念，是探明宗族（家族）一步步从无到有的过程。在《小史》的

开端，吕先生就是这么进入的，他用了很大篇幅来讨论宗族的形成，并很自然地进入了第二个领域，也就是基本问题之二：宗亲范围。

第二，宗亲范围。这是关于由哪些人可以构成宗族的具体问题，换言之，当我们指称一个宗族时，必须要弄清楚其亲属，也就是"宗亲"的范围究竟有多大。根据什么原则来划分宗亲，这个问题不仅古代存在，现代也还是存在的。因为所谓的宗亲，只是我们全部亲属中的一部分，我们每个人的宗亲中不包含与我非同姓的男子，比如王氏宗族、钱氏宗族中，就没有非王姓、非钱姓的男子，宗亲范围中是没有舅舅的，虽然在人们的日常生活中舅舅的地位是非常重要的，因为舅舅是母亲的兄弟，无论娘家兄弟多厉害，但他不与我同属一个宗族。这个就是吕先生要通过姓和氏两个范畴来讨论宗亲的缘故。

第三，宗子规则。这是宗族基本问题的第三类，要解决的是所有宗亲中地位最特殊、地位最高的一部分人，关于这些人的规则就是宗子规则。宗子，是在世系的延续上可以正式代表祖先系列的一个男子，他是宗族所有男子中地位最重要的那一个，他能够代表宗族祖先的存在，所以称其为"宗子"。由此我们就接触到了宗法制度。按照中国历史上第一个为"宗法"下定义的宋代理学家张载（横渠先生）的观点，所谓宗法就是"宗子之法"。宗子就是所有宗亲中可以代表祖先，也就是足以象征宗族最基本来源的那一个男子。这个规定当然指的是广义宗法，但基本意思是对的。宗法的最主要内容，就是关于宗子身份的构成。宗子身份的等级如大宗、小宗的划分，大宗子、小宗子的继承问题、并列问题，一旦正常的继承出现意外，将通过什么途径、按什么标准选择继承人的问题，等等，由此形成的一系列有关宗子的规则，就是我们所说的广义宗法。吕先生用了很多篇幅来讨论这一系列规则。他设想了很多场景，从实际的运作中展开讨论，而且从周代一直讨论到清代，其中有各种变形，甚至在一般情理之外的可能情况，他都想到了。不仅想到了正常的婚姻制度（亦即所谓一夫一妻多妾制）下的案例，包括由具备足够资格和基本资格的妻、妾所生之子，他们自然能成为祖先继承者，甚至还想到了一个我们谁都没有想到的问题，就是非正当两性关系所生之子，即所谓"奸生子"，他们的实际地位究竟如何？在一般情况下，他们或许会被排斥在正常的继承地位之外，但也有一些经过某种方式的处理，他们是可以被纳入继承范围的。从这里，我们可以看出吕先生对这些问题理解的深度。可惜的是，吕先生在讨论清代一些法律规则时，没有腾出手来追溯这些特例之所以会产生的具体原因，如果有这方面讨论，并且能用规范性文字包含在这篇文章的某个注释之下的话，你们想这篇文章的地位是不是还会更高一些？即便如此，这已经很了不起了。我们在这里指出的是吕先生当时能够解决但却没有着力解决的，因此可以把它称作这部《小史》的某些疏漏和一些遗憾，这些疏漏和遗憾，作为后来者的我们，是可以用我们的努力加以弥补的。

第四，族类管理，也就是宗族成员之间的关系。由宗子规则进入族类管理，就是要厘清和正确处理一般宗亲之间的关系。宗族成员与一般的家庭关系怎样协调，哪些问题该解决，哪些问题该如何解决，哪些问题必须优先解决，哪些问题要依附更大的问题来解决，等等。族类管理涉及非常复杂的宗族功能问题，宗族应该具有什么功能，如何来满足，如何来展开。许多问题吕先生没有直接提出，但都涉及了。按照吕先生所说，宗族必须有生存空间，必须有生存条件，于是就要具备物质基础，就要有宗族的土地，至于土地如何耕作是农业问题，不是宗族问题。宗族强调的是怎样把一个宗族的人群管理好，以适应各种不同的功能。

以上关于宗族形成、宗亲范围、宗子规则、族类管理四大类，就是吕先生明确意识到的中国宗族的基本问题。这显然是一个动态的、反映了一个宗族一般发展史的过程。我在此前的论著中也提到过，如果要讲清楚宗族的历史，最主要的就是要回归宗族发展的原点，也就是从宗族这套复杂制度的逻辑起点开始入手，讨论一个宗族是怎么从无到有、由隐渐显，一步一步发展为我们所熟悉的中国宗族，对这个过程的追溯，就形成了一个有机的叙述框架。

基本问题提出后，必须要继续往纵深展开。吕先生从以下十个方面展开了对宗族制度的讨论，我将其概括为宗族制度主要内容。它们是：

世系制、聚居制、管理制、继承制、合族制、谱牒制、祭祀制。

这些制度无疑属于宗族制度最核心的部分，最能够体现宗族制度从无到有的重要环节。因为时间关系，我们只能挑其中的几样来做一些解读。

在有关宗族的各个范畴中，我最看重的就是世系问题，我的几篇主要论文和专著，如《中国古代世系学研究》《宗族的世系学研究》等，都是在讨论宗族的世系问题。[1] 吕先生在这一点上花了很大的力气，所以，我的宗族制度研究如果说还有些特点的话，就是直接受到吕先生这部著作的启发，紧紧抓住了宗族制度的世系这一宗旨。吕先生对宗族有一个提纲挈领的论断："宗"与标志一般血缘集团的"族"不同，"族但举血统有关系之人……其中无主从之别也。宗则于亲族之中，奉一人焉以为主。主者死，则奉其继世之人"，这里的意思就是指宗族因为强调世系而存在。如果说宗族与家族有一些区别的话，那么就是因为有了"宗"，所以才出现了对于一般血统集团"族"的超越。我对于《小史》的解读和领会就是从这里开始的。我后来也认为吕先生对此讲得还可以更充分一些，但他基本抓住了宗族的要害。一般而言，我们日常生活中最密切的亲属关系是指血统关系、婚姻关系等。比如要进行家族旅游，参加者就是基于血统或婚姻的亲属，如夫妻、双方的兄弟姐妹以及他们的亲属。这些亲属中只有一部分我们可以称之为有直系或旁系世系关系的宗亲，大部分只能称为家族关系。中国古代有一种严苛的刑罚叫"株连九族"，或简称"灭族"，就是指与当事人有宗亲关系和婚姻关系的全部亲属。这是今文经学关于"九族"的理解，古文经学的理解稍微狭窄，只关注九个世代的宗亲关系，但这一理解并不

1　参看钱杭：《宗族的传统建构与现代转型》，上海人民出版社，2011 年。

占主流。有关问题可以参考我曾经发表过的两篇文章，一篇是《论"九族"今、古文说》，另一篇是《再论"九族"今、古文说》，文章把其中的差别做了比较系统的整理。总之，同宗世系关系是宗族的基本关系，也是从所有亲属中把宗亲划分出来的基本标准。在这个意义上，宗亲是包含着明确功能目标的人为划定，而家族关系和亲属关系，则是人类自然拥有的基本事实。

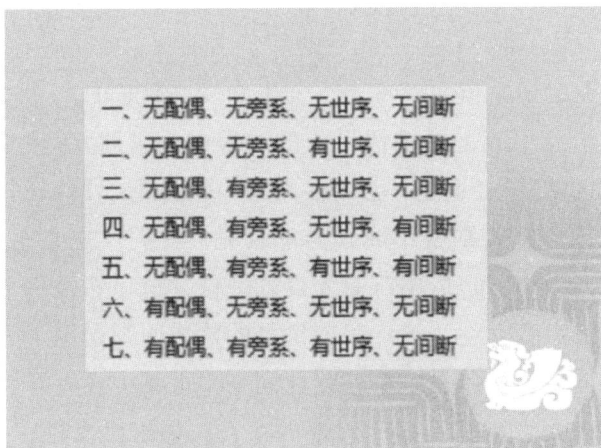

一、无配偶、无旁系、无世序、无间断
二、无配偶、无旁系、有世序、无间断
三、无配偶、有旁系、无世序、无间断
四、无配偶、有旁系、无世序、有间断
五、无配偶、有旁系、有世序、有间断
六、有配偶、无旁系、无世序、无间断
七、有配偶、有旁系、有世序、无间断

　　宗族世系的完整意义，是指源于　"宗"的父系世系，是在认同这一世系的前提下，对亲属中一部分人群（同姓男子及其配偶）的认定。其基本的表现样式，是通过排列有序、世次分明的文、图、表等形式，连续性地描述人类上下世代之间的继承关系。源于一"宗"这一点吕先生已经提到，宗族的"宗"就是代表了同一来源的一个世系。我们每一个人都有属于自己的父系和母系，当然，母系亲属我们不能引入自己的宗族关系当中。

关于宗族父系世系的排列方式，大致有七种。其中最理想的当然是图中所列最后一个"有配偶、有旁系、有世序、无间断"世系。中国古代对世系的表达也基本遵循这样的形制。某某人的配偶是谁，同父兄弟（包括配偶）是谁，在整个世系中排行第几，上一代（父母）是谁，下一代（子女）是谁，等等，都是通过这样的一种排列形式，强调了源于一"宗"的父系世系系列，表现出吕先生所说的"宗则于亲族之中，奉一人焉以为主"。此后的宗子继承制，就是在这个源于一"宗"的父系世系标准下，发生和发展起来的。

在论及宗族世系结构形成的过程中，我们要特别加深关于婚姻的认识。吕先生也用很大的篇幅讨论了婚姻问题。为什么宗族离开婚姻就不成其为宗族呢？我们首先要纠正一个观点，以为中国宗族中没有女性的地位，这显然是一个误区。宗族中一定有女性，虽然宗族世系的构成原则是源于一"宗"的父系世系，是单系世系，因此同一个世系中没有异姓男子，但就世系而言，并不排斥女性的存在，如未婚女性，以及所有男性的配偶等等，都是本宗族的重要成员。为中国宗族下了第一个定义的，就是《尔雅·释亲》中的"婚姻"章，作者在那里明确提出"父之党为宗族"。很清楚，如果没有母何来的父？有了父也就一定有母。根据《尔雅》的观点，以父亲为核心的父系亲属群有一个专称，这就是所谓的"宗族"。按同样逻辑，反过来就可以理解，以母亲为核心的那一个亲属群，从相对应的父系亲属来说，就不是宗族。这是一定可以得出的结论。所以，这是对"宗族"作出的第一个从"婚姻"

事实出发，基于父系世系原理的既明确又正确的定义。吕先生说："人类之知有统系，率先母而后父。"当然，只知母为何人而不知父为何人，是人类历史上的一个阶段，在逻辑上和传说中都是存在的。经过一段时间的发展后，人类社会进入"系统亦主于男，而所谓氏者兴矣"的阶段，于是就逐渐形成了父系系统，并取得了一个"氏"的名号，这就是我们所说的宗族。姓氏的"氏"，吕先生提到是表男系，氏亦曰族，这是非常对的。我们现在讲到的族，一定有一个氏，氏是宗族分化的结果。"支"就是所有亲族当中的一部分。

　　这也是我们从吕先生文章中看到的关于宗族的基本定义——"族但举血统有关系之人"，这里的"血统"，指基于婚姻关系的生育事实，是由婚姻和生育产生的亲属，也可以称之为广义的家族或亲族，而"宗族"则是从这个统系中再"举"出来的一部分"有关系"，即有特殊的父系世系关系的亲属。这是吕先生关于父系世系的理解。虽然他表达的文字还不够严谨，但基本意思或关键内涵已经齐备了：人们从已经发生的所有亲属关系中，按照被当时社会所认可的基于血缘又超越血缘的父系世系原则，选定（或舍弃）一部分亲属，从而"建构"出一个宗族。这部分被特意选出来作为宗族成员的亲属，就是所谓的宗亲。这是宗亲最基本的定义。

　　根据男女在同一个父系世系中的地位问题，我们可以谈一下所谓"男尊女卑"的准确含义。究竟怎样理解妇女的"卑"才是符合事实的呢？首先会涉及内、外问题。中国古代社会遵循的亲属原则是单系世系，即父系世系，因此母亲的父系亲属，母亲之父即外祖父所在宗族就不是"我的"宗族，在这个前提下，我族就会将其称为"外"族，"外"祖父的"外"，就是指不属于我族的"另外"宗族。同样道理，对于外祖父所在的宗族而言，我所在的宗族就是他的"外族"了。所以"外"不等于"卑"，它只表明这一部分母亲亲属（哪怕日常关系再深），按照父系世系的认定标准，他们不在"我族"的范围当中。其次，是关于财产权利的问题。我们在传统文献中看到，某一女子离开父亲宗族出嫁到丈夫宗族中，这一婚姻行为过程被称为"归"，也就是"回来"，因为根据中国社会惯行的单系世系原则，每人都只能属于一个世系，女子与男子结婚，进入丈夫所在的夫族后，就等于"回到"自己的家，从此她就享有与其丈夫完全一致的财产权利，包括占有、享有、出售、继承等实际的产权地位。因此，婚姻是一个女性财产关系的转移过程，换言之，女性通过婚姻，把在本人父族中享有的权利整体转移到了夫族之中，她的父族则通过收取夫家的彩礼获取部分补偿（这里暂且忽略当事人的感情问题）。所以，女性"三从"中的"未嫁从父"的实际意义，说的是女性的婚前状态，她所属的世系，就是其父所在的宗族，所有作为子女应该享有的权利由父族体现；"既嫁从夫"是指出嫁到了夫族，她的所有权利就从自己的父族那边移至夫族，作为丈夫的配偶成为夫族的一员，从此以后，她就享有了和丈夫一样的财产权；"夫死从子"是指丈夫去世后，如果这位寡妇要继续保持原有的财产权，最好不要改嫁，不要因此改变自己的世系归属，应该跟着自己的子女生活，改嫁就意味着要丧失在现夫族中已享有的财产权，转移到新夫族中去了，对于要面临财产分割的宗族而言至少是一件麻烦事。所以第三"从"具有限制寡妇再嫁的目的，但并不等于说是剥夺妇女再嫁的权利，至少在体现族类管理的族规中，这个权利是必须保留的。实际情况往往是态度开明，允许再嫁，但再嫁后只允许带走一部分可动产，房屋、土地等不动产就没有了，理由是新的夫族应该会给予保证。因此，妇女的"三从"规范主要是为了说明中国传统社会中男女认定世系原则的主从关系，以及妇女所拥有权利的来源及归属，本身并不代表社会等级的高低和人格地位的尊卑，这是应当明确的。真正能够反映妇女地位的指标，主要表现在是否存在对一般妇女参与社会公共事务的系统规定，其价值取向是赞成、鼓励、促动，还是反对、限制、取消。这是衡量社会文明程度的重要标准。在中国传统社会，普通妇女参与社会公共事务的权利和途径是受到有意识的、系统的压制的，比如妇女不能参与科举，不能进入国家的公务系统。虽然北魏时有所谓女官，但那个职位并不是公务职位，而是王宫中的服务性岗位，所以不代表当时一般妇女的社会地位。但是中国近代推翻帝制、建立民国后，就开始提倡并创造了一系列条件，鼓励妇女从家庭中解放出来，进入为社会服务的公务事务系统，这是一个重大的变化，中国妇女进入公共事务的渠道得到了大范围的开拓。新中国建立后，妇女参与社会公共事务的权利更是得到了宪法的充分保证。《中华人民共和国婚姻法》之所以不承认对宗亲的划分（只有血亲和姻亲）和建立在这一划分基础上的功能规定，也是因为宗亲涉及的世系认同，是对人类自然拥有的亲属关系进行的特殊裁剪，我认为这一现象的一个依据就是《尔雅》中关于宗族的定义"父之党为宗族"。由此可见，《尔雅》的宗族定义是一个应当认真看待、深刻理解的学术标准，它是中国传统宗族的第一个准确的定义，其内涵包含了世系，也包含了婚姻，是中国古人在这个问题上取得的重要成果。吕先生的理解也达到了非常高的程度。

宗族制度主要内容中的聚居制度，是与世系制度具有同等地位的重要制度，两者相结合，就展现出了宗族的存在状态，或宗族的历史形态。宗族之"宗"指向了世系，宗族之"族"则指向了聚居。吕先生说"贵族食于人，可以聚族而居。平民食人，必逐田亩散处"。"聚族而居"是非常重要的提示。贵族因为具有特殊的身份而受到国家的供养，有"食于人"的特权，没有进行生产的必要，所以没有生活方面的压力，于是就可以选择主观理想之地（或在由朝廷指定的理想之地）稳定居住，实现"聚族而居"。在历史上的某些阶段，这类贵族是客观存在的，但数量和范围有限，国家不允许大规模存在。先秦的春秋时代以后，这类世卿世禄的贵族制度就不多了，要想得到国家的俸禄，必须靠军功、靠本事。当时还没有科举考试，担任公职的人已经不是光靠血缘关系就可以得到保障了。吕先生的意见就是说"聚族而居"是要有物质条件的。这是对的。由于平民是靠生产谋生的，而当时最主要的谋生条件就是农业耕种，所以"必逐田亩散处"；加上产量有限，养活不了太多的人口，因此就不具备"聚族而居"、稳定而居的物质条件。总之，吕先生认为，聚居是要得到物质条件支撑才能实现的，并不是任何人都可以达到的一种状态。这一点非常重要，是理解宗族生存状态的客观基础。

我们之所以能将《尔雅·释亲》认定的宗亲称谓，视之为父系世系观念发展的重要标志，也是因为它们被作者系统表达于"宗族"一章之中，表现为对一个男子所有亲属中的一部分亲属进行选定、圈定（或舍弃）的结果。单独的宗亲称谓出现再早，也难以作为源于一"宗"的父系世系观念形成的证据。"宗亲"必须按"系列"方式加以表达。

宗族，就是由认同一"宗"的父系世系的人们"聚居"在一起的状态；或者说是由父系世系原则圈定的亲属（宗亲）性"群体"或"团体"，在实际生活中表现出的行为。人们经常提到的所谓"王家庄""李家庄"，就是指用家族氏号标志的村落，往往是由一个宗族，或者是由几个宗族组成的村落（或称单姓村，或称多姓村）。这些基于宗族聚居形态的村落，常常可以追溯到某一宗族的形成，即根据源自一"宗"的父系世系原则，一批亲属住在一起，经过几代人的发展，就形成了单姓村。如果母亲也出自这个村落中的某一别姓，那么经由婚姻关系，就会形成多个不同宗族聚居在一起的多姓村。区别宗族与其他组织类型的标准，就在于是否已经形成了这一父系世系原则，是否已经在整合上下辈亲属的过程中体现了这一原则，然后要观察这些亲属是否曾经聚居在一起。聚居是传统宗族形成的一个必要条件，但不是绝对条件。历史的发展告诉我们，聚居现象的发生，早于人们对父系世系关系的认识。人群为了适应某种生存条件，或者为了实现某一功能，就会采取某种性质的聚合状态，而按父系世系原则整合家庭而成之"宗族"，是一个涉及范围逐步缩小、内涵规则逐渐清晰的过程，如吕先生所说，从知母到知父，人类是要经历很长过程的。"族类"是一种聚合状态，根据父系世系原则发展，将有关家庭按父系原则整合为宗族，在中国古代文献中，最早只能追溯到周代（若使用甲骨文，就可以追溯到商代）。在被整合起来的家庭之上，才有了宗族。所以它比一般的亲属群要小，但聚居在一起的规则非常清楚。

正是根据这一思路，我提出了前宗族—宗族—后宗族的发展系列。（见下图）

> - "前"宗族——有聚合无世系，其历史趋势是父系世系关系逐渐成为整合族类关系的原则；
> - "后"宗族——有世系无聚居，其历史趋势是父系世系关系逐渐脱离宗族传统的聚居形式而衍化为一种文化性范畴。

具有大小不一的地域性聚居状态，是宗族的基本标志；如果与此相脱离，有关人群既不具备，更不追求建立日常联系和其他积极的社会互动，只愿意在有限范围内，以部分认准共同的宗族世系关系为手段来实现某些功利目标，这就表明，宗族发展进入了"后宗族形态"阶段。

目前，中国社会中还有一些宗族，有些具有很长的历史，有些则是近年来通过编修家谱、兴建祠堂后重建起来的，但我认为，就总体态势而言，现在中国的宗族已进入了"后宗族阶段"，最基本的理由就是已没有完整的聚居状态。随着城市化的逐步推进，城乡居民虽然还有可以追溯的宗族关系，但已脱离了聚居状态。

对宗族之前、后形态加以区别的关键，就在于父系世系与族类关系的聚合、人群聚居形式间的关系性质及结合程度。由于时间关系，这里就不再展开。

五、吕思勉先生对王国维的超越，以及我们如何超越吕思勉先生

简单说来，王国维关注的是王室宗族，吕先生关注了平民宗族；王国维关注的是狭义宗法，吕先生开始关注广义宗法；王国维讨论的主要是古代宗族，吕先生开始关注现代宗族。以上几点就是吕先生对王国维的最主要超越。以后若有机会一起研究王国维的《殷周制度论》，就一定能得到更好的说明。

至于如何超越吕先生，讲座开始时已经提到，我们首先可以从史料的种类上超越，其次是关于宗族史本身。

第一，从"概括理解"到"科学定义"。我们现在已经可

以给宗族下一个科学性更强的，而且更具操作性的定义，即，宗族是由源于一"宗"的父系世系原则圈定的一部分宗亲（包含男性的配偶）聚居起来的一个亲属团体。

第二，从"政治制度"到"日常生活"。我们现在已有条件比吕先生更集中地转向宋以后，仔细研究被"宗族"圈定的那一部分人群的日常生活，与处于这个制度之外的其他人们的日常生活之间的区别。

第三，从宗族的"历史特征"到"普遍原则"。吕先生强调了中国历史上的宗族从无到有、由小到大、从隐到显的过程，我们现在则要关注宗族作为一种人群组织方式，一种普遍性的亲属认定原则，由此讨论中华文化对于人类文明可以作出什么贡献。这个问题当然已经超越了对吕思勉先生《中国宗族制度小史》的直接解读，但却是我们应当考虑的。

总而言之，吕思勉先生的这部著作，可以作为我们进行中国宗族研究的一部入门指南，同时它也是进行宗族研究的基础文献之一。它本身提出的问题、涉及的范围，可以帮助我们形成新的"问号"。

第三讲 殷周制度比较研究的发轫与回顾

王国维《殷周制度论》导读

武 刚

中国宗族关系的重要源点就在殷周之际。《殷周制度论》是王国维先生最重要的论述之一，不仅揭示了殷周之际制度、文化、宗法关系上的重大变化，同时也是殷周制度比较研究的开先河之作。

武刚，1987 年出生，历史学博士，海南师范大学历史文化学院副教授，主要研究方向为先秦史、古文字学。

引言:《殷周制度论》及其版本

中国宗族关系的重要源点就在殷周之际。《殷周制度论》是王国维先生最重要的论述之一，不仅揭示了殷周之际制度、文化、宗法关系上的重大变化，同时也是殷周制度比较研究的开先河之作。

引言　《殷周制度论》与《观堂集林》

☐ 1917年发表于《学术丛编》

《学术丛编（共6册）》由上海圣仓明智大学主办发行，1916年创刊，月刊，实际为王国维主编，是专门刊载金石文献的高水准的学术性刊物，宗旨专在"研究古代经籍奥义及礼制本末文字源流，以期明上古之文化，解经典之奥义，发扬古学沽泝艺林"，所收著作除罗振玉、王国维二人的论著外，还刊载了许多流传不广的图书，为今日一般学者所不易见，是珍贵的文献资料，对当今有关领域的研究者有较大的参考价值。

《殷周制度论》一文最早发表于 1917 年的《学术丛编》。《学术丛编》于 1916 年创刊，由上海仓圣明智大学主办发行，实际主编即为王国维。《学术丛编》主要刊载金石类文章，办刊宗旨为"研究古代经籍奥义及礼制本末文字源流，以期明上古之文化，解经典之奥义，发扬古学沾溉艺林"，所收录的论著、典籍等具有较高的学术价值，王国维的多篇学术成果都在这一刊物上首次发表。

《殷周制度论》一文 1923 年收入《观堂集林》卷十。《观堂集林》是王国维的学术自选集，1921 年 5 月开始编订，1923 年由乌程蒋氏密韵楼刻板刊行。王国维去世后，罗振玉根据王国维已刊未刊之作形成《海宁王忠悫公遗书》共四集，其中《观堂集林》增加至二十四卷，并对编次做了调整。1940 年，王国维弟子赵万里在罗振玉本的基础上，修订《海宁王静安先生遗书》（简称《遗书》），由商务印书馆石印出版，所收录的《观堂集林》仍为二十四卷，但篇目与罗振玉所辑有所出入。此后台湾地区六七十年代编有两种全集本，1983 年上海古籍出版社、1996 年上海书店出版社两次影印出版，更名为《王国维遗书》。2010 年，浙江教育出版社和广东教育出版社联合出版二十卷《王国维全集》，是目前最新整理的王国维全集。除全集之外，1959 年中华书局根据商务印书馆石印本《遗书》出版影印了《观堂集林》单行本，对全书做了简单的断句工作。2001 年，河北教育出版社"二十世纪中国史学名著"丛书收入彭林先生整理的《观堂集林（外二种）》，以《遗书》本为底本，简体横排出版。2014 年，黄爱梅在浙教本《王国维全集》的基础上整理出版《王国维手定观堂集林》[1]，是以最初的密韵楼二十卷本为底本进行整理，是目前整理的较为精善的《观堂集林》单行本。

关于《观堂集林》的学术成就，梁启超称之为"篇篇都有新发明"，赵万里也曾评述说："先生之辑《集林》也，去取至严，凡一切酬应之作，及少作之无关弘旨者，悉淘去不存。"[2] 由此可见，这是王国维先生有宗旨地选取自己的代表作而编成的文集。《观堂集林》的著作内容主要集中在：（1）殷墟卜辞；（2）两周金文；（3）战国文字；（4）西域汉简；（5）汉魏石经；（6）敦煌文书；（7）铜器定名；（8）三代地理；（9）殷周礼制；（10）古文源流；（11）字书韵书；（12）版本校勘；（13）西北史地。[3] 可以看出，《观堂集林》涉及经学、小学、史学、文学等诸多领域，学术范围十分广泛。郭沫若评价说："那好像一座崔巍的楼阁，在几千年来的旧学的城垒上，灿然放出了一段异样的光辉。"[4]

一、《殷周制度论》的写作背景与王国维学术思想的回顾

1.《殷周制度论》一文撰写前后的学术年谱

1917 年

2 月，王国维草拟《太史公年谱》。

---

1 黄爱梅点校：《王国维手定观堂集林》，浙江教育出版社，2014 年，第 3—6 页。

2 赵万里：《王静安先生年谱》，载《王国维全集（第二十卷）》，浙江教育出版社、广东教育出版社，2009 年，第 462 页。

3 李零：《我读〈观堂集林〉》，《书城》2003 年第 8 期，第 63 页。

4 郭沫若：《中国古代社会研究·自序》，载《郭沫若全集·历史编第一卷》，人民出版社，1982 年，第 8 页。

2月28日，致信罗振玉："《卜辞先王先公考》已于今日写定第二稿，即行寄呈。"

3月，校《竹书纪年》。

3月21日，撰成《殷先公先王附注》。

4月中旬，撰成《殷卜辞中所见先公先王续考》。

4月，撰成《古本竹书纪年辑校》。

6月，撰成《今本竹书纪年疏证》。编竣《戬寿堂所藏殷虚文字》，作就序文，略述龟甲出土历史，全书约七八百片甲骨。

9月，撰写《殷周制度论》。9月1日（七月十五日），致罗振玉信说："前日拟作《续三代地理小记》，既而动笔，思想又变，改论周制与殷制异同：一、嫡庶之制；二、宗法与服术（此二者因嫡庶之制而生）；三、分封子弟之制；四、定天子诸侯君臣之分；五、婚姻姓氏之制；六、庙制。此六者，皆至周而始有定制，皆周之所以治天下之术，而其本原则在德治。虽系空论，然皆依据最确之材料。大约二十左右可以告成，月杪可以写定也。"

9月13日，致信罗振玉："《殷周制度论》于今日写定。其大意谓周改商制一出于尊尊之统者为嫡庶之制，其由是孳生有三：一、宗法，二、服术，三、为人后之制。与是相关者二：一、分封子弟之制，二、君天子臣诸侯之制。其出于亲亲之统者，曰庙制。其出于尊贤之统者，曰天子诸侯世，而天子诸侯之卿大夫皆不世之制。（此殆与殷制同。）又同姓不婚之制，自为一条，周世一切典礼皆由此制度出，而一切制度典礼皆所以纳天子诸侯卿大夫士庶人于道德，而合之

以成一道德之团体。政治上之理想，殆未有尚于此者。文凡
十九页，此文于考据之中，寓经世之意，可几亭林先生。惟
文字未能修饰尽善耳。"[1]

9 月，撰《两周金石文韵读》一卷。

11—12 月，撰《商三句兵跋》。[2]

以上为王国维 1917 年中有关殷商史、甲金文相关的著述
年表，由上可知，王国维在《殷周制度论》一文前，最重要
的是撰写了《殷卜辞中所见先公先王考》及《殷卜辞中所见
先公先王续考》两文，而这两篇文章的结论也成为《殷周制
度论》一文重要的理论基础之一，由是而开殷周制度比较研
究的先河。关于《殷卜辞中所见先公先王考》一卷，赵万里说：
"卜辞之学，至此文出，几如漆室忽见明灯，始有脉络或途径
可寻，四海景从，无有违言。三千年来迄今未见之奇迹，一旦
于卜辞得之，不仅为先生一生学问最大之成功，亦近世学术史
上东西学者公认之一盛事也。"[3]屈万里评述两篇文章："甲骨文
字虽然发现于清光绪二十五年，而用它来证史则始于王国维"，
"证实了殷先公自上甲以下的次序，是报乙报丙报丁，而不是
像《史记》和《汉书·人表》的次序——报丁、报乙、报丙，

1 吴泽主编，刘寅生、袁英光编：《王国维全集·书信》，中华书局，1984 年，
第 213—214 页。

2 袁英光、刘寅生编：《王国维年谱长编（1877—1927）》，天津人民出版社，
1996 年，第 195—243 页。

3 赵万里：《静安先生遗著选跋》，吴泽主编，袁英光选编：《王国维学术研究
论集》第一辑，华东师范大学出版社，1983 年，第 311 页。

他证实了殷中宗是祖乙而不是太戊。他证实了祖乙是中丁的儿子而不是河亶甲的儿子。另外，关于殷代帝王的世系，《史记·殷本纪》和《汉书·人表》不合的地方，都证实了是《汉书·人表》之误。他固然纠正了《史记·殷本纪》中不少的错误，可也证实了《殷本纪》所记殷代帝王的世系大致正确可信。这告诉人们对于《史记》所记的古史，固然不能全盘相信，但也使疑古的人们对于《史记》增加了不少的信心。利用甲骨文的材料，重建殷代的信史，王国维的这两篇文章，无疑是开山之作。"[1]可以说，这三篇文章是王国维结合殷墟卜辞和传世文献研究殷商历史的代表性著作，是当时史学研究的巅峰之作，文中观点至今仍在学术界产生重要影响。

2. 王国维学术思想的回顾

陈梦家认为王国维"作此文的企图是在拥护周公的'封建'制度，认为这种制度典礼乃道德的器械，而在这种制度下的'天下'乃是一道德的团体。这种制度的根本乃由于宗法的嫡庶制。此文之作，乃借他所理解的殷制来证明周公改制的优于殷制，在表面上似乎说周制是较殷制为进步的，事实上是由鼓吹周公的'封建'制度而主张维持清代的专制制度。此文在实际上是王氏的政治信仰，它不但是本末颠倒的来看周代社会，而且具有反动的政治思想"。[2]郭沫若对《殷

---

1 屈万里：《我国传统古史说之破坏和古代信史的重建》，《第三届亚洲历史学家会议论文集》，1963 年 4 月。

2 陈梦家：《殷虚卜辞综述》，科学出版社，1956 年，第 630 页。

周制度论》一文的态度也由"这是一篇轰动了全学界的大论文"转变为"《殷周制度论》的价值已经不能够被这样过高估计了。王氏所据的史料，属于殷代的虽然有新的发现而并未到家，而关于周代的看法则完全是根据'周公制作之本意'的那种旧式的观念。这样，在基本上便是大有问题的。周公制礼作乐的说法，强半是东周儒者的托古改制，这在目前早已成为定论了"。[1]

应该说，王国维作《殷周制度论》一文的出发点之一，不仅在于考察三代制度问题，而且是寄寓其政治理想于文字之间。在文中，他高度赞扬了周代殷制的变化，特别是制度既定后的德政与社会秩序的稳定："周自大王以后，世载其德，自西土邦君、御事、小子，皆克用文王教，至于庶民，亦聪听祖考之彝训。是殷、周之兴亡，乃有德与无德之兴亡。故克殷之后，尤兢兢以德治为务。""周之制度、典礼，乃道德之器械，而'尊尊'、'亲亲'、'贤贤'、'男女有别'四者之结体也，此之谓'民彝'……殷人之刑，惟'寇攘奸宄'，而周人之刑则并及'不孝不友'……是周制刑之意，亦本于德治、礼治之大经。其所以致太平与刑措者，盖可睹矣。"

实际上，王国维写作此文的 1917 年前后，正是中国封建社会彻底退出历史舞台的时代。1911 年辛亥革命后，王国维前往日本避居；1917 年写作《殷周制度论》一文前，正是张勋复辟、孙中山发表讨逆宣言的历史时期，由王国维信札可以看出他心情的游移和动荡。他笔下的周制，是"亲亲""贤

1　郭沫若:《郭沫若全集・历史编第二卷》，人民出版社，1982 年，第 7 页。

贤"的，颇有孔子崇尚周礼"郁郁乎文哉！吾从周"的意味。

王国维推崇周公制礼作乐，从《殷周制度论》一文能举出很多例子，如"此种制度，固亦由时势之所趋，然手定此者，实惟周公。原周公所以能定此制者，以公于旧制本有可以为天子之道，其时又躬握天下之权，而顾不嗣位而居摄，又由居摄而致政，其无利天下之心，昭昭然为天下所共见"。他所推崇的"心术与规摹"虽没有实指，其实说的正是他所刻画的"不争"、"止乱"，能够"定天下"的周公。其论在古史研究之中，但其言外之意则已经溢出文集之外了。

二、殷周制度研究三端

《殷周制度论》开篇言："中国政治与文化之变革，莫剧于殷周之际。"殷周之际的变革首先从何处体现，文章在具体讨论殷周时期的政治变革问题之前，先讨论了政治中心的迁徙问题。文章指出："都邑者，政治与文化之标征也"，"太皞之虚在陈，大庭氏之库在鲁，黄帝邑于涿鹿之阿，少皞与颛顼之虚皆在鲁、卫，帝喾居亳。惟史言尧都平阳、舜都蒲坂、禹都安邑，俱僻在西北，与古帝宅京之处不同"，"自五帝以来，政治、文物所自出之都邑，皆在东方。惟周独崛起西土"，"都邑之自东方而移于西方，盖自周始"。这是自古帝王之都讨论上古时期的政治变化，指出这种变化首先体现在上古帝王的都邑变移。太皞的都邑在陈（今河南淮阳），大庭氏的都邑在鲁（今山东曲阜），黄帝都邑在涿鹿之阿（今江苏徐州），少皞、颛顼的政治活动范围都在豫西及山东地区；而到尧、舜、禹时期都邑在晋南，与过去古帝王的差别仅仅在于地域不同；直至周时，都邑在宗周丰镐，政治中心西移。古代方国政治中心，也就是都邑的转移是清晰可见的变化，但是古帝王的统治、政治与文化的差异却并不明显。由此《殷周制度论》言："殷、周间之大变革，自其表言之，不过一姓一家之兴亡与都邑之移转；自其里言之，则旧制度废而新制度兴，旧文化废而新文化兴。又自其表言之，则古圣人之所以取天下及所以守之者，若无以异于后世之帝王；而自其里言之，则其制度、文物与其立制之本意，乃出于万世治安之大计，其心术与规摹，迥非后世帝王所能梦见也。"《殷周制度论》指出，旧制度为新制度所取代，旧文化为新文化所取代，才是殷周变革的根本和核心所在。并且认为，这种变革在于"心术与规摹"，"心术"指的是统治阶层的思想，"规摹"是具体的制度和规划，王国维认为，这两点的变化就是殷周之际变革的原因。

《殷周制度论》："周人制度之大异于商者，一曰立子立嫡之制，由是而生宗法及丧服之制，并由是而有封建子弟之制，君天子、臣诸侯之制。二曰庙数之制。三曰同姓不婚之制。此数者，皆周之所以纲纪天下。旨则在纳上下于道德，而合天子、诸侯、卿、大夫、士、庶民以成一道德之团体。周公制作之本意实在于此。"文章明确指出，殷周制度之别主要在于三个方面：第一是立子立嫡之制，并由此制度产生了宗法制、丧服制以及衍生出的封建子弟之制和君天子臣诸侯之制；第二点为庙数之制；第三点则为同姓不婚之制度。而这三项制度及其衍生出的其他礼仪规制，既产生于制度制定者（即周公）的道德，又作用于西周的政体和民。

1. 立子立嫡之制

《殷周制度论》："殷以前无嫡庶之制。黄帝之崩，其二子昌意、玄嚣之后，代有天下。颛顼者，昌意之子。帝喾者，玄嚣之子也。厥后，虞、夏皆颛顼后，殷、周皆帝喾后有天下者。但为黄帝之子孙，不必为黄帝之嫡世。动言尧、舜禅让，汤、武征诛，若其传天下与受天下有大不同者。然以帝系言之，尧、舜之禅天下，以舜、禹之功，然舜、禹皆颛顼后，本可以有天下者也。汤、武之代夏、商，故以其功与德，然汤、武皆帝喾后，亦本可以有天下者也。以颛顼以来诸朝相继之次言之，故已无嫡庶之别矣。"

王国维指出，在殷以前的历史中，王国传嗣是没有类似于后世嫡庶的这种继承制度的。不论是尧舜的禅让传承，还是汤、武以革命传递帝位的方式，其根本是由于尧、舜、汤、武是颛顼和帝喾的子孙，以血缘来说，本当有帝位的继承权。而到商代，这种继承制度发生变化。王国维在《殷卜辞中所见先公先王考》及《殷卜辞中所见先公先王续考》以及后来的《古史新证》等文章中渐次形成了殷人兄终弟及的王位继承制度的观点。

殷商的王室世系，主要记载在《史记·殷本纪》中。此后，董作宾、王国维先后从几片卜辞中发现了商王世系：

乙未酚滋品上甲十、匚乙三、匚丙三、匚丁三、示壬三、示癸三、大乙十、大丁十、大甲十、大庚七、小甲三……三、祖乙……（《合集》32384）

□未卜，桒上甲、大乙、大丁、大甲、大庚、〔大戊〕、中丁、祖乙、祖辛、祖丁十示，率牡。（《合集》32385.1）

□申卜，桒……比辛酉……大乙、大丁、大甲、大戊、□庚、□丁、□丁、〔祖〕辛、祖丁，率示……（《合集》32385.2）

□□〔卜〕，桒雨自上甲、大乙、大丁、大甲、大庚……（《合集》32385.3）

甲辰卜，贞，王窋桒祖乙、祖丁、祖甲、康祖丁、武乙，衣，亡尤。（《合集》35803）

王国维指出，武乙以前四世为小乙、武丁、祖甲、庚丁，则"祖乙"即小乙，"祖丁"即武丁。那么结合这些卜辞记载，于是就可以得到卜辞中记述的商王世系：

上甲—匚（报）乙—报丙—报丁—示壬—示癸—大乙—大丁—大甲—大庚—大戊—中丁—祖乙—祖辛—祖丁　小乙—武丁—祖甲—康丁—武乙

这是由上甲到武乙 20 世直系的世次，对比《史记·殷本纪》可以发现，除了祖乙的两处歧说之外，《史记》和卜辞中记载的商王世次、世数都是相符合的。王国维认为，这种记载即表明从商代起就有了明确的继承制度。这一制度的形式是："商之继统法，以弟及为主，而以子继辅之，无弟然后传子。自成汤至于帝辛三十帝中，以弟继兄者凡十四帝。（外丙、中壬、大庚、雍己、大戊、外壬、河亶甲、沃甲、南庚、盘庚、小辛、小乙、祖甲、庚丁）其以子继父者亦非兄之子，而多为弟之子。（小甲、中丁、祖辛、武丁、祖庚、廪辛、武乙）惟沃甲崩，祖辛之子祖丁立；祖丁崩，沃甲之子南庚立；南庚崩，祖丁之子阳甲立：此三事独与商人继统法不合。此盖《史记·殷本纪》所谓'中丁以后九世之乱'，其间当有争立之事，而不可考矣。"而这个制度在当时的周族也是施行的，所以王国维说："是故大王之立王季也，文王舍伯邑考而立武王也，周公之继武王而摄政称王也，自殷制言之，皆正也。"王季作为太王的少子，其上有兄长泰伯和仲雍，却承继了太王的王位；伯邑考是武王的兄长，承继文王之后的却是武王而非伯邑考；周公为武王之弟、成王之叔，但在武王死后并非由嫡子成王直接执政，而是由周公摄政王位作为过渡。这几种承继方式，都不是周朝建立之后最常见的嫡长子继承制度，史书给出了分别的解释：泰伯与仲雍以王季贤德而让位；伯邑考早死；周公摄政称王却最终还位于成王。在王国维看来，如按照殷制而言，王季承继太王、武王承继文王、周公摄政称王，都有合理的因素，这是因为当时的周族使用的是与殷制类似的兄终弟及结合父死子继的制度。

到了西周代殷之后，这种形式发生了变化："舍弟传子之法，实自周始。当武王之崩，天下未定，国赖长君。周公既相武王克殷、胜纣，勋劳最高，以德、以长、以历代之制，则继武王而自立，故其所矣。而周公乃立成王而己摄之，后又反政焉。摄政者，所以济变也。立成王者，所以居正也。自是以后，子继之法遂为百王不易之制矣。"周人本来施行的是与商人同样的兄终弟及承继制度，这一制度的变化始于武王到成王的传承。周武王在克殷后两年即崩，克殷后的分封诸侯、建立东都洛邑等王国规制，或仅存于规制尚未施行，或刚刚布行不久、方兴未艾，总之留给幼子成王的是一个摇摇欲坠的新政权。在这种情况下，按照兄终弟及的王位传递制，本应由周公承继王位；但周公却立成王，自己摄政而后返政。王国维指出，这是一种"济变"之法，也称为子继之法的源头，成为"百王不易之制"。由此王国维指出殷周两代在制度上最重要的差别，也就是传位制度发生了变化，继而"由传子之制，而嫡庶之制生焉"。

《殷周制度论》称："然所谓'立子以贵不以长，立适以长不以贤'者，乃传子法之精髓。当时虽未必有此语，固已用此意矣。盖天下之大利莫如定，其大害莫如争。任天者定，任人者争；定之以天，争乃不生。故天子、诸侯之传世也，继统法之立子与立嫡也，后世用人之以资格也，皆任天而不参以人，所以求定而息争也。古人非不知'官天下'之名美于'家天下'，立贤之利过于立嫡，人才之用优于资格，而终不以此易彼者，盖惧夫名之可借而争之易生，其敝将不可胜穷，而民将无时或息也。故衡利而取重，洁害而取轻，而定为立子、立嫡之法，以利天下后世。而此制实自周公定之，是周人改制之最大者，可由殷制比较得之。有周一代礼制，大抵由是出也。"

这里既谈到了殷周传嗣制度的差别，同时也提到了王国维对这个制度的价值判断，那就是"以利天下后世"。"官天下"之名当然优于"家天下"，立贤当然优于立嫡，这是古人也了解的事实，但之所以不这样做，是在权衡轻重之后折中所取的一种方略，这是一种"不争""求定"的制度，其出发点在于"利天下""利后世"。当然这里也包含了王国维对这一制度的规划者——周公的赞美，这就是王国维在文章开端所提到的"心术和规摹"，这也是写作此文的出发点之一。

王国维指出，立子立嫡之制衍生出宗法制、丧服制和为人后等制度，然后又有分封子弟之制和君天子、臣诸侯之制。

宗法制。王国维引《丧服小记》："别子为祖，继别为宗，继祢者为小宗。有五世而迁之宗，其继高祖者也。是故祖迁于上，宗易于下。敬宗，所以尊祖祢也。"《大传》曰："别子为祖，继别为宗，继祢者为小宗。有百世不迁之宗，有五世则迁之宗。百世不迁者，别子之后也。宗其继别子者，百世不迁者也。宗其继高祖者，五世则迁者也。尊祖故敬宗。敬宗，尊祖之义也。"

丧服制。《仪礼·丧服》为纲："曰亲亲，曰尊尊，曰长长，曰男女有别。无嫡庶，则有亲而无尊，有恩而无义，而丧服之统紊矣。故殷以前之服制，就令成一统系，其不能如周礼服之完密，则可断也。"

为人后之制。商代"商之诸帝，以弟继兄者，但后其父而不后其兄"，举例一条卜辞，"其于大甲、大庚之间不数沃丁，是大庚但后其父大甲，而不为其兄沃丁后也"，沃丁、大庚是大甲之子，这时的祭祀是后其父而不是后其兄。所以说商代"商无'为人后者为之子'之制也"。关于这项制度，王国维举"跻僖公"案为例。《殷周制度论》："以春秋时之制言之，《春秋经·文二年》书：'八月丁卯，大事于大庙，跻僖公。'，《公羊传》曰：'讥。何讥尔？逆祀也。其逆祀奈何？先祢而后祖也。'夫僖本闵兄，而《传》乃以闵为祖、僖为祢，是僖公以兄为弟闵公后，即为闵公子也。"春秋时期鲁国国君闵公死后，僖公即位。但是在太庙禘祭时僖公的神主牌位放置于闵公之上，所以《公羊传》认为这是"逆祀"。闵公、僖公都是鲁庄公之子，王国维："夫僖本闵兄，而传乃以闵为祖、僖为祢，是僖公以兄为弟闵公后，即为闵公子也。"

分封子弟之制。商人的制度"兄弟相及，凡一帝之子，无嫡庶、长幼，皆为未来之储贰。故自开国之初，已无封建之事，矧在后世？惟商末之微子、箕子，先儒以'微'、'箕'为二国名。然比干亦王子而无封，则'微'、'箕'之为国名，亦未可遽定也。是以殷之亡，仅有一微子以存商祀，而中原除宋以外，更无一子姓之国。"而周人"既立嫡长，则天位素定，其余嫡子、庶子，皆视其贵贱贤否，畴以国邑。开国之初，建兄弟之国十五，姬姓之国四十，大抵在邦畿之外。后王之子弟，亦皆使食畿内之邑。故殷之诸侯皆异姓，而周则同姓、异姓各半。此与政治，文物之施行甚有关系，而天子、诸侯君臣之分，亦由是而确定者也"。王国维将分封子弟之制单独讨论，这不仅是讨论殷周制度之异，实际上也在点明"天子、诸侯君臣之分"，这种等级划分的发展奠定，王国维认为是划时代的。

《殷周制度论》称："自殷以前，天子、诸侯君臣之分未定也。故当夏后之世，而殷之王亥、王恒，累叶称'王'；汤未放桀之时，亦已称'王'；当商之末，而周之文、武亦称'王'。盖诸侯之于天子，犹后世诸侯之于盟主，未有君臣之分也。周初亦然，于《牧誓》《大诰》皆称诸侯曰'友邦君'，是君臣之分亦未全定也。逮克殷践奄，灭国数十，而新建之国皆其功臣、昆弟、甥舅，本周之臣子，而鲁、卫、晋、齐四国，又以王室至亲为东方大藩。夏、殷以来古国，方之蔑矣。由是天子之尊，非复诸侯之长而为诸侯之君，其在丧服，则诸侯为天子斩衰三年，与子为父、臣为君同。盖天子、诸侯君臣之分始定于此。此周初大一统之规模，实与其大居正之制度相待而成者也。"在周以前，诸侯称王是很常见的事情。王国维已经举例殷代先王王亥、王恒、商汤在夏时已经称王，在商代末年周文、武王也相继称王，这一现象并非僭越之举，而是符合当时的方国政治制度的称谓。王国维解释说，当时的情况是诸侯之于天子犹如后世诸侯之于盟主，是"君臣"之"分"未定的时期。周初的情况也是一致的，《牧誓》《大诰》这种记录周初的文献也体现了这一点。而这一制度的改变在于周初施行的分封制度，将重要功臣及王室族裔大量分封到王国边域地区，特别是像鲁、卫、晋、齐都是周王室的贵胄至亲，那么过去古方国的实力就被大大削弱了，由此才有了天子之尊。王国维的这一论断是正确的。在西周时期的青铜器铭文中，我们仍然能够见到"散王""矢王"等异姓诸侯称王的例子，但这些异姓诸侯在有周一代，无非是在宗周附近保留有小小的采邑，与享有征伐捍卫、地方财政权力的外服诸侯国已不可同日而语。这就是分封子弟与君天子、臣诸侯的制度来源。

这是王国维认为殷周制度变化的第一点体现，也是殷周两代最为根本的变化，他指出宗法制，丧服制，为人后之制，分封子弟之制，君天子、臣诸侯之制皆由立子立嫡之制而生。

2. 庙数之制

王国维认为殷周制度变化的第二点在于庙数之制。商代"必非周人三年一祫、五年一禘之大祭，是无毁庙之制也"。毁庙指撤除不再奉祀的前代宗庙。周代祭法，《礼记·王制》《穀梁传》称"天子七庙"。朱熹《诗集传》卷八："庙制，太祖居中，左昭右穆。"《左传·僖公五年》："大伯、虞仲，皆大王之子，不从王命……穆生昭，昭生穆，以世次计，故大伯、虞仲于周为昭。"《左传·僖公二十四年》："昔周公吊二叔之不咸，故封建亲戚以蕃屏周。管蔡郕霍，鲁卫毛聃，郜雍曹滕，毕原酆郇，文之昭也。邘晋应韩，武之穆也。凡蒋邢茅胙祭，周公之胤也。"孔疏："文之昭者，自后稷以后，一昭一穆。文王于次为穆，故文子为昭，武子为穆。"

这里实际上谈了庙制的两个问题：庙数等级与毁庙之制。殷周的庙制是一个复杂的制度，它的具体情况今天仍存在很多争议。《礼记·王制》记载天子七庙、诸侯五庙、大夫三庙、士一庙[1]，而《祭法》则记载士二庙、官师一庙[2]；即令天子之庙数，记载也有分歧，《丧服小记》"王者禘其祖之所自

1　郑玄注，孔颖达疏：《礼记正义》卷一二，中华书局影印《十三经注疏》本，1982年，第1335页。

2　郑玄注，孔颖达疏：《礼记正义》卷四六，中华书局影印《十三经注疏》本，1982年，第1589页。

出，以其祖配之，而立四庙"[1]，则天子及其祖庙共为五庙之制。何休解释说，"礼，天子诸侯立五庙，受命始封之君立一庙，至于子孙，过高祖不得复立庙。周家祖有功，宗有德，立后稷、文、武庙，至于子孙，自高祖已下而七庙。天子卿大夫三庙，元士二庙。诸侯之卿大夫比元士二庙，诸侯之士一庙"[2]，则以天子五庙加上文王、武王庙，共为七庙。郑玄解释说"大祖及文王、武王之祧，与亲庙四"，孔颖达疏"周所以七者，以文王、武王受命，其庙不毁，以为二祧，并始祖后稷及高祖以下亲庙四，故为七也"[3]，调和了五庙与七庙两说。《公羊传·文公二年》载："毁庙之主，陈于大祖；未毁庙之主，皆升，合食于大祖。[4]"《穀梁传·文公二年》："毁庙之主，陈于大祖；未毁庙之主，皆升合祭于大祖。[5]"毁庙之制是随着庙制发展而来的制度。很多学者往往根据春秋时期的庙制来推断西周时期的情况，根据材料的歧说而产生多种不同的学术观点，这些问题都有待于进一步材料的证明。

---

1 郑玄注，孔颖达疏：《礼记正义》卷三二，中华书局影印《十三经注疏》本，1982 年，第 1495 页。

2 何休注，徐彦疏：《春秋公羊传注疏》卷一七，中华书局影印《十三经注疏》本，1982 年，第 2292 页。

3 郑玄注，孔颖达疏：《礼记正义》卷一二，中华书局影印《十三经注疏》本，1982 年，第 1335 页。

4 何休注，徐彦疏：《春秋公羊传注疏》卷一三，中华书局影印《十三经注疏》本，1982 年，第 2267 页。

5 范宁注，杨士勋疏：《春秋穀梁传注疏》卷一〇，中华书局影印《十三经注疏》本，1982 年，第 2405 页。

3. 同姓不婚之制

《殷周制度论》指出："男子称氏，女子称姓，此周之通制也。上古女子无称姓者，有之，惟一姜嫄。姜嫄者，周之妣，而其名出于周人之口者也。传言黄帝之子为十二姓，祝融之后为八姓，又言虞为姚姓，夏为姒姓，商为子姓。凡此纪录，皆出周世。据殷人文字，则帝王之妣与母皆以日名，与先王同；诸侯以下之妣亦然。（传世商人彝器多有'妣甲'、'妣乙'诸文。）虽不敢谓殷以前无女姓之制，然女子不以姓称，固事实也。""周则大姜、大任、大姒、邑姜，皆以姓著。自是迄于春秋之末，无不称姓之女子。《大传》曰：'四世而缌，服之穷也。五世袒免，杀同姓也；六世亲属竭矣。其庶姓别于上而戚单于下，婚姻可以通乎？'又曰：'系之以姓而弗别，缀之以食而弗殊，虽百世而婚姻不通者，周道然也。'然则商人六世以后或可通婚，而同姓不婚之制实自周始。女子称姓，亦自周人始矣。"《左传·僖公二十三年》载"男女同姓，其生不蕃"。这种同姓不通婚姻的制度，从今天的科学视角看，当然是有益于提高生育质量的；从当时的政治角度来看，除去这一方面的因素，政治联姻、维系族群间的政治军事同盟，也是采取这一举措的重要原因之一。

三、百年后对《殷周制度论》一文的回顾

1.《殷周制度论》一文的评价

《殷周制度论》一文甫一问世，就引起极大轰动，很多

学者给予了很高的评价。罗振玉在《观堂集林·序》评价道："君撰《殷卜辞中所见先公先王考》及《殷周制度论》，义据精深，方法缜密，极考证家之能事，而于周代立制之源及成王周公所以治天下之意，言之尤为真切。自来说诸经大义，未有如此之贯串者。"郭沫若称《殷周制度论》是"一篇轰动了全学界的大论文，新旧史家至今都一样地奉以为圭臬"。[1]顾颉刚则谓"对于殷代礼制的探讨及殷周制度的异同，亦均发千古之秘"。[2]赵万里评价说："《殷周制度论》，义据精深，方法缜密，极考据家之能事，海内外久已称道无间言。"[3]

　　溢美之词不烦赘引。随着学术进步和不断涌现的新材料，学术界出现了一些针对《殷周制度论》的学术观点的讨论与批评，首先就体现在殷周制度文化间的变化是否大异于前代这一问题的讨论上。

　　王国维指出殷周之前，古国古帝王的政治文化的变化，多为"表"，即都邑的变化，这不过是一家一姓的变化；而殷周之际的变化才是制度文化变迁的实际。反对这一论点的胡厚宣等学者都表示"殷与西周实为一个文化单位，其剧变不在殷周之际，乃在东周以来"[4]及"殷周革命，不过是改朝换代"。郭沫若引"周因于殷礼，所损益可知"指出周人的文

1　郭沫若：《十批判书·古代研究的自我批判》，人民出版社，1954年。

2　顾颉刚：《当代中国史学》，上海古籍出版社，2002年，第102页。

3　蠡舟：《王静安先生之考证学》，载《王国维先生全集·附录》，台湾大通书局，1976年，第5567页。

4　胡厚宣：《殷代封建制度考》，《甲骨学商史论丛初集（外一种）》，河北教育出版社，2002年，第21页。

化更多还是承继了殷商而非"剧变"。[1]具体来说，王国维指出殷代继承法为兄终弟及，而周人开始施行嫡长子继承制度，由是而有嫡庶、继承等诸问题。而这一点从史料上看，也并非完全确论。例如王恩田指出周公长子伯禽所受封的鲁国，实行的就并非嫡长制，而是一继一及的继承制度。"父传子为'继'，兄传弟为'及'。'一继一及'即传一次子，传一次弟。再传一次子，再传一次弟……依次类推"，"根据一继一及制，周公本可以传位于其子伯禽，但却传位于武王之子成王，以表明改制创新的公而无私。一继一及制在西周时期盛行了二百余年，'厉始革典'，周厉王改革旧制，不再传弟而传子。此后周王朝基本上确立了'子继之法'。"[2]陈梦家则指出，"从嫡庶之制作为起点来看殷、周制度，是最错误的。这个错误的起点和看法，而且是他认为根本的，贯彻了全文。他处处要以'周制'为正确来找殷制的不同，因此把本相因袭的一些制度认为是对立的。在这里，他不但没有阐明殷、周制度的如何不同、何以不同，也根本没有指出殷周制度的基本特征和殷、周的社会性质。"具体来说，就殷代有无嫡庶、有无宗法、有无封建等具体问题，也存在不少争议。胡厚宣先生较早地提出嫡庶之制并非创始于周，而是在殷代就已经产生："所以知殷代或已有立嫡之制者，卜辞中有大子之称，当即长

---

1 郭沫若：《十批判书》，《郭沫若全集·历史编》第2册，人民出版社，1982年，第11页。

2 王恩田：《重论西周一继一及继承制——王国维〈殷周制度论〉商榷》，《济南大学学报（社会科学版）》，2017年第2期，第52页。

嫡之意。又有称小王者，疑即指此种嫡长继立之王也。《吕氏春秋·当务篇》云'纣母之生微子启与仲衍也尚为妾，已而为妻而生纣，故纣为后。'《殷本纪》曰：'帝乙长子为微子启，启母贱不得嗣，少子辛，辛母正后，故立辛为嗣。'两说不同，然其以商末已有立嫡之制，则一也。"[1] 这是持论嫡庶制产生较早的一种观点，而唐嘉弘、周书灿等学者则表示，甚至在西周时期都未必出现严格的嫡庶制度，后世关于西周时期的记载也往往掺杂了追述、猜测的成分。关于王国维论及的宗法制，张富祥在《重读王国维〈殷周制度论〉》一文中有："王先生对古代宗法制度有特定的理解，但把宗法制度看做周公的创造，其下文还明确提到商代无宗法"，并且明确指出"这看法已经过时了"。张文认为《殷周制度论》一文"以晚出的宗法理论材料与卜辞材料做对照研究，认定立子立嫡之制起于周初，为周公所创，是为'周人改制之最大者'，存在一系列失误"，并进一步提出："商代宗法的基本体制应是依父系分族而仍依母系分宗，周初尚大致承此体制，而与晚周宗法大不相同。说'中国政治与文化之变革，莫剧于殷周之际'，也不是历史实情。"[2]

伴随着新材料的出土，商代、西周的分封问题涌现出更多的新材料和新观点。部分学者指出商代已经存在分封制度，不同意王国维指出分封源于周的观点。这一点也得到考古发

1 胡厚宣：《殷代婚姻家族宗法生育制度考》，载《甲骨学商史论丛初集（外一种）》，河北教育出版社，2002 年，第 132 页。
2 张富祥：《重读王国维〈殷周制度论〉》，《史学月刊》2011 年第 7 期。

现的佐证，例如 20 世纪 60 年代在山东青州发掘的苏埠屯"亚丑"墓地，可以明确就是一座商代分封的旨在"为国捍卫"的遗存，是商代存在分封行为的最好证据之一。但是也要清晰地知道，商代的分封与西周时期的大分封制度又确实存在着较明显的差别。周人的分封制虽然是承继商人分封行为而来，但所经营的国土面积、所面临的统治形式与商代已经大不相同，因此在武王、成王几朝及至后代宣王等都做了较大程度的改进与变革，从这一角度来看，在某种程度上也符合王国维在《殷周制度论》一文中的判断。

近几年，有不少学者更加客观地对《殷周制度论》进行总体评价，并对针对此文的研究情况作出总结。沈长云认为："在王国维的诸多著述中，涉及中国历史文化问题最深，且对后世影响最大的一篇论文，是他的《殷周制度论》……王国维的这一论点容有张大其辞的成分，且其所举以证明商周之际发生变革的具体内容亦有可商之处，但是，商周之际确实有过深刻的社会历史变革，王国维指出的当时政治制度及思想文化方面的许多重要变化也是不可否认的，尽管对于这些变化的性质及社会历史意义还需要站在新的历史高度重新加以认识。"[1]周书灿总结说："关于《殷周制度论》，目前学术界已形成如下基本共识：作为新史学开山的一代学术大师，王氏在新的学术背景下，对于商周之际'中国政治与文化之变革'的探讨，在中国新旧学术转型时期，具有划时代的里程

1 沈长云：《论殷周之际的社会变革——为王国维诞辰 120 周年及逝世 70 周年而作》，《历史研究》1997 年第 6 期。

碑意义。王氏结合新材料，开创二重证据法，对先秦史上这一至关重要的理论性问题率先进行开拓性和前瞻性的研究，为 20 世纪中国商周史的研究建立了一崭新的研究起点和高的学术水准，为后人留下了广阔的思考空间。……由于时代的局限，《殷周制度论》对于远古传说和晚出文献的真实性缺乏深入细致的甄别、审查和澄滤，立论基础并不牢固；用地理、族类来说明三代文化的不同，也的确存在不少学理上的疑难；再加上《殷周制度论》发表之时，殷墟的科学发掘工作尚未全面展开，限于当时所见的资料，《殷周制度论》所论殷、周之际的文化与制度的重大差异，在今天看来，诸多结论显然有所不妥，商周史研究中有关宗法制、封建制、姓氏制等重大理论的学术分歧，至今仍远未统一。"[1]

受限于学术环境，王国维本人及其学术作品不可避免地有着很明显的思想局限和学术局限。如李零先生指出，"如'四分月相'说（《生霸死霸考》）和'王号（西周早中期的）生称'说（遹敦跋），在学界还有不同看法。这两种说法对研究西周铜器断代影响很大，我个人认为都有问题"。[2] 应该说，王国维的论据和结论在学术界的认识不断深入的今天，有些观点已经为新材料、新发现所更正，但不会随着时代的推移而失去价值的是，王国维敏锐地看到了殷商制度的变革，并且开创性地提出了"殷周之变"这一百年后仍具学术价值和

---

1 周书灿：《〈殷周制度论〉新论——学术史视野下的再考察》，《清华大学学报（哲学社会科学版）》2012 年第 5 期。

2 李零：《我读〈观堂集林〉》，《书城》2003 年第 8 期。

魅力的话题。

2. 从今天的学术视角看王国维的《殷周制度论》

自王国维开创殷周文化对比研究的先河以来，学术界对殷周制度文化的关系形成了截然不同的两种观点。

"迥异"说。代表人物有王国维、郭沫若、邹衡、许倬云。郭沫若从社会制度和思想文化两方面指出商周之际的变化。邹衡从考古学、类型学的角度进行商周文化比较，指出先周和晚商是"属于完全不同的文化"。许倬云立足世界文化比较研究的角度，指出殷周之际是大变局。而在这些观点之中，立论最早、影响最大的就是王国维。

"微殊"说。徐中舒通过考古文物和古文字资料进行比较后认为殷周文化是相因袭的。严一萍在比较夏商周三代文化后，认为三者大同小异。张光直虽然承认三代在地域及传说的礼制等方面是有所区别的，但从考古所见的物质文化上比较，认为三代文化是"虽有小异，实属大同"。[1]

1　关于商周文化比较研究的"迥异"与"微殊"的讨论，见于王晖《商周文化比较研究》绪论部分，人民出版社，2000年，第1—2页。其中所引各家学说见于：郭沫若：《中国古代社会研究》，《郭沫若全集·历史编》第1册，人民出版社，1982年，第21页。邹衡：《夏商周考古学论文集》，文物出版社，1980年，第141、331页。许倬云：《中国文化与世界文化》，贵州人民出版社，1991年，第54—57页。徐中舒：《殷周文化之蠡测》，《历史语言研究所集刊》第二本第三分，1931年。严一萍：《夏商周文化异同考》，《大陆杂志特刊》（一），1952年，第394页。张光直：《中国青铜时代（二集）》，生活·读书·新知三联书店，1990年，第34—38页。

我们综合分析这两种截然不同的立场，可以看出，前者的大多数学者是将商周文化放置在整个中国历史文化的大背景中去进行比较研究，而后者则仅仅是在殷周两个时代的文化背景中去比较。二者当中，前者应当是较为合理的讨论途径。

3. 面对《殷周制度论》应持有的学术态度

（1）走进疑古，走出疑古

20 世纪 20 年代以来，顾颉刚、钱玄同在新文化运动"整理国故"思潮的影响下，以《古史辨》为学术阵地，对古史、古书进行辨伪考释工作。学术界一般称之为"疑古派"或"古史辨派"。顾颉刚提出了著名的"层累地造成的中国古史"的观点。他指出"时代愈后，传说的古史期愈长"，"时代愈后，传说中的中心人物愈放愈大"，虽然"不能知道某一件事的真确的状况，但可以知道某一件事在传说中的最早的状况"。随着疑古思潮的愈演愈烈，很多学者加入其中，对古史、古书等多方面进行辨伪质疑，其中有些观点不免有"疑过头"的趋向。针对这种问题，修订、反对疑古派部分观点，形成了"考古派""信古派"或"释古派"，李学勤先生更提出了著名的观点"走出疑古时代"[1]。周予同先生指出："疑古"派"以纸上材料与纸上材料相比较，以考证古史的真伪"，"偏于破坏伪的古史"，"考古"派则"以地下的材料与纸上的材料相比

---

1 李学勤：《走出疑古时代》，长春出版社，2007 年。

较，以考证历史的真像"，"以建设真的古史为职志"。[1]不论是"考古"或者"信古"，从学术观点上看，王国维先生都是代表人物之一。《古史辨》或《殷周制度论》，其创刊或成文都已有近百年历史，百年之后再次回顾两派观点，疑古辨伪古史文献固不可少，但利用考古资料和新史学方法对古史进行建设工作也早已在学术界广泛展开。从学术成果来看，这固然是"考古派"或者"释古派"的成果，但是也符合"古史辨派"推翻旧古史、建立新古史的学术追求。

（2）立足二重证据法，走出二重证据法

尽管学界对王国维所论殷周制度变革有一些批评，但从方法论上加以重新检视的却非常少见，总体上仍不能逃脱其所论殷周制度和二重证据法的总体框架。[2]王国维的重要学术文章最重要的方法论就是二重证据法。

王国维指出："吾辈生于今日，幸于纸上之材料外，更得地下之新材料。由此种材料，我辈固得据以补正纸上之材料，亦得证明古书之某部分全为实录，即百家不雅驯之言，亦不无表示一面之事实。此'二重证据法'，惟在今日始得为之。虽古书之未得证明者，不能加以否定；而其已得证明者，不

1　周予同:《五十年来中国之新史学》,《学林》第4辑,1941年2月。

2　郭沫若:《郭沫若全集·历史编第二卷》,人民出版社,1982年,第7页。相关综述可参见周书灿:《〈殷周制度论〉新论——学术史视野下的再考察》,《清华大学学报（哲学社会科学版）》2012年第5期;张富祥:《重读王国维〈殷周制度论〉》,《史学月刊》2011年第7期。

能不加以肯定，可断言也。"[1] 自从王国维提出二重证据法以来，这已经成为史学界最重要的方法论之一，其重要性自不待言。学术界也在其基础上提出三重证据法等，形成了立体多方位的史学方法论。但是随着文献、考古等学科的不断发展与进步，有些学者开始提出：走出二重证据法，指出"考古是考古，文献是文献。考古学不应以补证文献为前提，以经典的记载为预设和目的，考古学应有自己理论体系来承担古史重建；文献的研究也应发展出自己独立的理论和方法．也只有首先用文献的方法才能科学地考察文献的古史真相"。[2]

我们站在今天的史学界面对百年前的《殷周制度论》，我们既要肯定其视角、方法论方面的巨大创新和实践意义，也需带有怀疑、批判的眼光回顾过去的学术文章，"之所以有疑""为的是有信"，为的是学术的求真。

---

1 王国维：《古史新证》，《古史辨》第 1 册，上海古籍出版社，1982 年，第 265 页。

2 成祖明、赵亚婷：《重新检视王国维的〈殷周制度论〉——走出王国维的"二重证据法"》，《社会科学战线》2018 年第 8 期，第 113 页。

考史与释史：历史学研究的核心内容

黄永年《唐代史事考释》导读

辛德勇

> 考据绝不仅仅是这样的改锥、扳手，而是每一项历史研究赖以起步的基础性工作，也是让学术的车轮保持正确走向的方向盘。

辛德勇，1959 年出生，历史学博士，北京大学历史学系教授，长江学者特聘教授，中国史学会历史地理研究会会长。主要从事中国历史地理学、历史文献学研究，旁涉中国古代地理学史、地图学史、出版印刷史、政治史等领域。出版学术著作、译著、古籍整理等著述 40 余种。

按照我的理解，在中国古代史研究中，政治史始终是一个最核心的领域。不过同样是做古代政治史研究，不同的学者，也会有不同的着眼点和不同的研究方法，其研究成果也会给读者带来不同的感受。黄永年先生的政治史研究，给大多数读者的突出感受是好看。所以我和大家说说黄永年先生的《唐代史事考释》。

黄永年先生这部文集内容丰富。其主体和骨干是唐代政治史，所以选取书中前三篇论述唐初政治的文章作为例证，和大家交流学习体会。这三篇文章是：《论武德贞观时统治集团的内部矛盾和斗争》《敦煌写本常何墓碑和唐前期宫廷政变中的玄武门》《李勣与山东》。

需要说明的是，《唐代史事考释》是在 1998 年出版的。黄永年先生于 2004 年又出版了一部《六至九世纪中国政治史》，其唐初部分就是以上述三篇文章为主而又有所汇通衍化。下面我讲述的内容，也会结合黄先生在这部书中的一些说法。

一、史事考据在历史研究中的基础地位

多少读过一点儿黄永年先生研究著述的人都会清楚，业师治史，特别注重运用考据的方法。历史研究中的考据方法，不外乎考辨甄别互不相同或谬误错讹的文献记载，或是厘清论定扑朔迷离的史事。

你要是告诉学术圈外人，所谓考据就是干这事儿的，我估计百分之百的人都会赞同：要想把历史研究这活儿当个活儿做，不管是谁，都必须先做好考据的工作。不然的话，不管看着有多么富丽堂皇，也只是空中楼阁，当不得真。

然而在学术界内部，情况却远不是那么简单。我们看到的实际情况是，有很多学者，他们喜欢优先考虑用什么样一种特定的范式，或是某种先验的程序，来解读复杂纷纭的历史现象；并且以为只有这样看待历史，其眼光才会有足够的深度，其评判才会有厚重的味道。

胡适之先生论治学方法，讲过一句看似很简单却堪称一语中的的话，这就是"大胆假设，小心求证"。在我看来，这些在下手之先就已经横陈胸臆的既有研究范式或解读程序，好看是好看，好听也是好听，所以尽管"大胆假设"；但它究竟好使不好使，管用不管用，在未经"小心求证"之前，可还真不大好说。胡适之先生讲的这种"小心求证"的途径，不是别的，就是考据。

从 1982 年春在陕西师大初谒黄永年先生时起，到 2007 年初他老人家离世，德勇随侍先生，求教问学，前后 25 个年头。不过先生传授给德勇的，并没有什么神奇的独家秘诀。在治学方法方面，先师同德勇反复讲述最多的就这两个字——考据，或谓之曰"考证"，实际上都是一回事儿。

我给大家介绍的这部《唐代史事考释》，其通篇上下所贯穿的研究方法，就是考据。谈起"考据"这个词儿，学历史的谁都知道个大概，不过更多的人只是把它看作考订某些具体环节的手段，或是孤立地考辨某些无关宏旨的细琐事项，就好像是随车工具箱里解决不期而遇的麻烦用的简单工具。不过我在这里想要向大家特别强调的学习心得是，考据绝不仅仅是这样的改锥、扳手，而是每一项历史研究赖以起步的基础性工作，也是让学术的车轮保持正确走向的方向盘。

基于某种特定的范式或是先验的程序来解析历史现象，这样的做法，是伴随着现代史学的发展而日益兴盛的。在具体的研究实践中，历史学者们往往更喜欢借用西方社会科学的理论和方法。这些源自西方的社会科学理论和方法，对历史研究的推进作用十分显著，甚至可以说相当巨大，譬如马克思的历史唯物主义学说就是对中国历史研究影响最大的一种西方社会科学理论。

在唐代政治史研究领域，除了马克思的历史唯物主义学说之外，还有两大范式，在很长一段时间内，成为中国学者贯穿始终的研究轨辙。这样的研究轨辙，一直延续到今天。这两大范式的具体内容，一是"关陇山东之争"，二是"世族庶族之争"。直到此时此刻，唐史学界大多数学者，谈起唐代的政治斗争来，依然还是这一套。

"关陇山东之争"的"关陇"，出自陈寅恪先生提出的一个著名论断，乃谓西魏北周时期，在政治上形成了一个"关陇集团"，采取"关中本位政策"以治理国家，即其高层统治者均出身于潼关以西地区，而这一统治集团至唐代初年犹未衰损，"皇室与其将相大臣几全出于同一之系统及阶级，故李氏据帝位，主其轴心，其他诸族，入则为相，出则为将，自无文武分途之事，而将相大臣与皇室亦为同类之人，其间更不容别一统治阶级之存在也"，至武周时期，因武曌之"氏族本不在西魏以来关陇集团之内，因欲消灭唐室之势力，遂开始施行破坏此传统集团之工作"，并使其走向分崩堕落，"迄至唐玄宗之世，遂完全破坏无遗"[1]。所谓"关陇山东（'山东'指崤山之东）之争"，指的就是此关陇集团中人同潼关以东黄河中下游区域统治阶层人士的权力争斗。

"世族庶族之争"的"世族"，亦称"高门望族"或"右姓"。所谓"门阀"一语，很大程度上也可与之做同义置换。大体上是指因几代仕宦而积累有一定声望权势的地主家族，没有这种资历的地主家族，就成为庶族。但由二者的区别就可以看出，世族与庶族并非一成不变，而是上上下下波动不已，旧的世族会转趋没落，新的世族则会随时代而起，只是旧有的世族为了保有自己的尊荣而不愿意承认新生的世族。

在《论武德贞观时统治集团的内部矛盾和斗争》这篇文

---

1 陈寅恪：《唐代政治史述论稿》上篇《统治阶级之氏族及其升降》。

章中，业师黄永年先生脱离贯穿于唐代政治史，当然也是前贤时彦研究唐初政治时惯行遵用的上述两大轨辙，不带任何先入为主的前提，客观分析相关的记载，以玄武门之变为主要切入点，真切复原高祖李渊、太子建成和齐王元吉、秦王李世民之间的矛盾和政治斗争的演变过程，认为这些政治斗争只是统治集团内部的权力之争，并且指出，"就当时的历史条件来说，太子和诸皇子以至对皇帝争夺最高权力的事情是必然发生的"。这并不是需要用什么特别的理论来阐释的稀罕事儿，实在平常得很。若是把眼光更拓展一些，通观整个唐朝的历史，这些统治集团内部的矛盾和斗争，也就是所谓"党争"，性质都是如此。形象地讲，就是狗咬狗，一嘴毛。

　　这就是黄永年先生研究唐代政治史的总体结论。历史的真实情况，就摆在那里，研究者实事求是地考释、解析其具体过程就是了，根本没有必要罔顾眼前的事实而求之过深，当然更没有必要故作高深。

　　研究历史问题，当然不能只管自说自话而对既有的通行认知置之不理，不破不立。在《论武德贞观时统治集团的内部矛盾和斗争》一文中，黄永年先生运用考据的方法，首先辨析，这些政治斗争"是不是反映关陇人和山东人的矛盾，是关陇人和山东人之争"？继之再考辨这些政治派系的斗争"是否分别代表了庶族地主和世族地主的利益"。方法简简单单，平平常常，就是一一核实各个派系核心成员的籍贯和家族状况。证据平实可靠，结论清清楚楚，明明白白，同这两项因素都是八竿子打不着的事儿。那些俨乎其然的治史范式，就像海市蜃楼一样，转瞬之间就消逝得无影无踪。这样，就把对唐初政治史的研究重又置放到了一个坚实可靠的基础之上，这也很好地体现了史事考据在历史研究中的基础地位。

二、考证代表性史事在历史研究中的关键作用

如前所述，所谓"关陇集团"和"关中本位政策"是一代学术大师陈寅恪先生提出的著名论断，如果只是根据统计的结果来认识相关核心政治人物籍贯所在的地点，以此来论证特定时期的政治运作是否存在基于"关陇集团"的"关中本位政策"，有些人或许觉得过于简单，至少会觉得这太过干瘪。在历史问题的研究中，举述具有代表性的史事，有时会显得更加生动，内涵也会更加丰富。

我们大家在阅读《论武德贞观时统治集团的内部矛盾和斗争》之后，若是再去读《唐代史事考释》中收录的《李勣与山东》这篇文章，就会看到，业师黄永年先生把一个活生生的例证，推到了我们的面前——李勣这个"山东"地区的代表性人物在唐初政坛上的地位和际遇。

如前所述，按照陈寅恪先生的看法，那种基于"关陇集团"的"关中本位政策"，直至武周时期方始解体，而最终在玄宗时期彻底毁坏无存。然而黄永年先生针对此说做过全面而又系统的论述（在《六至九世纪中国政治史》一书中设有《关陇集团始末》一章），论证的方法，同样还是把相关史事一一付诸考证。情况本来并不复杂，只要作者摒除先入为主的研究范式，只要读者解除迷信和崇拜的桎梏，平视摆在自

己面前的每一项学术观点，就不难做出合乎实际的评判。

黄永年先生的考证表明，西魏北周时期形成的"关陇集团"在由北周入隋之后即开始解体，至唐代初年则已完全消逝不存。

这当然是一个十分重大的结论。须知陈寅恪先生提出"关陇集团"和"关中本位政策"说的《唐代政治史述论稿》，全书系由上、中、下三篇构成，其"关陇集团"和"关中本位政策"说是此书上篇《统治阶级之氏族及其升降》的核心观点和最终结论，即陈寅恪先生所说"有唐一代三百年间其统治阶级之变迁升降，即是宇文泰'关中本位政策'所鸠合集团之兴衰及其分化"，而此书中篇《政治革命及党派分野》又是在上篇的基础上展开的。

显而易见，黄永年先生这一新看法，等于毁掉了陈寅恪先生这部书很大一部分内容的价值，而且这部分内容可以说是这部书的核心内容。尤其值得注意的是，《唐代政治史述论稿》这部书也是陈寅恪先生最有代表性的著述，"关陇集团"和"关中本位政策"是陈先生在这部书中提出的一个重大历史命题。这样的情况，自然会愈加彰显先师新说的价值。

如此重大的命题，不宜仅仅依赖面上的考释来立论，还需解析关键性或者说是标志性的点，这样才能使整个论证更加丰满，更加生动，也更利于人们理解和接受。《李勣与山东》一文，起到的就是这样的作用。

从标题上就可以看出，《李勣与山东》这篇文章，论述的是李勣这个人同山东地区的关系。

李勣和李靖，是李唐王朝开国时期位置最高、名声最响的两员大将。一般认为他们两个人的名声和地位都是凭借其卓越的军事才能而获得的，然而黄永年先生却考述李勣一生的军事经历说：

大业十二年他参与围歼张须陀之役，但指挥者是李密，大业十三年他随李密与王世充相持于洛阳，互有胜负。同年他驻守黎阳仓，曾击退宇文化及的进攻，但武德二年投唐后黎阳即被窦建德攻陷，他力屈请降。武德三年他自拔归长安，四年随秦王李世民擒窦建德，降王世充，但统帅是李世民，分兵围王世充的主将是齐王元吉，他只算辅佐。同年他任黎州总管，刘黑闼起兵，他弃城走保洺州，在黑闼追击下仅以身免。武德五年平徐圆朗之役，李世民是统帅，他和淮安王神通均属李世民麾下，武德七年擒辅公祐[1]之役，赵郡王孝恭是元帅，李靖是负实际责任的副帅，他只是受孝恭、李靖节度的七总管之一。从武德八年到贞观十四年，他一直在并州防御突厥，能做到"塞垣安静"，但贞观四年大破突厥主要是李靖的功劳，他仍只起配合作用。要到贞观十五年任朔州行军总管打败薛延陀，才算独当一面充当大战役的最高指挥官。但更大的贞观十八年进攻高丽的战役则仍由太宗李世民亲自出马，他只在太宗统帅之下担任辽东道行军总管，与指挥舟师的平壤道行军总管张亮并列。

1 此人名为辅公祏。

以后高宗乾封元年破灭高丽之役才由他以辽东道大总管为统帅。

考史释史的工作，在很多时候，就这么简单，把李勣参与和指挥的重大战役一件件摆出来，结论自然也就出来了——"李勣的战绩确难比美李靖"。唐太宗李世民评骘其军事才能，不过是"不能大胜，亦不大败"而已（《旧唐书·薛万彻传》），而黄永年先生认为这"实际上只算是个中上的评语"（其实我们看他面对窦建德力屈请降，面对刘黑闼弃城逃窜，这都称得上是惨败了，并非"亦不大败"）。

然而，在另一方面，李勣不仅与李靖一样名列凌烟阁，唐太宗李世民还高调赞扬他们二人"古之韩、白，卫、霍岂能及也"（《贞观政要·任贤》）。这样，问题就出来了：既然李勣的军事才能远不足以与李靖并比，那么，当朝的皇帝又为什么要如此重视且抬高他呢？先师以为这"应该别有缘故"。

个中缘故，就是经过有隋一代的消解，至唐代初年，西魏北周以来的所谓"关陇集团"业已彻底湮灭，李渊父子不仅再也没有施行"关中本位政策"，而且还反其道而行之，积极网罗山东地区的各色人才，特别是在当地具有较大影响的地方势力代表人物。

李渊父子这么做，原因有二：一者唯才是举，不再偏倚关陇人士；二者利用地方实力人物的影响，以笼络山东地区的人心，稳定社会。从历史发展的角度看，在上面这两项因素中，前者同"关陇集团"和"关中本位政策"息息相关，需要在这里再稍加解释。

当年陈寅恪先生在《唐代政治史述论稿》一书中提出"关陇集团"和"关中本位政策",是用以说明唐代政治活动的历史渊源,即隋至唐初的统治者依样继承了西魏北周时期基于"关陇集团"的"关中本位政策",这构成了唐前期朝政的基本脉络。因而不难理解,若如业师黄永年先生所讲的那样,"关陇集团"在隋朝即告解体,迄至李唐之初便已荡然无存,那么,陈寅恪先生提出"关陇集团"和"关中本位政策"这些观念,基本上也就等于啥也没说,几乎没有任何学术价值和学术意义了。

为什么呢?陈寅恪先生提出此说,若是意在解析西魏北周的历史,那么,特地提出"关陇集团"和"关中本位政策",就会等于讲了只有傻瓜才会讲的大实话——如同黄永年先生在《论武德贞观时统治集团的内部矛盾和斗争》一文中所讲的那样:

> 西魏北周所统治的只有关中以及陇西(后来加进剑南)这点地区,过黄河出函谷关便是东魏北齐的版图,长江中下游更是南朝梁陈的辖区,你要用山东人,山东人也不为你所用。所以西魏北周的统治集团只能是所谓"关陇集团",执行所谓"关中本位政策"。

这么一清二楚、不言自明的事实,陈寅恪先生怎么会煞有介事地当回事儿讲?因为他意不在此,而在于用以解析唐代前期的历史。

只有明了这些情况，才能更好地理解业师黄永年先生解析"李勣与山东"这一命题的学术意义，即借此充分论定杨隋时期业已解体的"关陇集团"和"关中本位政策"，自大唐开基立国之初就已经不再存在，这也就等于彻底否定了陈寅恪先生解析唐代历史的一个基本出发点；或者说是彻底毁掉了陈寅恪先生认识唐代历史的一条基本轨辙。意义当然十分重大。

李勣原名徐世勣，本来是隋东郡离狐县人，隋末徙居同郡卫南县[1]。他不仅是个地地道道的"山东人"，而且"家多僮仆，积粟数千钟，与其父盖皆好惠施，拯济贫乏，不问亲疏"[2]，可谓既饶有资财，家中实力雄厚，又乐善好施，颇喜收买人心，结交江湖豪杰，自然是当地卓有声望的人物。杨隋天下分崩离析之际，同郡韦城人翟让依据瓦岗之地率众为盗，这也就是大名鼎鼎的"瓦岗军"。翟让起事后徐世勣当即身往从之，成为瓦岗军主要奠基人之一。世勣字懋功，或亦书作"茂功"，《说唐演义》中瓦岗寨的狗头军师"徐茂功"，就是以他为原型创造的。世勣后审时度势，怂恿翟让一同尊奉李密为主，而他也很快跃升为瓦岗军中独当一面的二号实权人物，据守与其东郡家乡一河之隔的天下第一等重要粮库黎阳仓。

正是基于这些缘由，当徐世勣后来率众投靠李渊时，才被赐姓李氏，更名为李世勣。至高宗永徽年间，始为回避太

---

1 两《唐书》本传俱云系"曹州离狐人"，"隋末徙居滑州之卫南"，此乃据唐州县而言，于隋，离狐、卫南俱属东郡，见《隋书·地理志》。
2 《旧唐书·李勣传》。

宗李世民的名讳，单名勣焉（《旧唐书·李勣传》）。

前面我说李渊父子积极笼络像李勣这样的山东人物，其第二项原因，是为了利用地方实力人物的声名，以影响山东地区的民心和政治意向，以更好地控制山东社会。我们了解到李勣的地位和分量后，是很容易理解这一点的。因为实力是古往今来一切政治领袖在权力斗争中都要大力争取的，并没有什么深刻的道理需要阐发，也没有什么匿而不显的史事需要索隐发微。

其实李渊父子利用李勣的威望以影响、罗致山东人士，以示其唯才是举，不再偏倚关陇人士，这一举措更为深远的背景，是关陇地区同山东诸地的经济和文化差距。

晚近以来中国史学界流行"成王败寇"式历史观，总是谀颂军事争执中的胜利者代表着先进的发展方向。在这些人看来，所谓优胜劣汰，便意味着历史的实际状况是文明战胜野蛮的必然结果。黄永年先生则在通观历史大势后指出，在冷兵器时代，恰恰是野蛮征服文明，落后湮灭先进，屡见不鲜。譬如金灭北宋、元灭南宋，还有清兵灭明，就都是这样。与此性质相同，周人自关中发兵灭掉殷商，秦人以关中兴兵吞并六国，北周依托关中荡平北齐，也都是赖其凶残嗜杀的野性来毁除更高的文明。[1]

本着这样的认识来看待"关陇集团"和"关中本位政策"问题，黄永年先生在《李勣与山东》一文中指出：

---

[1] 参看黄永年《六至九世纪中国政治史》第二章《关陇集团始末》。

　　唐继承隋和北周，这几个朝代都建都长安，以关中
地区为重心。但关中地区从商周以来就一直赶不上山东
地区的富庶，文化也远不如山东地区发达，所以要统治
中国非掌握山东的物资、吸收山东的人材不可。北周武
帝乘北齐衰乱花了很大气力并吞山东地区，隋代就大批
吸收山东人参与政权，出现"朝廷多山东人"（《旧唐
书·韦云起传》）的现象。

　　黄永年先生论证所谓"关陇集团"在入隋之后即开始解
体，就是基于这样的地域文化基础。唐初李渊父子步隋人之
后继续罗致山东地区的人才入其彀中，也是基于同样的地域
文化现状不得已而为之，其优渥对待山东地区的代表性人物
李勣，不过是为实现这一人才战略树立一个醒目的标杆而已。

　　通过以上论述大家可以看到，业师黄永年先生考证清楚
李勣身后的显赫背景，阐明这一代表性史事的丰富内涵，让
我们得以窥一斑而识全豹，为我们认识历史的真相起到了关
键性作用。

三、偏恃新史料不是历史考据的正途

　　谈到历史考据，有些新派学者是颇为不以为然的。这些
人以为考据就是简单地比较一下甲材料和乙材料，做个此是
彼非的判断，其难度，主要是广泛搜集各项相关的材料以对
比异同。而在古代众多学者，特别是清代乾嘉学者已经做过
的高水平考证的基础上，要想获得新的突破，其要义，便是

傅斯年先生所说"上穷碧落下黄泉，动手动脚找东西"。那么，傅斯年先生到底想要找些什么东西呢？他是要找到同传世基本文献记载不同的新东西，也就是现在常说的新史料，而对于这些不遗余力地搜寻新史料的学人们来说，心中往往都怀揣着一个不言自明的研究指向——借助新史料来修正，以至彻底推翻前辈学者依据传世基本文献而得出的认识。

尽管这样的归纳概括或许会稍显片面，但我相信，这至少能够切中当代中国史学界很大一部分学者的心思。问题是作为史学研究的基本方法，或者更清楚、更具体地讲，作为史事考据的基本方法，若是把这样的趋向定作基本的取向，它是不是合理呢？

历史问题的研究，是一种人文学科的学术实践，而在我看来，所有人文学科的研究方法、研究范式，都有强烈的个性化特征，这也是人文研究同自然学科研究以及社会学科研究的一项重大差别。

所谓个性化特征，也就是因人而异，没有一定之规。可是这种因人而异，歧异的只是你喜不喜欢考据的方法，是不是重视考据的方法，愿不愿意采用考据的方法。大路朝天，彼此各走半边。若是不喜欢、不重视、不愿意也就罢了，问题是既然要做历史的考据，就必须了解所谓史事考据自有一套独特的方法，至少在高手看来，高水平的史事考据，绝不是具体比对一下史料的歧异那么简单，首先，它在选用史料方面是有很多讲究的。

清人赵翼撰《廿二史札记》，自言其书"多就正史纪传表志中参互勘校"，复以"家少藏书，不能繁征博采，以资参订。

间有稗乘脞说与正史岐（歧）互者，又不敢遽诧为得间之奇。盖一代修史时，此等记载，无不搜入史局。其所弃而不取者，必有难以征信之处。今或反据以驳正史之讹，不免贻讥有识"[1]。学人之有识无识，并不仅仅是天知地知的问题，后世此生的有识者也能看得出来。清代史学考据第一高手，也是作者好友的钱大昕先生，即大为叹赏赵氏此语乃"论古特识，颜师古以后未有能见及此者矣"[2]。

这一所谓"特识"，特就特在赵翼强调考辨史事要首先以正史为依归。其实钱大昕自弱冠时起即"好读乙部书"，亦即喜读史部著述，而他尤为究心的便是"自《史》《汉》迄《金》《元》"这二十二部正史，因而才撰《廿二史考异》。[3]这也是他耗时最久、用力最深的史学考据业绩。当然他与赵翼一样重视正史的价值。

人世间什么事都有本有末，有主干有枝叶，认识历史所阅读的古人著述和研究历史问题所依据的原始史料也都是这样。赵翼和钱大昕强调正史而贬抑稗乘脞说，就是因为正史是本、是主干，而稗乘脞说是末、是枝叶。

这是因为从总体上来说，在林林总总形形色色的历史著述，也就是研究史料中，正史（当然其涵义可以较纪传体二十四史再稍稍扩充些）的记述最为全面、最为系统，也最为真实可靠，这是赵翼、钱大昕辈传统史家的共同认识。在

1　赵翼：《廿二史札记·小引》。
2　钱大昕：《廿二史札记序》，赵翼《廿二史札记》卷首。
3　钱大昕：《廿二史考异·自序》。

这一前提之下，所谓稗乘脞说起到的只能是对正史纪事拾遗补阙的作用。

不过现代学者对这一问题的认识，未必都和赵翼、钱大昕辈相同。傅斯年先生所说"上穷碧落下黄泉，动手动脚找东西"，亦即在传统的基本史书之外，努力寻求新的史料。这样的主张，积极的作用是扩大了学者们看待史料的视野，包括促进了考古学的发展，同时也大大拓展了学术研究的领域。但在另一方面，这样的学术旨趣，也隐含着把历史学研究引入歧途的危险，即片面追求新史料，以扭曲变态的形式无限制地夸大新史料的价值，甚至公然贬抑正史等传世基本史料的作用。至少在我看来，这种危险的倾向在今天已经成为中国史学界的普遍现实。

如果我们把史学思潮和史学研究方法的变迁看作一条流动的河的话，那么，在当日发源的阶段，陈寅恪先生无疑对此起到了推波助澜的作用。

陈寅恪先生相关的论述，见于他为陈垣先生《敦煌劫余录》撰写的序文里：

> 一时代之学术，必有其新材料与新问题，取用此材料以研求问题，则为此时代学术之新潮流。治学之士，得预于此潮流者，谓之预流，其未得预者谓之未入流。此古今学术史之通义，非彼闭门造车之徒所能同喻者也。

因陈寅恪先生的代表性著述《唐代政治史述论稿》和《隋唐制度渊源略论稿》两书依据的基本上都是正史等传世史料，

而陈垣《敦煌劫余录》著录的是北平图书馆馆藏敦煌文献，所以过去我粗读陈寅恪先生此说，以为或多有应酬的意味，体现的未必是他本人的学术旨趣。及至认真研读业师黄永年先生《敦煌写本常何墓碑和唐前期宫庭政变中的玄武门》一文，始注意到情况并非如此，陈寅恪先生在这里写的正是他自己的学术追求。正是由于学术界对陈寅恪先生的普遍景仰，他这番说辞，使得这种追求新史料的新潮流终于形成了汹涌的洪波狂澜。

第五讲
史法与史意

陈垣《元西域人华化考》导读

马晓林

陈垣先生的「华化」概念，是现代学者在中国古代史、民族史领域的卓越创造。陈垣先生从朴素的爱国思想出发，构思「中国化」，此为「史意」。而在搜集的史料中，提炼出「汉化」，此为「史法」。史意与史法的差距，形成了一种张力。最终陈垣先生睿智地提出了「华化」概念，是有超越性的。

马晓林，1984 年出生，历史学博士，南开大学历史学院教授。青年长江学者。中国元史研究会副秘书长。著有《马可·波罗与元代中国——文本与礼俗》，在《民族研究》《中国史研究》《历史研究》等学术刊物上发表论文 60 余篇。

陈垣《元西域人华化考》是一部中国史学名著，相信很多年轻学子在刚学历史的时候都被推荐阅读。因为这本书篇幅不大，体例严谨，可读性很强。语言风格是浅近的文言，言简意赅、很好理解。这本书的学术地位非常高，蔡元培的评价是"石破天惊"，桑原骘藏因为此书而评价陈垣是中国史的学者里"尤为有价值之学者"。陈寅恪作序评价此书"关系吾国学术风气之转移者至大"。陈垣先生后人陈智超先生对此书做过导读，梳理过其创作历程。[1] 我这里主要回顾此书的选题构思、创作过程，溯源其学术方法，讨论其学术影响和启示。

---

1 陈垣：《元西域人华化考》，上海古籍出版社，2000 年。陈智超：《〈元西域人华化考〉创作历程》，《文献》2008 年第 3 期，第 183—190 页。

一、选题构思

陈垣（1880—1971），广东新会人，成长于北京、广东两地，他早年考科举、办报纸、学医、从政，到1917年以后才走上学术道路。陈垣年近不惑始治史学，可谓半路出家，无师自通。要了解他如何创作出伟大的学术著作，《元西域人华化考》作为他的代表作具有典型性。

《元西域人华化考》的选题，有特定的历史背景和社会背景。陈垣构思了几个题目。稿本反映出，最早构思的题目是《元代外国人中国化：文学》，但他很快就把"外国人"圈掉，改成了《元代西域人之中国化》，接着又改为《元世种人之汉化考》《元西域人之汉化考》，最终才确定《元西域人华化考》。陈垣后来回忆说："此书著于中国被人最看不起之时，又值有人主张全盘西化之日，故其言如此。"陈寅恪为《元西域人华化考》作序，交代了此书的写作背景："近二十年来，国人内感民族文化之衰颓，外受世界思潮之激荡……"陈垣一开始构思的题目"外国人中国化"，就是在这种背景下强调中国文化自信，弘扬爱国主义、民族主义情怀。当时，陈垣在讲课的时候经常号召要把汉学中心夺回北平，激励了不少青年学子。1929年傅斯年致函陈垣，说"汉学正统有在巴黎之势……"，"超乾嘉之盛、夺欧士之席"，正是以陈垣为代表的中国学者的普遍情绪。《元西域人华化考》在这个背景下出现，本身就有强烈的现实关怀。

《元西域人华化考》从开始构思到搜集资料到完稿，也就一年左右的时间。规模之宏大、所用资料之丰富，让后来的学者赞叹不已。从创作到修改的过程，可以分为五个阶段。

首先是 1922 年的提纲。第二阶段是 1923 年编成了《西域华化考史料》，分为上、中、下三册。第三阶段是撰成稿本，1923 年底分上下册油印，赠予国内外学者、机构，其中包括王国维、鲁迅、桑原骘藏、中山久四郎、伯希和（Paul Pelliot，1878—1945）、在华传教士以及西人在上海创办的广学会，等等。[1] 第四阶段是排印发表，1924 年在北京大学《国学季刊》发表了上卷，随后因为期刊经费原因一直拖到 1927 年才发表下卷。第五阶段是 1934 年上下卷合并在陈垣的励耘书屋刊刻出版，内容根据国内外学者的一些意见稍有修订，前面有陈寅恪序。1934 年本跟他之前发表的版本差别不大。如王国维提的意见只有一条而已，而且不是元代史料，陈垣就将它加在了前面。1999 年出了陈智超导读本，2016 年再版。2010 年《陈垣全集》也收了此书。

法国吉美博物馆藏有 1924 年 2 月 14 日陈垣致伯希和的信件："伯希和先生阁下，承示大著及手示均拜读。至为感谢。关于摩尼教史料，尚有《嘉定赤城志》（《台州丛书》本）、《避暑录话》（《学津讨原》本）等记载。未识尊处已见及否，今特另纸录呈。又最近拙著《元西域人华化考》稿本一部二册，

1　李新宇、周海婴主编：《鲁迅大全集》第 2 卷《创作编 1919—1924》，长江文艺出版社，2011 年，第 316 页。肖伊绯：《陈垣稿本发现记》，《纸江湖 1898—1958 书影旁白》，福建教育出版社，2016 年，第 153—160 页。杨俊杰：《牛津藏陈垣〈元西域人华化考〉稿本》，《南方都市报》2016 年 1 月 31 日 GB16 版。其中一部，通过在华传教士寄赠英国汉学家苏慧廉（William Edward Soothill，1861—1935）。

并呈。即乞教正。无任感盼。专此复谢。敬颂撰安。陈垣谨上。二月十四日。"[1] 信的主要内容是两人交换学术著作。信的前一半是关于伯希和的摩尼教研究，陈垣抄录了一些史料随函寄给伯希和。信的后半部分是寄给伯希和《元西域人华化考》稿本，也就是油印本。

京都大学文学部东洋史研究室的"桑原文库"藏有陈垣寄赠桑原骘藏的油印稿本。1924 年春，桑原骘藏收到了这部油印稿本。1924 年 10 月，桑原骘藏的书评在日本《史林》第 9 卷第 4 号发表。桑原骘藏文中认为陈垣为现在中国史学者中"尤为有价值之学者"，中国"虽有柯劭忞氏之老大家及许多之史学者，然能如陈垣氏之足惹吾人注意者，殆未之见也"。考虑到桑原骘藏对梁启超、柯劭忞的学问都有严厉的批评，他对陈垣可谓非常推崇。这篇书评很快在 1925 年由陈彬和译成中文，载于《北京大学研究所国学门周刊》第 1 卷第 6 期，进一步奠定了陈垣的学术地位。

《元西域人华化考》成功之处很多，其中非常重要的成功之处是体例创新。

此前的元史著作一般有两类。第一类是重修《元史》。明清学者便有志于此，到了晚清、民国初年，代表性的著作有魏源《元史新编》、洪钧《元史译文证补》、屠寄《蒙兀儿史记》、柯劭忞《新元史》等。第二类是史料的序跋、校勘、笺证、注释、札记。传统学者的研究，往往就是在一本书的前

---

1 祖艳馥、〔西〕达西娅·维荷埃－罗斯编著：《史与物——中国学者与法国汉学家论学书札辑注》，商务印书馆，2015 年，第 16—18 页。

面加上一页，写一篇序，或者在内页的天头地脚、行间页边写按语批注，写不开就夹页，最终整理成著作。如清何秋涛《圣武亲征录校注》、李文田《元朝秘史注》、沈曾植《蒙古源流笺证》，皆属此类。这种著作的体例，一般是按照史料原文，将原来写在页眉、行间的按语批注用双行小字夹注其间。但是注释一个词或者一句话可能会很长，以至于变成一篇数百字乃至数千字的论文。这么长的夹注，夹在半句话之中，就割裂了原著。王国维的与《元西域人华化考》同时代的元史著作，也基本上属于传统的第二类。传统的两类著作，阅读门槛比较高，需要读者具备丰厚的史学知识储备。而《元西域人华化考》是一部现代意义上的史学专著，具有划时代意义。专业化的史学著作，是新时代的需要。这部专著出现以后，学者纷纷效仿，所以《元西域人华化考》对现代史学体例的建立是非常重要的。

全书结构、逻辑严谨，首先划定范围界定概念，然后处理材料，进而构成一部有系统的专著。全书一共分为八章，第一《绪论》，第二《儒学篇》，第三《佛老篇》，第四《文学篇》，第五《美术篇》，第六《礼俗篇》，第七《女学篇》，第八《结论》，以及附录《元西域人华文著述表》，最后是《征引书目》。[1] 这是一本非常标准的现代意义上的学术著作，今天的很多论文都效仿这种结构。全书"条理明辨"的特点，是从目录结构奠定的。划定结构是最重要的一件事，始于提

1　此据 1924 年排印本目录，载于陈智超编著：《陈垣〈元西域人华化考〉创作历程——用稿本说话》。

纲的构思，花了很多心思。

二、创作过程

稿本让我们能够更好地理解《元西域人华化考》的创作与修改过程。

提纲本写在"众议院普通用纸"红栏纸上。封面无标题，写"十一年九月始"，当为创作开始的时间 1922 年。提纲字迹非常潦草，而且改的地方非常多。书名的改易，前文已经提及。在结构方面，第一个尝试，是以人物为纲。第一行写书名，之后列的全是人名，一共列了约 36 人。如第一页是：移剌楚材、廉希宪、贯云石、赵世延、马祖常、孛木鲁翀（当作孛术鲁翀）、王翰、迺贤、萨都剌，逐一罗列。每一个人物的页眉上就写这个人的相关史料在哪，如"《元史》一二六"就是《廉希宪传》在《元史》卷一二六。人名下面用小字记录主要信息，比如说"廉希宪"下面写着他的族属"畏吾儿人"、生卒年。此外还扼要写下其他相关信息，如萨都剌名下写着他的著作《雁门集》四卷，《元诗选》初集有载，等等。可以注意到一开始在列提纲时还没有确定"西域人"的范围，移剌楚材是契丹人，孛术鲁翀是女真人，后来就在他们的名字上画了圈，表示删除。

提纲接下来是对全书结构的第二个尝试，是以专题为纲。第一行还是写了书名"元代西域人之中国化""元代西域人之汉化考"，还没有确定最终的题目。接下来写的是"1. 西域人之界说"，"2. 何谓中国化"，"3. 元时西域之（本来之）文化之概况"，属于绪论。再接下来是章节小标题："西域人之中国书家"，"西域人之中国画家"，"基督教世家儒术"，"基督教世家入道"，"西域人之中国文豪"，"西域人之学佛"，"回回教世家"，"基督教之中国诗人"，"回回教之中国诗人"，"中国化者之汉文著述"，"摩尼教世家之儒术"，等等。每个标题下写一到三位人物，如巙巙、马祖常、迺贤、贯云石、丁鹤年都不止一次出现。[1]这些标题圈改很多。对资料较丰富的马祖常、丁鹤年家族的深入思考，让他紧接着又单独列了基督教世家、回回教世家之儒学、由儒入佛、翰墨等等。[2]

　　经过前两步骤的思考，最终确定了8类："儒学"、"佛学"、"老学（道家）"、"诗家"、"文家"、"曲家"、"书家"、"画家"，用阿拉伯数字编号，以便将人物归类。[3]这8类构成了后来定稿中的第二到五章，是全书的主干。后面罗列了一些人物，扼要摘抄了一些资料，最后列举了相关史料篇目。[4]

　　在提纲本之后，开始编抄《西域华化考史料》，分为上中下三册，封面题"十二年十一月"是完成时间1923年底。陈垣雇了至少两位抄书先生来抄录史料，字体工整。三册皆用

1　陈智超编著：《陈垣〈元西域人华化考〉创作历程——用稿本说话》，国家图书馆出版社，2008 年，第 7—8 页。

2　陈智超编著：《陈垣〈元西域人华化考〉创作历程——用稿本说话》，第 8—9 页。

3　陈智超编著：《陈垣〈元西域人华化考〉创作历程——用稿本说话》，第 11—15 页。

4　陈智超编著：《陈垣〈元西域人华化考〉创作历程——用稿本说话》，第 19—31 页。

方格纸，但不统一，其中一部分用众议院方格稿纸。抄完之后，陈垣自己用行书写了眉批和旁注。眉批主要用于写相关史料并考证，写在页边的旁注用于归类。比如《丁鹤年传》，眉批是《宋元诗会》《玉山名胜》中的记载，旁注"回回教世家由儒入佛"。同时，他会在正文中画一些圈。如《丁鹤年传》中的"浮屠法"三字画圈。[1] 画圈就是提醒自己注意，因为不可能全文都引，在最重要的文字画圈，方便以后引用。旁注不只是归类，有时候还会写相关人物。如《高尚书克恭》的旁注除了"西域人之中国画家（'人'字后来圈掉）"外，还写了"高克恭、丁野夫、伯颜不花、边鲁"，[2] 这四人最终构成了第五章《美术篇》的"西域之中国画家"一节。眉批还包括考证的内容。比如人名"巎巎"还是"巙巙"的问题，抄书先生在正文里写的是巎巎，眉批"巎"，下写小字"正"，表示这个字是正确的。[3] 这是一个简单的文字校改，没有注出处。还有如《送雅琥参书之官静江诗序》，陈垣在眉批第一行写"此文无用"四个大字，表示对全书的论述没有用。当然还有很多长的考证。

在正文之前或之后的空白处写出自己的论述，就是全书最早的一批原稿。[4]《西域华化考史料》中已将原稿按结构顺序编排。原稿只需稍加润色就能整理出定稿，改动不大。绪

---

1 陈智超编著：《陈垣〈元西域人华化考〉创作历程——用稿本说话》，第116页。

2 陈智超编著：《陈垣〈元西域人华化考〉创作历程——用稿本说话》，第83页。

3 陈智超编著：《陈垣〈元西域人华化考〉创作历程——用稿本说话》，第243页。

4 陈智超编著：《陈垣〈元西域人华化考〉创作历程——用稿本说话》，第157—210、316—476页。

论第四节《西域人华化之先导》中最重要的差异，是原稿用"汉化"而非"华化"。[1]

三、学术方法溯源

陈垣在史学方面没有授业之师，他通过阅读史学典籍、前人著作自学成才。通过《元西域人华化考》一书，可以在学术史中溯源其研究方法。

对陈垣影响最大的当然是乾嘉学派。乾嘉学派是我们现代史学的主要来源之一，其两大代表钱大昕和赵翼，学问各有特点。钱大昕注重考据和校勘，最有功于原著。赵翼的特点，按梁启超的话是"能教吾侪以抽象的观察史迹之法"，[2] 就是说能提炼问题，有高屋建瓴的视野。陈垣对二氏的评价是"钱氏考证最精密，从史源学的角度一般不易挑出他的毛病"，而"赵先生读书眼光锐利……（但）错误以《（廿二史）札记》为多"。[3] 陈垣在读书学习做研究的过程中，喜欢研读前人稿本。他藏有一部钱大昕稿本，今藏首都图书馆。陈垣研读赵翼《廿二史札记》，将全书分拆重装，反复琢磨，以便体会其治史方法。通过阅读前人稿本，拆解前人著作，来体会前人怎样提出问题、搜集资料、整理成文。像普通读者或者大一、大二的学生，如

1　陈智超编著：《陈垣〈元西域人华化考〉创作历程——用稿本说话》，第157页。
2　梁启超：《中国近三百年学术史》，中国书店，1985年，第292页。
3　陈智超编注：《陈垣史源学杂文·前言》（增订本），生活·读书·新知三联书店，2007年，第4—7页。

果一上来就读钱大昕的著作，基本上会觉得太深了，读不太懂，因为没读过原著，直接读钱大昕的著作就不知道他在说什么。钱大昕考据功力深，犯的错误比较少。而赵翼正好相反，细节错误比较多，但是优点在于能够提出较为宏观的论点，可读性强，不必结合原著便能理解其意。《元西域人华化考》实际上是结合两家所长，融会贯通。

从晚清到民国初期，有西北史地学这门学问。在西北史地学里，元史是显学。获取新史料，是近代西北史地学的重要特点，可以分为两方面。

第一方面，是传世文献与金石资料。如《圣武亲征录》《元朝秘史》《蒙古源流》等书，在乾嘉时期已经得到了钱大昕的注意，但是还没有得到深入的研究。近代学者们投入大量精力校勘注释这些史料。与传世文献相关的传统学问是目录学、金石学，以缪荃孙为代表。缪荃孙（1844—1919），字炎之，又字筱珊，晚号艺风老人。缪荃孙作为藏书家有《艺风堂藏书记》《艺风堂藏书续记》《艺风堂藏书再续记》，作为金石藏家有《艺风堂藏金石文字》《金石分地编》，基本上都是他自己的收藏目录。有人认为缪荃孙是中国图书馆学的奠基人、创始人之一，即使他的藏书后来很多散佚了，但通过他的目录可以知道当时他藏书的情况，且对我们今天做研究仍有帮助。缪荃孙的艺风堂拓片，在他去世之后入藏北大图书馆。陈垣能直接利用北大图书馆藏的这些拓片，极大推进了研究，还据此及其他资料编纂了《道家金石略》一书。

第二方面，是域外文献与金石资料。最早发现域外文献于元史之价值的，是洪钧（1839—1893）。1887—1890年间，洪钧在出使欧洲过程中得到英文、法文、俄文、波斯文的资料，找人翻译成了汉文。洪钧起初的目标是重修《元史》，他去世后著作出版，定名为《元史译文证补》。屠寄（1856—1921）吸收了洪钧的资料，又找人翻译外文资料，著成《蒙兀儿史记》。做研究，首先得做史料校勘、笺证、长编之类的工作。屠寄其实做了大量工作，部分稿本近期又由其后人捐赠给上海图书馆。柯劭忞（1848—1933）似乎没太做过这种工作，《新元史》编纂时间不长，实际上大量借鉴洪钧、屠寄，没有什么新的域外资料，只是偶尔用些碑刻、方志资料。域外文献对于《元西域人华化考》的主题而言价值相对有限。陈垣1923年油印稿本中便已利用了"张星烺《马哥孛罗游记译注》"。实际上，张星烺的译注是1922—1926年逐步完成的，1922—1924年陆续发表《〈马哥孛罗游记〉导言》，1929年才出版译注本第1册。[1]大概陈垣所用的是张星烺稿本。张星烺最终译成出版的也仅为原书四卷的第一卷，内容不全，于《元西域人华化考》助益不大。在域外金石方面，19世纪后期，俄国探险家在外蒙古和林一带获得一批唐、元时期碑刻。拉德洛夫纂成《蒙古古物图谱》，[2]1893年由驻清公使喀西尼送至北京总理衙门。李文田（1834—1895）将其中的汉文碑铭录出，纂成《和林金石录》及《和林金石诗》。[3]李文田的这两

1　张昭军：《张星烺先生学术年表》，张星烺：《欧化东渐史》，商务印书馆，2015年，第193—196页。

2　В.В. Радлов, Атлас древностей Монголии, I, СПб, 1892.

3　光绪二十三年（1897年）灵鹣阁丛书本。

部书皆见于陈垣《元西域人华化考》征引书目。

晚清到民国初期西北史地学里水平最高的一位是沈曾植（1850—1922）。沈曾植做的基本上都是传统的史料笺证工作，他去世后藏书大多散佚了，大多数著述没有发表，令人惋惜。民国以前那些老辈学者都是士大夫，做研究只是业余爱好，没有发表著述的动力，想发表其实也没地儿发表，既没有大学也没有学术期刊上哪去发表呢？他们完全是兴趣使然的学者。沈曾植水平特别高，但是他研究的内容大都没发表，好多人都不知道。沈曾植七十大寿时，王国维写《沈乙庵先生七十寿序》说，每个时期，社会变，学术的风气就会变，清朝到民国社会巨变，学术肯定也要变，"今者时势又剧变矣，学术之必变，盖不待言"。然而，沈曾植已经垂垂老矣，虽仍以学问自娱，但与新式学术体系格格不入。这些老辈学者习惯用一生之力研究一两部书，往往要到去世以后由友人门生整理刊刻。而到民国初期，对于学术传承来说，西北史地学面临后继无人的局面。

王国维（1877—1927）部分地继承了沈曾植等老一辈的学问，尤其受沈曾植的影响非常大。但王国维的学问主要是通过书信、面谈得到的，没有机会充分阅读老辈学者的稿本，知识传承不够系统全面。有的书沈曾植读过，但王国维不知道。沈曾植去世以后，王国维基本上就是继续做沈曾植未尽的工作。王国维做蒙古史研究时间不长，始于他到清华任教以后，也就是他人生的最后三年。在现代的大学里任教，就有学术期刊作为发表的园地了，同时罗振玉也为王国维发表文章提供了非常大的帮助。王国维的著作，仍是延续清代西北史地学的体例。他发表的论文《鞑靼考》《萌古考》《南宋人所传蒙古史料考》《黑车子室韦考》《元朝秘史之主因亦儿坚考》《金界壕考》《蒙古札记》等，[1]每一篇都很短，没有注释，很像写在页眉上或者夹在书页里的读书札记。此外，他的《耶律文正公年谱》，给元代史籍作的序跋，校注《蒙古史料四种》，[2]都是传统史学的体例。这些就是王国维元史著述的全貌。王国维与钱大昕的著述有些相似，都有绵密严谨的考证，水平极高，对读者的知识储备要求也高。

王国维兼具传统学者与现代学者的优长。作为现代学者的王国维，最具创造性的是学术方法。他提出了二重证据法，被陈寅恪概括为三方面：一曰取地下之实物与纸上之遗文互相释证；二曰取异族之故书与吾国之旧籍互相补正；三曰取外来之观念，以固有之材料互相参证。[3]可见，史学研究新动力的来源，主要来自考古资料、域外文献、理论。除了理论之外，二重证据法对新史料的强调，实际上与西北史地学一脉相承。

陈垣在 1920 年代就有得天独厚的掌握中外文献的条件。陈垣在北京曾从政，又担任过京师图书馆馆长，能够利用北京丰富的藏书资源。同时他供职于教会大学，与教会学者英敛之、马相伯等交往密切，因而能利用传教士在上海徐家汇

1　收入《王国维全集》第 8 卷《观堂集林》，浙江教育出版社，2010 年。

2　收入《王国维全集》第 11 卷，浙江教育出版社，2010 年。

3　陈寅恪：《王静安先生遗书序》，《金明馆丛稿二编》，商务印书馆，2001 年。

藏书楼积聚的大量中外书籍。[1] 陈垣在《元西域人华化考》之前的著作，篇幅都相对小一些，叫作"古教四考"，包括《元也里可温教考》《开封一赐乐业教考》《火祆教入中国考》《摩尼教入中国考》。这"四考"所回应的问题，都是当时西方学者最关心的话题。陈垣不擅长外语，国外学者的研究情况主要是教会学者为他提供的，他则用中国史料回应国外学者的课题。陈垣在宗教史方面，还著有《基督教入华史略》和《回回教入中国史略》。他在基督教史研究起步的阶段，得到英敛之的帮助特别大，英敛之将自己积累多年的资料倾囊相授。

在传统的目录学、金石学方面，陈垣也有深厚积累。他熟读《四库全书总目提要》，奠定了目录学根基，为了研究元史，自编《元六十家文集目录》。后来他还拿这部目录教学生。这个目录没有出版过，其实价值挺高的，有一部稿本藏在国家图书馆。《元西域人华化考》引证各类文献达到 220 种，即使在今天来说这个量也是非常大的。像我自己的博士论文《元代国家祭祀研究》引用了 500 多种，但里边还是二手文献过半。《元西域人华化考》引用的基本上是一手史料，其中元明人的文集大概有 100 种，而金石著作有 10 多种，可见陈垣史学功夫之深。《元西域人华化考》"材料丰实"的特点，正是由于陈垣不断探索新史料，在这一点上他与乾嘉史学、西北史地学乃至王国维一以贯之。

1　王皓：《陈垣史学与教会因缘》，《"中央研究院"近代史研究所集刊》2017年第 97 期，第 87—121 页。

《元西域人华化考》的结构是先划定范围、界定概念，再处理材料，进而构成了一部有系统的著述，这可以说继承了赵翼的方法。而对史料的处理，必先考据，然后才利用，得钱大昕之真髓。至于新史料的搜求和利用，则延续了西北史地学、王国维的传统。总之，《元西域人华化考》的史学方法，可谓集众家之所长。

四、学术影响和启示

《元西域人华化考》问世后，影响非常大，成为后来众多研究的楷模。陈垣的考据功夫，在书中体现得淋漓尽致。后来的学者多有阐释，这里就不赘言了。"华化"成为经久不衰的学术课题，至今几乎每年都有以"华化"为题的论文发表。元史、回族史名家杨志玖先生对《元西域人华化考》非常推崇。他回忆说，年轻的时候就很喜欢读，后来反复读了很多遍。1987 年杨志玖先生发表文章《元代西域人的华化与儒学》，就是延续了这一范式。尚衍斌《元代畏兀儿研究》（1999）、《元史及西域史丛考》（2013），马建春《元代东迁西域人及其文化研究》（2003）这几部书，可以说都直接受了《元西域人华化考》的影响。当今还有很多学者沿着这个范式接着做，扩大史料，深化研究。这种研究的范式，也影响了美国学者。白麦克（Michael C. Brose）研究元代畏兀儿人的专著（*Subjects and Masters*：*Uyghurs in the Mongol Empire*，Western Washington University，2008），是用汉文史料做的，因此必然站在巨人的影子下。

　　最早征引《元西域人华化考》的西方学者，应该是哈佛大学的柯立夫（Francis Woodman Cleaves）。柯立夫 1938—1941 年在北平留学，肯定对陈垣的大名耳熟能详。柯立夫 1949 年发表的文章就引用了《元西域人华化考》。[1] 美国学者富路德（L. Carrington Goodrich）和他的助手钱星海一起将全书译成英文，1966 年出版，1989 年再版。英文书名 *Western and Central Asians in China under the Mongols*：*Their Transformation into Chinese*，涵义跟《元西域人华化考》不完全一样。如果只看这个英文题目，可以理解为变成中国人或者变成汉人。西方学者对此书的评论，透露出两种截然不同的意见。德国傅海波（Herbert Franke）、法国汉学家韩百诗（Louis Hambis）、鄂法兰（Françis Aubin），任教于美国的杨联陞都给了正面的评价。[2] 这几位汉学家都能阅读中文原著，对陈垣的学术构思更能做到同情之理解、理解之同情。

　　美国学者牟复礼（Frederick W. Mote）虽然表达了充

1　Francis Woodman Cleaves，"K'uei–k'uei or Nao Nao?"，*Harvard Journal of Asiatic Studies*，vol.10，no.1，1947，p.3.

2　Louis Hambis，"Review of Review of *Western and Central Asians in China under the Mongols. Their Transformation into Chinese*（元西域人华化考），by L. Carrington Goodrich，陈垣 Ch'ên Yüan，and 钱星海 Ch'ien Hsing-hai." *T'oung Pao* 56，no. 1/3（1970）：193–194. Herbert Franke，"Ch'ên Yüan：*Western and Central Asians in China under the Mongols*：*their transformation into Chinese*. Translated and annotated by Ch'ien Hsing-hai and L. Carrington Goodrich.（Monumenta Serica Monograph xv.）[iv]，iv，328 pp. Los Angeles：Monumenta Serica，1966." *Bulletin of the School of Oriental and African Studies* 30.3（1967）：725–726.

分的褒扬，但也提出了批评，除了指出英译者的译文错误之外，对陈垣的历史阐释不太满意。[1]拉铁摩尔（Owen Lattimore）的批评意见有类似之处，认为此书的优点在于深度而非广度，批评作者处理史料的眼光狭窄。[2]牟复礼、拉铁摩尔都不约而同地从异族的角度出发，批评《元西域人华化考》对此视而不见。这些批评，归根结底在于范式问题。

没有任何一种范式是完美无瑕、颠扑不破的。《元西域人华化考》尽管体大思精，但仍有三方面值得继续思考和讨论。

第一方面是经世致用的取向，引发了一些问题。这在陈垣后来的著作《南宋初河北新道教考》（1941 年）、《通鉴胡注表微》（1946 年）等书中表现得尤为明显。《通鉴胡注表微》是陈垣自己很看重的作品，可以说是他的学术封笔之作，也是集大成之作。经世致用，实际上导致主题先行问题较为突

1　Frederick W. Mote，"*Western and Central Asians in China Under the Mongols. Their Transformation into Chinese. By Ch'en Yuan.* Translated and annotated by Ch'ien Hsing–hai and L. Carrington Goodrich. Monumenta Serica Monograph XV. Los Angeles：MonumentaSerica at the University of California，1966. iv，328 pp. np." *The Journal of Asian Studies* 26.4（1967）：690–692.

2　Owen Lattimore，"*Western and Central Asians in China under the Mongols*：*Their Transformation into Chinese. By Ch'en Yuan*，translated and annotated by Ch'ien Hsing–Hai and L. Carrington Goodrich.（Monumenta Serica Monograph XIV.）pp. iv，328. University of California，Los Angeles，1966." *Journal of the Royal Asiatic Society* 99.2（1967）：177–178.

出。《元西域人华化考》的创作动机是"外国人中国化"。虽然最终改了书名，但"华化"的对立面仍是"西化"。就古代历史而言，华的对立面一般是胡、夷。而本书因为起点的问题，事实上将华的对立面视为外国人尤其是西方人。历史上的胡、夷，与近现代的外国人是不能等同的。《南宋初河北新道教考》就更明显了，这个书名就不通。南宋初，河北是在金朝统治下的。书名应该叫《金代河北新道教考》才对。陈垣故意为之，在抗战时期撰作此书，希望激励民众。《南宋初河北新道教考》将新道教视为"宋遗民"，认为他们在外族侵略中保存了民族文化。实际上，这完全偏离了事实。新道教是在民间兴起的教派，没有心系宋朝、用夏变夷的思想。将金朝比附为日据，更是错位。女真人建立的金朝，是中华民族历史的一部分，性质与近现代的外敌迥异。《通鉴胡注表微》是一部宏大细致的著作，其中有一些条目倾向于认为胡三省在注释《通鉴》时影射元朝政治。近年杨讷的文章《不可尽信的〈通鉴胡注表微〉》（《中华文史论丛》2016 年第 3 期）从元代历史出发，揭出几个例子，说明此书有时对胡注过度解读，求之过深，显得牵强。作者出于经世致用的现实关怀，故意写出有悖于史实的文字，旨在让读者领会其深意，但结果可能是误导了读者。这种现实关怀，有时甚至直接干扰了作者的论断，伤害了史学著作的客观性。任何一位学者都自觉或不自觉地与其时代共呼吸。1966 年《元西域人华化考》英译本出版时，距离原书最初成稿已有四十多年。牟复礼、拉铁摩尔的批评，实际上是立足于战后美国学术环境所发，时代既已不同，两国学术旨趣有别，他们难以理解此书的"义理"。[1]今天我们阅读近百年前的史学名著时，也必须了解那个时代的思想背景，抱持同情之理解、理解之同情的态度，才能真正读懂其中真意。

第二方面是"华化"的涵义问题。陈垣在全书绪论中对"华化"的定义非常简洁："后天所获，华人所独"。其意似乎不言自明，无需多解释。然而其范畴并不明晰。书中便有"华""汉""中国"混用的情况。从稿本中也能看出来，原稿中还没有用"华化"，只是到定稿时才改的。有些地方还是用的"汉化"，可能是没有改尽。陈垣并未解释华化与汉化的区别。而很多读者将华化等同于汉化。如顾颉刚就说《元西域人华化考》"考证回回、畏吾儿、波斯、印度的回教徒、耶教徒、摩尼教徒汉化的状况"。[2]杨联陞将《元西域人华化考》译为"Investigation into the Sinicization of people from the Western Regions in the Yuan period"，[3]柯立夫将书名译为英文"A Study of the Sinicization of People of the Western Region during the Yüan（Dynasty）"。可见他们都认为"华化"等于汉化（Sinicization）。富路德在英译过程中，凡是遇到"华化"一律翻译为Sinicization（汉化）。实际上，《元西域人华化考》书中所举的案例都可以归为"汉化"。自20世纪后期以来，

---

1 屠含章：《被忽视的义理——陈垣〈元西域人华化考〉之英译及其反响》，《中华文史论丛》2020年第2期，第147—172页。

2 顾颉刚：《当代中国史学》，上海古籍出版社，2006年，第111页。

3 Lien-sheng Yang, "Western and Central Asians in China under the Mongols: Their Transformation into Chinese." *Journal of the American Oriental Society* 89, no. 2（1969）: 425—26.

从西方到国内，都对汉化有所研讨。学者给出的定义并不一致，总是容易引起争议。对这个问题，萧启庆有进一步的深入思考。萧启庆晚年的两本书《元代的族群文化与科举》《九州四海风雅同——元代多族士人圈的形成与发展》可以说是萧先生的学术总结性著作。[1] 萧启庆明确说明，应该尽量不用"汉化"一词。萧先生认为，一般说的"汉化"实际上指的都是"同化"，就是非汉人舍弃自己原有的文化，最终变成汉人的过程。萧先生认为具体问题应该具体分析，所以提出"士人化"的概念，用以描述元代中后期出现的一个明显现象，即很多蒙古人、色目人接受士人文化，同时这些蒙古人和色目人并没有放弃原有的身份认同，而是有选择地保留了一些原有文化。对于元代中后期的这种现象，用"汉化"就不能说明问题了，而萧启庆提出的"士人化"显然更加准确、贴切、客观。

同时，我们还要问一个问题：元代族群的交流关系仅有汉化一种情况吗？《元西域人华化考》没有说其他的方向，是否意味着作者认为元代各种各样的民族都在逐渐变成汉人？牟复礼因此批评本书忽视了与汉化相反的方向，因为异族文化也渗入汉文明中，影响了汉人的生活方式。他还认为陈垣夸大了汉文化尤其是儒家文化的作用。拉铁摩尔更是明确指出陈垣是汉文化中心论。杨联陞则认为，尽管本书的论

---

[1] 萧启庆：《元代的族群文化与科举》，联经出版事业股份有限公司，2008 年；萧启庆：《九州四海风雅同——元代多族士人圈的形成与发展》，联经出版事业股份有限公司，2012 年。

述有点汉文化中心论，但是作为本书的主题而言，只论汉化而不及其他，也无可厚非。无论如何，《元西域人华化考》只以汉化论华化，难免会让读者只感知到一种单线发展的历史叙事。学者投身于阅读浩如烟海的史料时，得到的印象却不是这样的。

业师李治安教授 2009 年在《历史研究》发表了一篇重要文章《元代汉人受蒙古文化影响考述》。[1] 文章一开头就提到这是由陈垣的《元西域人华化考》引发的逆向思考，因此初稿叫作"元代汉人蒙古化考"。元代统治集团上层的蒙古文化很容易影响其他人。李治安教授的文章细致爬梳语言、名字、婚姻、服饰等方面的大量史料，考察不同群体的汉人所受影响的程度以及地域上的差异。就蒙古文化影响的程度而言，至少包括三个层次：第一，少数汉人蒙古化程度较深，较完全地融入蒙古族群；第二，一部分汉人具有明显的蒙古化倾向，或半蒙古化或部分蒙古化；第三，大多数汉人所受的蒙古文化影响，只是一般性的。同时，文中还有一个重要的观点。南宋遗民汪元量诗："西塞山前日落处，北关门外雨来天。南人堕泪北人笑，臣甫低头拜杜鹃。"元末叶子奇云"元朝自混一以来，大抵皆内北国而外中国，内北人而外南人"；南人"在都求仕者，北人目为腊鸡，至以相訾诟"。汪元量和叶子奇笔下的"北人"，应该是蒙古人、色目人和北方汉人的统称，北方汉人亦被列入北人。关于元代人群的划分，蒙古、色目、汉人、南人的四分法，实际上是 20 世纪上半叶建构出

1　李治安：《元代汉人受蒙古文化影响考述》，《历史研究》2009 年第 1 期。

来的。[1] 今天的元史学界基本上已经抛弃这种四分法了。更符合元朝历史事实的是南北之分。以宋金旧界区分南北，在元代统一南北之前便已形成。就是说北方的各种民族在一起形成了一种认同，而南方人有一种认同。南北地域文化认同的差异，其实大于族群的差异。今日学者如果还是以族群这一条线索来解释元朝政治和文化的各方面问题，就难免流于肤浅和生硬。

第三方面是史料的倾向性问题。《元西域人华化考》用的都是汉文史料。汉文史料，天然就会写汉文化相关的东西，这种倾向性是不可避免的。因此，拿汉文史料去证明华化，有循环论证之嫌。下面我举一个例子。马祖常家族是辽金时期从西域东迁的景教徒，属于汪古部，到元代开枝散叶，居于大江南北，留下了丰富的资料。《元西域人华化考》中频繁使用马祖常家族为例，来证明华化的诸多层面，具体包括"基督教世家之儒学"（第二章《儒学篇》），"基督教世家由儒入道"（第三章《佛老篇》），"基督教世家之中国诗人"、"西域之中国文家"（第四章《文学篇》），"西域人祠祭效华俗"、"西域人居处效华俗"（第六章《礼俗篇》）。可以说，马祖常家族是《元西域人华化考》全书中最典型的案例之一。我写过两

---

1 参看胡小鹏：《元代族群认知的演变——以"色目人"为中心》，《西北师大学报（社会科学版）》2022 年第 6 期，第 109—118 页。蔡春娟：《元朝"四等人制"质疑与新说》，《中国社会科学报》2022 年 2 月 23 日。舩田善之：《元代「四階級制」説のその後：「モンゴル人第一主義」と色目人をめぐって》，《元朝の歴史：モンゴル帝国期の東ユーラシア》，东京：勉诚出版社，2021 年，第 19—30 页。

篇文章，研究汪古马祖常家族，主要是重建这个家族的族群文化和认同变迁史。[1] 我的研究应该能够证明这个家族在族群文化意识方面的能动性。第一方面证据是人名。这个家族到元末的一代人仍在使用基督教名，而且应该每个人都有双名，也就是既有基督教名也有汉名。官方文献中一般不使用汉名，这说明他们没有舍弃自己原来的文化。而汉名，是与汉人士大夫交往时更通用的，因而被汉文文献记载了下来。第二方面证据是家族历史书写。马氏家族在元末写家族史时，仍然保留了原来的文化和历史记忆。例如请大儒黄溍撰写的《马氏世谱》，表面上似乎只跟汉文化有关，但是如果我们了解叙利亚语、突厥语以及景教的知识，就会发现《马氏世谱》里渗透了很浓的景教因素，是从西域传播而来的文化。所以这个家族一直到元朝灭亡之前都没有放弃过自己原来的族群文化认同。而将这个家族在不同时期的家族历史书写加以比较，就会发现，随着两百多年间社会环境的变迁，家族的历史书写一直在变化，也就是说他们的族群文化认同一直处于变动之中，其过程颇为复杂。这是《元西域人华化考》没有涉及的层面。

综上，我们可以看到族群认同的复杂性。这恰恰是 20 世纪后期以来学界关注的热点问题。王明珂对族群边缘、历史记忆等理论的探索，已经为古代史研究打开了局面。斯科特

1　马晓林：《金元汪古马氏家族先祖史的书写与认同》，《文史》2018 年第 4 期，第 197—209 页。马晓林：《金元汪古马氏的景教因素新探——显灵故事与人名还原》，《中山大学学报（社会科学版）》2018 年第 2 期，第 154—161 页。

《逃避统治的艺术——东南亚高地的无政府主义历史》对少数族群能动性的强调，解释了在大历史之外的各种各样的小叙事的存在。[1]这些在汉化的单线理论框架中是被忽视的。因此，今天的学者已经发现族群的历史比早期学者设想的复杂得多，所以应该投入足够的重视。

在史学研究方法中，具体问题需要具体分析，用一个词不可能概括所有的问题。萧启庆舍弃"华化"、"汉化"而改用"士人化"，最贴合其所用材料。使用材料时，要反思所用的史料是否同质化。汉文史料的叙事习惯天然以汉文化为中心，其他文化的内容就很难被记下来。如果所用史料全是汉文的，就要小心被限制住视野。任何史料本身都有倾向性，在用史料的过程中应该考辨、批判。

史学研究百年来的发展，让今天的学者能够掌握的材料和视野都有了质的提升。对于理论概念，在前辈学人的基础上自应有所推进，真正发挥史学的反思特性。至今在元史、文学、艺术史、考古学领域，尤其是涉及族群、家族、交际网络、文化倾向等问题时，有很多学者在用"华化"这个词，但是常常将"华化"与"汉化"画了等号，就难免落入窠臼。这也不符合陈垣先生的立意。"华化"的涵义并非不言自明，今天学者使用时，应该给出明确的定义。

陈垣先生的"华化"概念，是现代学者在中国古代史、民族史领域的卓越创造。陈垣先生从朴素的爱国思想出发，

---

1 詹姆斯·C.斯科特：《逃避统治的艺术——东南亚高地的无政府主义历史（修订译本）》，王晓毅译，生活·读书·新知三联书店，2019年。

构思"中国化"，此为"史意"。而在搜集的史料中，提炼出"汉化"，此为"史法"。史意与史法的差距，形成了一种张力。最终陈垣先生睿智地提出了"华化"概念，是有超越性的。但当时的研究范式尚处于摸索阶段，"华化"在书中不免与"中国化""汉化"相混淆。表面看来，现实关怀与史料考据似乎不可调和，但这种张力启迪着后人不断探索。经历了百年来学者孜孜不倦地思考与研究，从1939年顾颉刚的"中华民族是一个"，到费孝通1989年的"中华民族多元一体格局"，[1] 理论愈加深入和成熟。今天我们理解的"华化"，应该是中华民族共同体的形成过程。其内涵不仅包括汉文化，还包括各族文化通过交往、交流、交融而形成共同体的过程。可以说，陈垣先生的《元西域人华化考》和"华化"概念作为中华民族历史的现代探索，在近现代思想史上也有重要价值。

1　马戎主编：《"中华民族是一个"——围绕 1939 年这一议题的大讨论》，社会科学文献出版社，2016 年。费孝通：《中华民族的多元一体格局——民族学文选》，生活·读书·新知三联书店，2021 年。

第六讲

郑天挺的明史研究与明史教学

《郑天挺明史讲义》导读

孙卫国

其涉及明史问题，范围十分广泛，内容极其丰富，自成体系。对于明史许多问题，提出了独到见解，因而具有极高的学术价值，对中国的明史研究必将产生深远影响。

孙卫国，1966年出生，历史学博士，南开大学历史学院教授、博士生导师。先后担任韩国高丽大学、美国哈佛燕京学社、国际日本文化研究中心（日本京都）等机构客座教授或访问学者。主要研究中国史学史、明清史、中朝关系史。著有《王世贞史学研究》《明清时期中国史学对朝鲜的影响——兼论两国学术交流与海外汉学》《"再造藩邦"之师——万历抗倭援朝明军将士群体研究》等，译著《中华人民共和国的明清史研究》等，整理《郑天挺明史讲义》等。

郑天挺先生（1899—1981）系二十世纪中国著名史学家，以明清史研究尤为有名，尽管他生前刊出的论著并不多，只有《清史探微》《探微集》等几部，但他留下了数量庞大的学术卡片。自2007年以来，南开大学历史学院成立以常建华教授负责的整理小组，陆续整理出版了郑天挺先生四部讲义：由王力平教授负责整理的《郑天挺隋唐五代史讲义》、王晓欣教授负责的《郑天挺元史讲义》，以及笔者负责的《郑天挺明史讲义》（简称《明史讲义》）《郑天挺历史地理学讲义》。[1] 相较其他讲义，《郑天挺明史讲义》留下来的卡片最多，内容最为完整，所出版的讲义书稿，全三册 140 万字，受到学术界广泛赞誉。此书的出版，使我们对郑天挺先生的明史研究有了更为全面和系统的把握，也有力推动了中国的明史研究。笔者试结合郑天挺先生的明史教学与明史研究之历程，对这部讲义略作介绍。

一、郑天挺先生之明史研究历程

　　郑天挺先生生前以明清史研究闻名于世，《清史探微》是他清史研究的代表性著作，在明史领域先生却无相关著作，甚至发表的文章亦不多，但无人会否认他对明史的贡献。[2] 他除了长期致力于明史史料的整理之外，还培养了不少人才。更重要的是，他一直致力于将明史研究与明史教学紧密结合

1　王力平等整理：《郑天挺隋唐五代史讲义》，中华书局，2011 年；王晓欣等整理：《郑天挺元史讲义》，中华书局，2009 年；孙卫国等整理：《郑天挺明史讲义》（全三册），中华书局，2017 年；孙卫国等整理：《郑天挺历史地理学讲义》，中华书局，2019 年。由常建华等负责整理的《郑天挺清史讲义》，正在出版之中。另外，2018 年中华书局出版由俞国林主持整理的《郑天挺西南联大日记》二卷本，内容始于 1938 年 1 月 1 日，止于 1946 年 7 月 14 日，传播甚广，影响甚大。

2　李小林、李晟文主编，南炳文审定《明史研究备览》（天津教育出版社，1988 年），南炳文《辉煌、曲折与启示——20 世纪中国明史研究回顾》（天津人民出版社，2001 年），赵毅和栾凡编著《20 世纪明史研究综述》（东北师范大学出版社，2002 年），徐泓《二十世纪中国的明史研究》（台湾大学出版中心，2011 年），对郑天挺先生明史成就与贡献，皆有所论及。

起来，长期坚持教学，作出了重要贡献。可以说，他将自己对明史的研究全部融于明史教学之中，因而检视他明史研究与教学的历程，十分必要。

郑天挺，原名庆甡，字毅生，别号及时学人，原籍福建长乐，生于北京。1917 年，郑先生入北京大学国文系，1921年秋入北京大学国学门为研究生，师从钱玄同。1924 年秋至 1927 年，任北京大学预科讲师，教授人文地理及国文。此后去广州、杭州等地任职。1930 年冬再回北大，继续在预科讲授国文。之后，他一直在北大任教。1933 年 12 月，任北大秘书长、中文系副教授，随后陆续讲授过古地理学、校勘学、魏晋南北朝史、隋唐五代史，而他授课与研究最重要的内容则是明清史。"北京大学的明清史研究，是由孟森一手开创的。继孟森之后，郑先生以自己独创性的研究将北大的明清史研究推向了一个新的学术高度。"[1] 郑天挺尽管不是孟森的弟子，却是孟森的传人，自 1931 年相识以来，彼此交谊很深，诚如郑先生自言：

一九二四年余得见钞市《国史列传》二百册，知心史先生方辑清史列传汇编，亟以送之先生，是为余与先生以学问相往还之始。余旧治国志，继探求古地理、心仪赵诚夫之学，偶得赵氏《三国志注补》，付之景印，既成以序文实《读书周刊》，先生方校《大典·水经注》，

1　王晓清：《其学可感，其风可慨——郑天挺学记》，湖北人民出版社，载《学者的师承与家派》，2007 年，第 221 页。

读之大喜，为跋尾一篇论赵氏生卒年岁，余于赵氏年岁，亦别有论列，遂书陈其所见。旧作《多尔衮称皇父之由来》一文久置箧衍，亦以就正于先生，是为余与先生论学之始。一九三七年卢沟变作，余从诸先生后守平校，先生时督其所不逮，以是过从渐密。十一月余从南来，别先生于协和医院，执手殷殷，潸然泪下，不意遂成永诀！[1]

1938 年 1 月，孟森在北平逝世。1938 年 5 月 22 日，郑先生在与西南联大历史社会学系教授钱穆和姚从吾谈话会上，特地讲述孟森晚年生活，寄托追思。[2] 1939 年 6 月，郑先生在《治史杂志》第二期上发表《孟心史先生晚年著述述略》纪念孟森。此后学界皆将郑先生视作孟森的学术传人，即如王永兴所言，"他是精于清史的史学大师孟森先生的传人"[3]。郑先生继承孟森遗志，以研究明清史为主，此后所授课程也主要是明清史。

自 20 世纪 30 年代后期以来，郑先生就以研究明清史而著名。因为郑天挺先生行政能力极强，曾担任多种职位，自1933 年到 1951 年，他一直担任北大秘书长（西南联大期间，任总务长），并曾兼任北大历史系主任。在繁杂的行政工作之

---

1 郑天挺：《孟心史先生晚年著述述略》，参见郑天挺：《探微集（修订本）》，中华书局，2009 年，第 617 页。

2 郭卫东、牛大勇主编：《北京大学历史系大事记》，载《北京大学历史系简史（初稿）》（此书是内部发行，无出版信息），第 288 页。

3 王永兴：《忠以尽己，恕以及人——怀念恩师郑天挺先生》，载封越健、孙卫国编：《郑天挺先生学行录》，中华书局，2009 年，第 65 页。

余，郑先生一直心系学术。其明史研究，曾有不少研究计划，涉及明史诸多层面的问题。1934年7月1日《郑天挺日记》载："读《明史·太祖纪》。学校将以明日起，放暑假，假中惟星期一、三、五上午办公，余拟乘间稍读书。今日拟定功课有四：一读《明史》一过；二考订《明史·地理志》；三作八股文程序一篇；四作历代公文程序一篇。"[1] 当时，他已任北大秘书长，行政事务十分繁忙，故而想暑假期间多读书，并完成几篇与明史相关的论文。这样的记录在1938年到1940年间尤多，几乎每日皆有读明史史籍之记载。1938年至1939年四五月间他所读之明史书籍，以张廷玉《明史》为主。此后则涉猎王鸿绪《明史稿》、傅维鳞《明书》、谷应泰《明史纪事本末》等等。九月份以后，以明人笔记、明代文集和《明太祖实录》为主。他读《明史》的时间最长，可以推测他是精读的，其他史书，读的时间就少了很多，或许是以泛览为主。

在系统研读明史典籍的同时，他还有不少撰写明史论文的计划。曾与傅斯年（1896—1950）商谈过合作编辑《明书》三十志之事。傅斯年与郑天挺是北大"五四"时期国文系同学，傅比郑高一班。西南联大时，傅斯年是北大文科研究所所长，郑先生是副所长，工作上互相帮助。北大文科研究所曾设断代史工作室，《郑天挺西南联大日记》1939年6月12日载："开文科研究所会议。决议所中设工作室，余主明清史工作室事，从吾（即姚从吾，1894—1970）主宋史工

1　郑天挺:《郑天挺日记》（未刊稿）第1册，第285页。

作室。中国断代史工作，暂以宋明清为始。十时散会。"[1] 可见，当时无论是教学上，还是工作上，凡与明清史相关的，都由郑先生负责。傅斯年对明史也下过不少功夫，就在这一年，他曾与郑先生商谈，共同编著一部《明书》。郑天挺日记中三次提及此事，他们详细谈论此书，拟定了详细目次，载于 1939 年 7 月 11 日日记中："孟真来谈《明书》三十志事。孟真新拟目如次……"[2] 他们不仅拟定了详细目录，且对参编人选，亦有考虑，拟请毛子水（1893—1988）、吴春晗（即吴晗，1909—1969）、汤用彤（锡予，1893—1964）、陈受颐（1899—1978）等参与。傅斯年专就此事给郑先生写信曰："前所谈明书三十志，兹更拟其目，便中拟与兄商榷其进行之序。果此书成，益以编年，《明史》可不必重修矣。弟有心无力，公其勉之。"[3] 可见，傅斯年非常看重此书，计划五年完成。只是时当乱世，他们又事务繁杂，1940 年春，郑先生兼任西南联大总务长，11 月初傅斯年前往重庆，因此合作计划未能完成。尽管这次合作没能成功，但他们之间的学术交流则更为密切，傅斯年对郑先生的学术研究能力有很高的评价，曾说郑先生"不为文则已，为文则为他人所不

1　郑天挺：《郑天挺西南联大日记》上册，中华书局，2018 年，第 158 页。

2　郑天挺：《郑天挺西南联大日记》上册，第 165—167 页。此事在台湾傅斯年纪念馆中亦有相关资料。参见王汎森、杜正胜编：《傅斯年文物资料选辑》，傅斯年先生百龄纪念筹备会，1995 年，第 105 页。

3　郑天挺：《自传》，吴廷璆等编：《郑天挺纪念论文集》，中华书局，1990 年，第 700 页。

能及"。[1]

二十世纪前期，中国多灾多难，外族入侵，百姓颠沛流离。抗战期间，北大与清华、南开，先迁长沙，再迁昆明，组成西南联合大学，条件极为艰苦，郑天挺先生在此艰苦条件下，还得承担繁杂的行政事务。即便十分艰难的时期，他仍始终坚持研究，坚持教学。郑先生对明史的研究，多体现在这些卡片上，卡片多有抄录之日期，甚至具体时间、地点，从中稍做梳理，即可洞察郑天挺先生研究明史之时代背景及其背后的艰辛。

一般来说，1949 年 10 月前的日期，多用民国纪年，如"25.4.6"，即民国二十五年四月六日，也就是公元 1936 年 4 月 6 号；1949 年 10 月以后，都写公元纪年，都会加上"19"字样，乃是这批卡片纪年的特色。时间上看，最早记录于二十世纪三十年代初，如有民国十九年（1930）一月七日（"中官禁中监"）、十九年十月十七日（"明末云南人装束"）所记卡片。最晚的则记录于二十世纪七十年代末。明史卡片，以民国二十八年（1939 年）以后逐渐多起来，1939 年郑天挺先生正式开始讲授明清史课程，大多数卡片都录于四五十年代，也是郑先生主讲明清史最重要的时段，其余时段所记则不多。由此可见，郑先生的明史研究很大程度上，是为明史教学服务的。七十年代初，因为郑先生主持审查《明史》标

1　转引自《学者、教育家的典范：郑天挺教授百年冥诞纪念（代序）》，南开大学历史系、北京大学历史系编：《郑天挺先生百年诞辰纪念文集》，中华书局，2000 年，第 1 页。

点本工作，也留下不少卡片。这批明史卡片的记录可以说贯穿了郑天挺先生的整个学术生涯，而多数卡片皆记于他的学术黄金时期。

有时候也会写下记录卡片的地点，这就给我们展示了郑天挺先生研读史料的场景，从中我们可以感知郑天挺先生治学，真可谓随时随地进行。有条关于《明太祖实录》的史料卡片记录为"28.10.21 龙头村"，此乃标明卡片记录于1939年10月21日昆明的龙头村。《郑天挺西南联大日记》详载曰："九时上山，先至弥陀殿，更至观音殿。读《明太祖实录》，仅尽二册，并录其要。已至十一时半，闭馆时矣。馆中藏《明实录》两部。一为广方言馆旧藏明钞本；一为嘉业堂旧藏明钞本。嘉业堂本即抱经楼本也。又有晒蓝本一部，北平图书馆所藏内阁大库本也。真可谓美不胜收者矣，安得日日在此读之耶？"[1] 清楚介绍了当时图书馆所藏《明实录》之诸版本，字里行间显示其内心之兴奋与成就感，期待"日日在此读之"。当时西南联大偏居昆明，条件极差，郑天挺先生依然沉醉于阅读史料、研究明史的兴奋之中。

有时候一张卡片上出现两个日期，即如"元末盗起及乱亡之原因"，上面写着"28.11.7 定稿；30.10.9 日讲"，乃是民国二十八年（1939）十一月七日改定，讲课则是民国三十年（1941）十月九日，将近两年以后才讲的。可见，郑天挺先生对于教学十分认真，准备时间很长，尽可能给学生们讲解自己多年研究的问题。有时候一个问题，准备时间相当长，即

---

1 郑天挺:《郑天挺西南联大日记》上册，第201页。

如"明初文字之元末纪年"一条，记录的时间几乎长达一个月，原始内容乃分记于十五张卡片上，时间乃为"28.12.3—28.12.28"，即 1939 年 12 月 3 日开始记录，至 28 日方结束，用了将近一个月时间。每张卡片上皆记录摘录卡片的具体日期。可见，郑天挺先生认真之程度。而明初文士对元朝的怀念，是一个相当重要的学术问题，其中涉及宋濂、苏伯衡、贝琼、胡翰、王祎、杨维桢、解缙等人文集中的材料，可以说将明初重要文人文集中的相关史料皆摘录出来，呈现了相当全面的历史情况。与此相关的一个问题"明初人对元帝统及明得天下之观感"，也是从这些明初文人文集中搜集出来的，也是在这个时期所录的。又如明《祖训录》序，"中华民国二十九年一月一日读于昆明北郊宝台山观音殿。下午四时半录竟"，"三十八年四月二十日重读录竟。北平西四前毛家湾一号信芳园"。乃是在西南联大时期首次抄录的，复员以后在北平再读重录。再如"河套问题"，其后言："1956，11.9晚以明日将述此，匆匆录之。既毕，忽忆及往年早经录过，检之果然，空费五小时矣。夜十二时书。 近长年不讲此，今年新大纲又列入，久忘矣。"可见，对于复杂的问题，郑先生是经过长时间阅读史料、研究思考，才慎重地做出卡片的。有时甚至花上几年，充分体现了郑天挺先生对于明史研究之重视与认真，对于明史教学之慎重。

　　综上所述，郑天挺先生的明史研究从二十世纪三十年代开始，到七十年代，一直坚持，不分场合，总是利用一切机会读史料、做卡片、做研究，不管是行政事务繁杂的时光，还是日机骚扰的时刻，一旦有空，他就醉心于明史史籍的阅读与研究，几十年如一日，从而对明史做了精深研究，积累了丰富的卡片。他研究明史，并非以发表文章为目的，而是为研究而研究，为明史教学而准备的。这与时下之不写文章不读书，读书是为了发表论文而准备之风气，真不可同日而语了。

二、郑天挺先生之明史教学特点

郑天挺先生一生未离开过本科教学讲台，在后人回忆郑先生的许多文章中，都提到他一生以教学为己任。田余庆说："郑师的教学工作，并没有由于行政负担太重而有所减免。他的明清断代史课程年年照开。"[1] 冯尔康亦言，郑先生"终身坚持多开课、多讲课"[2]。自 1939 年以后，尽管也讲讲其他课程，但是"明清史"、"明史专题"、"清史研究"、"明清土地制度史"、"明清政治制度史"等课程，则是郑先生反复开设的课程，一直坚持到 1981 年去世前不久。1952 年从北大调来南开以后，他承担历史系本科生课程"中国史三·元明清部分"的教学任务，也是明清史为主。因而可以说，他对于断代史课程明清史的学科化与专业化，贡献良多。讲授有关明清史的课程，长达 40 余年，这在整个 20 世纪中国的明史学界，恐怕是鲜见的。

---

1 田余庆：《忆郑师》，载《郑天挺先生学行录》，第 98 页。

2 冯尔康：《郑天挺的史学成就与教育贡献》，载《郑天挺先生学行录》，第 295 页。

把明史研究寓于明史教学之中，是郑先生《明史讲义》最大的特点。他从来就没有区分教学与研究的问题，而是把二者有机地统一起来。《明史讲义》中，通篇皆贯穿着这样的特点。时下大学中的教学与研究好像对立起来了。教学归教学，似乎不需要研究；研究是研究，似乎与教学也无关系。事实上，在郑先生一生的学术生涯中，研究与教学从来就是不分的。教学促使研究更加系统化，研究使得教学更为深入，成为郑天挺先生一生治学的重要特点。

郑天挺先生正式讲授明清史是 1939 年从西南联大开始的，在其《自传》与日记中，均有记载。《自传》曰："我在一九三九年后，在联大即讲授明清史及清史研究、中国目录学史等课程。"[1] 在《郑天挺西南联大日记》中，亦可得到印证。1939 年 1 月 1 日载："年四十一岁。时任国立西南联合大学文学院历史社会学系教授，授明清史。本任国立北京大学教授兼秘书长。"[2] 1940 年 1 月 1 日载："年四十二岁（以阴历计），任国立西南联合大学文学院教授，授历史社会学系史学组明清史及清史研究。"[3] 1941 年 1 月 1 日载："年四十三岁。任国立西南联合大学文学院史学系教授，授明清史，兼大学总务长。"[4] 郑先生开设的明清史课程，颇受学生欢迎，他在《五十自述》中说："当时年青的学生激于爱国热情，都要更

1　郑天挺：《自传》，载吴廷璆、陈生玺、冯尔康、郑克晟编：《郑天挺纪念论文集》，第 702 页。

2　郑天挺：《郑天挺西南联大日记》上册，第 121 页。

3　郑天挺：《郑天挺西南联大日记》上册，第 227 页。

4　郑天挺：《郑天挺西南联大日记》上册，第 359 页。

多地了解中国的近世史，尤其瞩目于明清时期，故每次选修该课的多达一百数十人，情况前所未见。"[1] 郑先生的教学特点，综合而言有以下几点：

第一，上课没有讲义，只携带一系列卡片，所有资料与授课内容都写在卡片上面。谢国桢说，"郑先生……凡阅书泛滥所及，都写有分类的卡片，讲起书来，旁征博引，是极其有条理的……我看见他授课之前搜辑了大批资料，写成了成万张卡片，到讲课的时候，将这些卡片，从事编排，持之有故，学有实据，写成了教学的提纲和讲稿，讲起来条理非常清楚，从容不迫，委婉动人"。[2] 戴逸也回忆："他讲课是没有讲稿的，只带一叠卡片，讲起来却成竹在胸，旁征博引，滔滔不绝。他知识渊博，观察力敏锐，讲话既清晰扼要，又条理井然，记录下来就是一篇好文章。"[3] 郑先生授课以卡片为基准，以原始史料为源泉，将自己对于历史的研究与体会，融于讲课之中。

第二，他重视史料介绍，将历史事实与原始史料结合起来，以让学生们在接受历史事实之同时，能有一条继续探索的途径。郑先生的《明史讲义》基本上是建立于原始史料基础之上的，乃是通过对明代基本史料如《明实录》、张廷玉《明史》、《明通鉴》、《明史纪事本末》以及明清时期的各类史料

1　郑天挺：《五十自述》，参见中国人民政治协商会议天津市委员会文史资料研究委员会编：《天津文史资料选辑》第28辑，1984年，第22页。又见郑天挺：《自传》，吴廷璆等编：《郑天挺纪念论文集》，第702页。

2　谢国桢：《悼念郑天挺先生》，载《郑天挺先生学行录》，第5—6页。

3　戴逸：《我所了解的郑天挺教授》，载《郑天挺先生学行录》，第121页。

笔记，阅读、摘抄、研究所得。本讲义《绪论》首先介绍本课程的史料，给学生们展示进一步深入学习的史籍，既包括已整理成体系的史籍，也包括尚未整理成形的史料。明史史籍中，重点介绍了清官修《明史》，之后再按照史籍体裁，分别介绍纪传体、编年体、纪事本末体明史史籍，再加上《明实录》、政书、典志体史书、明人传记，可以说基本涵盖了最重要的明史史籍。史料类，又分诗文集及奏议、私家记载等，最后，特别注意到国外著述，主要介绍了《李朝实录》。郑天挺先生从五十年代开始，一直到七十年代，一直负责清官修《明史》的点校工作，因而有关清官修《明史》的内容相当丰富，极其细致，既讨论其编修者、编修历程、编修中所讨论的问题，又深入某些具体问题的编排原则与体例，至今依然颇有价值。[1] 可见，他讲课并非空论，而是把史实与史料结合起来，这样既能有效地传授知识，又能使学生直接接触原始材料，既传授了知识，也指示了治学的门径。

　　第三，郑先生明史教学重视爱国主义教育，给学生们弘扬爱国情怀。诚如前面提到，郑先生最早讲明清史，乃是在1939 年的西南联大，当时中华民族正处于抗日战争之中，民族救亡乃当务之急。故而在《明史讲义》中，有着深刻的民族主义史学的倾向。《明史讲义》中，特别说明"国史教学之

1　当今有关清官修《明史》的成果极其丰富。其实许多问题，郑天挺先生皆已涉及。他可以说是最早最全面研究清官修《明史》的中国学者。而只有他点校《明史》时所写的《明史零拾》，曾收入《探微集》中，他大多数的心得以前皆不见知于学林。

目的"乃是：

　　一、说明中国历代文化、政治、经济、社会之变迁及现状造成之由来，以激发爱国爱民族之意识。

　　二、说明前贤往哲之丰功伟烈、嘉言懿行，以培养青年之品格与志趣——人格之修养。

　　三、说明中华民族之演进与拓展，对世界文化之贡献，以养成民族振兴之信念。

　　四、说明历史上中国所遭遇之困厄（经济的、文化的、异族侵略）及所以冲破消弥之经过，以养成其自信、自强、自负、自爱之精神。

　　这清楚地表明，明史作为"国史教学"之一，也正是为了培养学生们的爱国热情，养成振兴民族之信念，养成自信、自强、自负、自爱之精神，同时，陶冶学生们的人格修养，使之成为国家栋梁之材，因而《明史讲义》通篇皆洋溢着爱国主义精神。

　　第四，郑天挺先生教学过程中，经常介绍学术动态。他对学术动态非常敏锐，尤其是不同说法、不同观点出现时，他都一一介绍给学生们，让学生们能够清楚地了解学术发展的态势。不仅关注国内学术界的最新成果，也对日本、美国、欧洲等相关的研究成果予以关注，给予介绍。给学生们提供最新的研究成果，使之能了解国内外的学术动态。因而可以说教学内容既有基础性、史料性，又有前沿性。钟文典回忆说："一部《明清史》，从《绪论》到《南明与满洲入关》，分七章讲完。他不但对明清史中的重大问题进行精辟深刻的讲解，而且对许多重要的历史事件、人物、制度等也都作了精细的介绍和考证。每次讲课，从不拘于一家之言。对一些重大问题，除了阐述自己的见解外，还经常介绍孟森、朱希祖、吴晗等先生的看法，以开阔同学们的视野，启发大家独立思考。"[1] 成庆华也说，"郑师讲课，注意讲清楚基本问题，每讲到关键处，辄结合史源及有关研究，阐述自己看法"。[2] 时刻把握学术动态，并将其介绍给学生，使学生们能够掌握最新的学术发展状况，同时也给学生介绍自己最新的研究心得，在传授知识的同时，开启学生的眼界。

理论上也多有关注，五十年代以后，对于马克思、列宁、毛泽东等的相关论断及苏联相关的理论著述，多有关注。而在具体的研究论题中，美国、欧洲、日本等学者的论著，皆引述摘录过，这显示郑先生的研究与教学有很强的世界眼光、当下意识。在注重基本文献与基本史料的基础上，力求紧跟当下学术研究之趋势，给同学们提供一个追踪学术前沿的契机。此外，郑先生讲课形式相当丰富，讲话字正腔圆，语调不疾不徐，有时还会重复，便于学生记笔记。作为一位在讲坛上从事了六十年教学工作的学者，郑先生有着丰富的经验，也培养了无数英才。

郑天挺先生执教六十年，一生未离开过讲台。杨志玖说："郑天挺先生是国际知名的明清史专家，又是一生从事历史教

1　钟文典：《回忆郑天挺老师》，载《郑天挺先生学行录》，第 100 页。

2　成庆华：《怀念先师郑天挺先生的教诲》，载《郑天挺先生学行录》，第 73 页。

学的教育家。"[1] 他一生开设过许多课程，其中"明清史"、"明史研究"、"清史研究"、"史料学"等课程，他更是反复讲授，培养了一代又一代英才。1981 年秋，庆祝郑先生执教六十周年时，西南联大校友会向郑先生献上"春风化雨"的条幅，南开大学全体师生献上"桃李增华"的条幅，乃是对郑先生作为教育家的高度褒扬。正是在这样长期的明史教学中，一代代的明史研究人才成长起来，进而加入了学术研究的队伍，从而推动整个中国学术的发展与社会的进步。

三、《郑天挺明史讲义》之主要内容与特点

《郑天挺明史讲义》虽是教学讲义，但分章节，乃是学术专著的写法。在三四十年代的中国高校，这似乎是一个通例。梁启超、钱穆等人的许多专著正是由大学讲义改编而成，金毓黻的《中国史学史》也是在讲义基础上编辑出版的，所以那一代学人，教学从来是以研究为基础，研究也是为了教学服务的。通观这部《明史讲义》，从内容方面看，主要有几个重要特点。

第一，整体而言，体系完整，主题清晰，内容丰富。

《明史讲义》有系统的章节安排，全部讲义分三编九章：第一编《绪论》，分三章；第二编，《自元末至明武宗》，分两章；第三编《自明世宗至清一统》，分四章。以时间顺序，排

1　杨志玖：《回忆郑天挺师关于历史教学的一个意见》，载《郑天挺先生学行录》，第 443 页。

列史实。章节的安排，恰好体现了郑先生对于明史的研究与理解。此讲义并不完全根据皇帝系年来介绍，只是大体上分为三个阶段予以讲述，抓住历史的大势，而将皇帝与历史事件的变化，融于大势中介绍。虽然以后的明史著述，较之更细化，但细化之后，历史大势反而不彰，略显琐碎。

前三章乃是绪论，主要论及教学之任务、目的，明清史之特点，明清史之分段，明清史之参考书籍，给学生们一个整体的介绍，既让学生们了解明清史在中国历史上的地位、影响，又给他们提供进一步深入研读史料的介绍。主体内容从第四章开始至第九章结束。第四章《元末之丧乱与明太祖一统》，第五章《明中叶前之文治与武功》。尽管只有两章，但将自元末至武宗期间的政治大势、历史事件、政治制度、军事制度与边防、边疆关系、学校教育与科举制度、礼制与刑制以及农民起义，全部涵盖，几乎涉及了明史的方方面面。可见，明中叶之前的历史，郑先生用"文治"、"武功"加以概括，提纲挈领，令人印象深刻。

第六章开始进入第三编，时间上，乃是从嘉靖开始。第六章标题为《明中叶后政治经济之变革》，首先讨论的是大礼议，接着分别讨论内阁制度的形成与变化，田赋制度，学术思想与西学之东渐，明代工商业与资本主义萌芽，钞法、盐法与关市。依然是将历史事件、政治制度、文化思想、经济状况，熔于一炉，提供了一个多方位的研究视野，涉及明史的各个层面。值得注意的是，郑天挺先生将其定位为"政治经济之变革"。朱厚熜以藩王子弟入主皇位，登基之始，就掀起大礼议，成为改变明代政治生态的一件大事。而嘉靖时代，内阁走强，强势首辅，接二连三，纷纷登场，形成了明代政治上的一种新气象。经济上的资本主义萌芽问题，曾经成为中国学术界讨论的热点，郑天挺先生作为最重要的明史专家之一，自然也特别关注明代经济上的变化，因而对于明代经济的研究与介绍，成为最重要的内容之一。与此相关的田赋制度、赋役制度、一条鞭法，皆是重点讨论的议题。加上王学的兴起、西学的东来，在思想文化上，也出现了一个变革的态势。郑先生用"变革"作为关键词，将明中叶政治、经济与思想统一起来，可以说抓住了明中叶历史最重要的特征。

第七章《明季之衰乱》，则将内乱外患全都包括进来。先讨论满洲之崛起，再论东南倭寇之乱，接着讨论朝中宦官专权、门户党争，并着重介绍党争诸案，最后是流贼，也就是明末农民起义问题。用"衰乱"一词，将从嘉靖到明亡之际，所有重大的内乱外患问题，全部涵盖，充分反映出郑天挺先生对于明史有深入系统全面的研究，而且是将所有的问题联系起来看，并非只是孤立地看问题，而是全方位地讨论问题，这样的全局观念，充分显示郑天挺先生卓越的见识与对历史问题通盘考虑的思想。后两章《明之复兴运动》《明代皇陵》，则主要介绍南明时期的历史问题及明代皇陵的相关问题，乃是对此前四章的补充。对于明皇陵的介绍，在以后相关明断代史的著作中，几乎没有。

因而，此书稿体系相当完整，论及了明史方方面面的内容，而又抓住每个阶段最重要的特点，用一两个关键词，提纲挈领地予以说明。它不同于一般的教科书，并非只是流于史实的介绍，而是有独到的见解、系统全面的认识。此书有很高的学术价值，体现了郑先生对明史全方位的思考与研究。

第二，搜求史料极其广泛，对于史料的选择考订甚为严谨。

诚如前面提及，教学之中，郑先生极为重视史料的介绍，给学生提供进一步学习的门径，而本讲义所涉及的明清史籍，相当广泛。大体而言，有以下几大类：明清官方所修之史书，如《明实录》《明会典》《明史》等等，这些史书构成本讲义史料最基本的来源，亦关注了朝鲜王朝的官方史料《李朝实录》，这是第一大类；第二类为明清的私家所修史书及史料笔记，如薛应旂《宪章录》、王世贞《弇山堂别集》、谈迁《国榷》、谷应泰《明史纪事本末》、夏燮《明通鉴》等等，这些也是重要的史料来源；第三类为明清文集及笔记小说，明人文集甚多，本讲义中许多史料来自文集，如元末明初文人宋濂、王祎、杨维桢、解缙等人文集，笔记小说如《古今小说》《醒世恒言》《警世通言》等等，都是郑先生阅读的重要书籍，也成为本讲义史料的重要补充；第四类为现当代国内外著作乃是本讲义所处的学术背景与时代环境下的体现，表明作者对当时学术问题的关注以及本讲义相关问题的学术背景。

史料来源广泛，本讲义最基本的史实皆来自史料摘抄与考订，作者对于史料的选择相当严格，对于史料的考订极其严谨。其按专题抄录史料，凡是相关专题的史料，下分不同小标题，予以排列。又仿司马光作《资治通鉴》之史料长编法，对于一些重大历史事件，按照时间顺序，甚至按照每天，列表说明，梳理出相关史事的发展脉络。如有"元末东南群雄起事年表"、"元末明初诸人文集中所见之元末群雄"、"太祖事迹略表"、"明太祖大政系年"、"明初文人归太祖之先后"、

"明太祖征伐系年"、"建文即位后月表"、"靖难用兵期日"、"土木之败日表"、"纂修《明史》年表"等等，清楚地呈现历史事件发展的时间轨迹。对于具体问题，抄录史料之时，提纲挈领地用一两个词，将其主要的内容写出，给予提示。如"大礼议"条目，虽然史料抄自《明史》，但是旁边用"兴献"、"初定"、"再议"、"三议"、"四议"、"五议"、"六议"，清楚明白地呈现出事态的发展状况。

郑先生重视史料，更重视史料的考订，文中多有按语，主要是考订、说明、评论。全书处处可见对史料之考订。如"明太祖容仪"条，在引述《明史》《明书》《罪惟录》《明太祖实录》等史料后，曰："案：《天潢玉牒》、《皇明本纪》、王文禄《龙兴慈记》均不言太祖容貌。俗传太祖相为'五岳朝天'，所谓奇骨贯顶当即是也。""元末称朱元璋为台兵"条，引叶子奇《草木子》史料，作者考曰："此云乙末（1355）得平江（苏州），与《元史》四十四《顺帝纪》至正十六年二月张士诚得平江不合。"表明郑先生并非只是抄录史料，而是对于每一条他所抄的史料，皆进行鉴别、分析、考订，从而还原出历史的真相。一旦出现不同说法，更是全部列出，并考证出真实的说法。如"明之国号"条，抄录《钦定续文献通考》史料后曰："太祖欲建号大中之说不知其何所据。至大明之号或以为与宗教拜火有关，余亦疑之。容当详考。宋濂集中屡见'大明丽天'之文，岂其初意乎？"对史料中的说法质疑，并就相关问题，一并加以质疑。

卡片中专门有考证一类的条目，如"人·明·考证·存

疑 应文"，乃指有关明代人物之考证，无确切结论，只能存疑，此条史料具体而言就是"应文"其人，有关建文出亡传说之一。体现了郑天挺先生注重考证，对于没有定论的历史问题，以疑存疑，实事求是。卡片中，经常有"待查"、"待考"、"臆说"等字样，乃郑先生发现相关史料或者相关想法，而又拿不准的时候，就会出现的字样。1952 年 5 月 16 日，有一条载录"元末农民起义军的宗教信仰"的卡片，其曰："北宋亡，河北沦陷，一部分不愿为金人用者创为新道教，如全真教、真大道教、太一教三教是也……余意其创教虽以'刻苦自励，淡泊寡营（以此故能不事外族）'为主，但意仍在保持自己阶级的财产（虽好施与，但以之为结纳之媒耳），是以一二传遂不能自持，入元成为贵盛。以此故也……"文末特别加上一句"臆说，待证"，以表示他对此问题的考虑尚不成熟。在摘录郎瑛《七修类稿》中有关世德碑的史料后，附上一句"以上恐有讹脱，当取善本校之"。文中实际上已经校过，其取《剪胜旧闻》本与《七修类稿》中所载世德碑文字，予以校对，用括号附上《剪胜旧闻》中不同的字。又引郎瑛《七修类稿》中所载皇陵碑，郑天挺先生亦有附言曰："恐有脱讹，应取善本另校。一九五三年三月二十七日用景明刻本《纪录汇编》卷一校。""明代中叶首辅之影响"之条目曰："自议大礼后诸臣无犯颜极谏者；曾铣以复河套被戮诸臣无复敢言边功者；自璁、萼言嵩以忌刻相继秉政，大臣无敢自见，备位而已；自张居正身后被谤，首辅无复以事功为意。"这些都是大胆的推测，故末有言曰："天挺臆说，待定。"可见，郑先生相当严谨细致，没有十分证据的论断，皆作推测之论，体

现了郑先生严谨踏实的治学风范。研究上十分细致，教学中
也极为慎重。

第三，对于明史具体问题的叙述，全面系统，见解独到。
下面试择其主要论题析之。

首先，关注明史分期问题，对明朝给予历史定位。从 20
世纪 30 年代开始到 80 年代初期，中国历史学界非常重视历史
分期的研究，因为要重建历史解释系统，把握中国历史的总体
特点与历史大势，就必须要解决中国历史分期问题。搞清明代
历史的分期，也是把握明史总体特点的关键。郑先生是最早关
注明史分期的学者之一，并提出颇具创见的论说。早在 1938
年，郑先生就在日记中写道：

> 余私见以为明史宜以嘉靖先后分为两期。嘉靖前后
> 国势、物力、朝政、文风显有不同也。嘉靖以前又可分
> 为两段，自洪武至宣德为一段，此时国势最强；自正统至
> 正德为一段，此时国势渐弱，尚可守成。嘉靖以后亦可
> 分为两段，自嘉靖至隆庆为一段，此时国势已替；自万历
> 至崇祯为一段，此时乱亡之象已成矣。[1]

而在其明史教学卡片中，有更详细的说明。郑先生还写
上一句自谦的话，说："此是一时所见，尚待详定。"可见，
郑先生此说完全是其个人思考的结果。自 1938 年起，郑先生
开始思考明史分期问题，不久即形成系统的教学内容，以后

1　郑天挺：《郑天挺西南联大日记》上册，第 113 页。

每次讲授明清史时，皆会重点讲授，但几十年来，他的观点基本上没有什么改变。陈生玺在总结郑先生明史领域的独特见解时，首先就强调郑先生对明史分期与明史特点的深入研究和概括，认为郑先生以 1435 年和 1521 年作为两个分界线，将之划分为前期、中期、后期，并对三个时期的特点给予概括，"把明代的历史从纵的方面放在整个中国历史发展的长河中进行比较，从横的方面放在与周边民族及其他国家的关系中进行考虑，可谓不移之论"[1]。现今对于明史的研究已经深入细致得多，出版的专著也不胜枚举，关于明史的分期也颇有不同说法，大体上未出郑先生所设定的原则。

　　与明史分期相关的则是对明清史的历史定位问题。冯尔康总结郑天挺先生在明清史学界的四大重要贡献，第一点即"对明清时代在社会发展阶段上的地位提出精辟见解"。郑先生认为，明清时期是封建社会的晚期，而不是"末期"或"末世"。当时有些研究者，将明清时期看成是中国封建社会的末期或者末世，这种观点基于这样的认识，即 1840 年以后中国历史既然属于半殖民地半封建社会，也是中国近代史的开端，那么明清时期则应被视为封建社会末期。这样的论断是以近代的变化来解读明清史的，存在很大的问题：明清时期商品经济有很大发展，尤其是江南经济的发展，非同一般，出现了资本主义萌芽，在一个末世阶段，怎能衍生出这样繁荣的经济？实际上，晚期与末期虽然只有一字之差，但是两种说法

1　陈生玺：《史学大师郑天挺的宏文卓识——纪念郑天挺先生百年诞辰》，载
　《郑天挺先生学行录》，第 308—309 页。

却有本质不同。"晚期表示该时代的社会制度的衰败，即已开始逐渐走向崩溃，但在某些方面还有一定发展余地；而末期则揭示那种制度的灭亡和被新制度代替的过程。"[1] "'末期'是指旧的生产关系完全崩溃瓦解，并向新的制度过渡的阶段；'晚期'是指这个制度已经开始走向崩溃，但是还没有完全崩溃，在个别方面还有发展的余地。"[2] 郑先生提出的后期说或晚期说，还原了明清历史的真实地位，既看到历史的变化与进步，同时又顾及明清时期的特点。因为明清出现资本主义萌芽，"可以说这是旧制度缓慢地向一个新制度蠕动的历史时期"，"封建制的危机很严重，但还没有到行将瓦解的程度，还不可能使中国发展到资本主义社会"，[3] 他认为中国进入半殖民地半封建社会的根本原因，乃是外国帝国主义入侵的结果。在此基础上，郑先生概括明清历史的特点为：中国历史上较长的统一时期、中国封建经济最发展的时期、资本主义的萌芽时期、阶级矛盾尖锐时期、统一多民族国家巩固与发展时期、

---

1 郑天挺：《明清史在中国历史上的地位及分期》，载郑天挺：《及时学人谈丛》，第 12 页。

2 郑天挺：《清史简述》，载郑天挺：《及时学人谈丛》，第 250—251 页。

3 郑天挺：《明清史在中国历史上的地位及分期》，载郑天挺：《及时学人谈丛》，第 11 页。最近二三十年来，西方学术界将 16 世纪以后的明清时期，称为"晚期中华帝国"（Late Imperial China）时期，强调市场与商业的影响以及中国自身社会与文化中的现代性因素，与郑天挺的说法有一定程度的交叉性。参见司徒琳、万志英：《两卷本前言》，司徒琳主编，赵世玲译，赵世瑜、杜正贞审校：《世界时间与东亚时间中的明清变迁》上卷，生活·读书·新知三联书店，2009 年，第 4—5 页。

抗拒西方殖民主义侵略的时期等等。[1]这样既明确了明清时代的历史定位，又把握了明清时代的总体特点。

其次，特别重视重要人物、重要事件和各种制度的讲述与研究，既全面又深入，有许多独到见解。郑先生对明史许多问题都有自己的独到见解，涉及明史各个层面。明代人物，最重要的就是开国之君朱元璋了。《明史讲义》第四章的中心问题，就是朱元璋如何开创明朝之天下。第二节《明太祖之创业》，以"明太祖"、"平定群雄"、"明太祖经略西南"、"北征伐元"、"元之遗惠（附元顺帝与瀛国公）"为题，逐一展开论述，既注意了朱元璋个人事迹，如家世、容仪、祖居、父母之史实介绍与考订，更关注朱元璋是如何成长，怎样扩展自己的势力，如何平定诸敌对势力的，围绕朱元璋的其他相关史实也逐一得以介绍，这样将历史人物融于历史大势中去论述和介绍，颇有历史的深度与广度。对于朱元璋的评价，郑天挺先生特别论之曰：

> 近有人以为朱元璋起兵为复兴民族，并谓清修《明史》悉削其迹，甚且谓徐达为征虏大将军，《明史》亦削之，不知其见了太祖本纪及达本传也。余别有辨，大意如下：
> 1.明太祖承认元之帝统，意在不必复宋也。
> 2.明太祖主张胡人不当主中夏，意在自称帝也。
> 3.明太祖甚称颂元帝，意在使人尊君也。

1　参见郑天挺：《明清史在中国历史上的地位及分期》，载郑天挺：《及时学人谈丛》，第9—19页。

所论极其客观，从《明史》出发，纠正某些错误之论，既论述历史史实，又洞察了史实背后之原因，是以历史事实为依据，而不是为了某种政治目的故作高深之论。

就具体历史事件而言，抓住关键性历史事件，如对"靖难之役"、"土木之变"、"大礼议"都做了重点介绍。《明史讲义》中，这些都可以说是左右明代历史的关键性事件。郑天挺先生在考察事件的经过之后，一定会分析其原因与影响，给予清晰的评价和定位。"靖难之役"乃是在第四章第三节《明初之内政》中讨论，先特别讨论明初分封制，接着讨论建文时期的削藩，由此引出"靖难之役"，第五点"燕王之起兵与即皇帝位"中，其分析燕王之所以能攻破京师，有政治和军事两方面的原因。政治的原因有四：燕王上书天子，援《祖训》以避叛逆；建文削藩，或废或死，燕王起兵又以"陷害诸王非由天子意，乃奸臣齐泰、黄子澄所为"之言相号召，师出有名；齐、黄两人本书生，兵事非其所长，计谋或疏；建文削藩意念不坚，进退失据。军事上的原因有六：建文征调不实，准备不足，用将不专，选用不慎，刑赏不明，号令不一。故燕王得以乘虚而入。结合具体的历史，加以考察和分析，结论令人信服。

在介绍土木之败时，先介绍了明代瓦剌之兴起，明成祖之北征。具体到土木之变时，先讲也先之强盛，再据《明英宗正统实录》，特别列出"土木之败日表"，从英宗正统十四年七月甲午（十六日），英宗率师发自京师，每日行程皆加以记录，十分清晰地呈现了英宗亲征的行踪，一直到他兵败被俘。接着继续叙述，将随后一些关键性的日期列出，如景帝之即位、英宗之迎归，最后一直到"夺门之变"，英宗之复位、景帝之被废。先将整个事件的沿革清晰地呈现出来，再逐一分析土木之败的原因，最后论其影响曰："一、卫所制破坏，募兵代起。仅存之京畿武力亦完。二、边防废弛，鞑靼始终为患。"而此事件之中，明朝得以存续之原因："一、不迁都。二、不求和，仍事抵抗。于是明朝国祚又因之延长，国运因之苟安（待修订），人心思想亦无进步。"进而对随后之明史影响再论曰："英宗复辟以后，讳言失败，自谓生还，自满于复辟，于是廷臣不复议边防与练军，以致边防愈坏，武备愈差，国运削弱不自知。其后唯孝宗以幼尝艰苦，稍知振奋，至张居正综核名实，颇有中兴之望，不幸为时不久，死遭毁败，而明遂以亡。"在此分析中，既看到宦官王振的作用，更指出这是明代军制崩坏之表现。同时分析在英宗被俘后，明朝之所以能抵挡住也先的原因以及随之对明朝历史的影响。从中可见，郑天挺先生分析历史事件，着眼于事件本身，但是放眼到整个明朝，又有着全方位的视野，深刻地洞察其历史意义。这样的分析，即便到如今，也有其学术意义和启示。

《明史讲义》中，对于明代各种制度十分重视。其中涉及明代分封制、卫所制、科举制度、礼制、刑制、内阁制度、宦官制度、田赋制度、户籍制度、丁役制度、一条鞭法等等。其讨论制度之时，并非只是关注制度的沿革变化，而是结合许多历史事实，进行深入剖析。如讨论明代军制之时，乃与明代的军与兵、屯田与边防等一起讨论；卫所制、京营、勾军、恩军、土兵等相关的问题，一并论述。这样就具备全局观念。并且将相似的制度放在一起讨论，有比较的视野。曹月堂说：

"关于土地制度的专题，他引证和解释了大量经典著作，也毫不含糊地提出自己的观点，说经典作家们都指出过土地所有权有各种不同的历史形态，单用'国有'、'私有'去分析封建社会的土地所有制未必恰当。"[1]郑先生明史论文不多，他去世后不久发表的《明代的中央集权》[2]值得关注。此文对于明代政治制度有深入的论断，指出明代专制主义中央集权的几个支撑点，乃是中央掌控地方的官吏任命权、军权、财权、司法权，明代中央几乎掌控了地方上的一切权力。进而对于废丞相制度、升六部，内阁与六部权力的消长，以及廷臣与内臣的矛盾，皆进行了阐述，对明代政治制度的特征进行了相当精辟的论断。

再如明代教育与选举制，分为"府州县学"、"国子监"、"考试"、"任官"四个问题，逐一推进，这样的研究有很强的逻辑性与渐进性。以"国子监"问题为例，几乎稍加修改，就是一篇很完整的论文。其先介绍国子监的制度及官员，再讨论学校禁例。然后介绍明太祖对国子监学生的重视，明初国子监生的情况，孝宗时期国子监生出路之艰难，然后介绍国子监生有纳粟入监的情况，其选官情况，岁贡制度及其变革，最后比较明代国子监与元代的异同。条例十分清晰，讲义中许多专题，都有这样的特点，相当深入，考虑相当周

---

1 曹月堂：《印象中的郑师》，载《郑天挺先生学行录》，第155页。

2 参见郑天挺：《明代的中央集权》，《天津社会科学》1982年第2期；又参见郑天挺：《及时学人谈丛》之《明代的中央集权、内阁和六部职权的消长》，第24—35页。两篇文章大同小异。

全。这些考虑历经郑天挺先生一生，就如国子监这个问题，只有十二个小问题，大多清晰地写下记录日期。卡片最早记于 1930 年 2 月 25 日，最晚记于 1949 年 10 月 5 日，历经近二十年岁月。

郑先生《明史讲义》中，对于经济史问题，给予极大关注。首先，重点介绍明代各种经济制度。诚如前面提及的户籍制度、土地制度、田赋制度、税收制度、一条鞭法等皆重点介绍。明代户口是明史中讨论相当多的问题，《明史讲义》中，对于户口制给予重点探究，指出明代户口制的四个特点：

（1）户有等，如民籍、匠籍、军籍，皆以职业分，军匠籍不得异籍规避。（2）户以"役"、"田"为主，故鳏寡孤独不任役者不列，僧道无田者不列——皆作畸零；而有田有丁者禁合户。（3）户以丁粮多寡为对国家服务之序——排年，消乏者以丁粮进上者补之。（4）少数民族以通汉语者列册，不通汉语者不造册，仍以役为主。

对于户口制的问题，先介绍其户口调查、户口编制、户等，然后以《明史》《续文献通考》《东华录》中的材料，列出明清户口数目，数目表格列出了洪武、建文、永乐、天顺、成化、弘治、正德、嘉靖、隆庆、万历、天启、顺治、康熙年代之户口数目。对于明中叶后户口数反不及明初，引《明史》卷七十七《食货一》曰："户口所以减者，周忱谓投倚于豪门，或冒匠窜两京，或冒引贾四方，举家舟居，莫可踪迹也。而要之，户口增减由于政令张弛，故宣宗尝与群臣论历代户口，以为其盛也本于休养生息，其衰也由土木兵戎。殆笃论云。"有关户口制的卡片上的时间，只列出了两个时间，1941年和1956年，也就是说早在1940年代，郑天挺先生对此问题就有过比较深入的思考。

同时专门列出专题讨论明代手工业和商业的情况。对于明代手工业情况，既涉及了明代的手工工场、丝织业、养蚕业、棉纺织业、采矿业、烟叶生产、蔗糖、瓷器业，甚至还有明代利用自然力制造，如水车、水排、火井等条目，相当全面。

再次，关注当时学界的热点学术问题，并做深入探究。关于资本主义萌芽问题，是 20 世纪 50 年代到 80 年代初期，中国明史学界乃至中国历史学界讨论的最为重要的问题之一。郑先生始终保持着高度的学术敏锐，积极了解史学界的热点问题，自然不会错过资本主义萌芽问题，也积极参与讨论，集中体现在 1958 年发表的《关于徐一夔〈织工对〉》的论文之中。[1] 最初，在讨论资本主义萌芽问题时，吴晗发现徐一夔《织工对》这一极重要的史料，当即引起明史学界的广泛关注。但是对于此史料反映的是元末还是明初的丝织业或棉织业的情况，学术界争论甚多，莫衷一是。郑先生就此问题，查阅大量资料，做了许多卡片。这些卡片原来并非放在教学卡片之中，而是以"徐一夔与《织工对》"为题，收在"明代经济专题"之中，乃是郑先生《明史讲义》中不可

1　郑天挺：《关于徐一夔〈织工对〉》，最初发表于《历史研究》1958 年第 1 期，后收入《探微集》。

多得的被写成论文发表的专题，从中可窥见郑先生写论文的步骤与方法。从卡片所作的时间上看，初作于 1956 年 10 月、11 月，数量不多，大多数卡片作于 1957 年 1 月，个别作于 2 月，可见，郑先生读书查资料，历经 5 个月时间。这些卡片分专题列出，相同内容的卡片置于一个题目之下，现录入讲义中的卡片一共有 36 个小标题，即 36 个小问题，分别是："布袜"、"奉元路有机房"、"黄道婆传木棉纺织"、"元至元钞"、"徐一夔"、"《始丰稿》"、"《织工对》"、"文字中纪年"、"年龄"、"建宁教授"、"居嘉兴"、"居杭州"、"修日历"、"记述蚕桑"、"元末时的杭州"、"万历时陕西织造"、"缗"、"元末佣工值"、"元代的入仕"、"元末的贿赂公行（缗）"、"洪武时中监盐值"、"明人文中称贯"、"明代用缗字"、"徐一夔文中用贯"、"洪武时禁用金银交易"、"明钞的锭"、"钞纸局大使敕（副使同）"、"织染局官敕"、"元末杭州米价"、"官民户口盐钞"、"洪武时的费用"、"洪武时禄米易银"、"洪武末弃钱与钞"、"明初一衣五百贯被责"、"洪武时折收税粮"、"明代四川的外省移民"等 36 题，这些小论题大多在最后写成的文中得以展开完善，成为文章的重要部分。从 3 月开始乃是郑天挺先生开始思考、写作的时间，到 1957 年 6 月 12 日最终论文写成，前后有八九个月时间。论文最后得出结论：根据徐一夔《始丰稿》一书的编排体例，指出第一卷的《织工对》应为元末之作，从元、明两代使用的金融用语的差别等问题入手，指出当时徐一夔在杭州，《织工对》中的"日佣为钱二百缗"的"缗"一词的使用，是元末一千钱的习惯称呼，明初称一千钱为一贯，因而断定《织工对》写于元末而非明初，反映的乃是元末杭州丝织业的情形而不是明初的情况。此论一出，即被视为权威论断。这篇文章乃是五十年代郑天挺先生所发表的最重要的文章，也是他后半期学术代表作之一。

另外，关于农民起义问题，也是重要的论题，下文再加论及。最后一章《明代皇陵》，大多数都录于 50 年代。1957 年 5 月，定陵地宫被打开。这是当时学术界的大事，故而郑天挺先生特别花很多时间收集明代皇陵方面的资料，试图尽可能地给予帮助，从中体现郑先生对当下学术事务的关心。

总之，《明史讲义》体系完整，内容丰富，乃是郑天挺先生几十年研究心血的结晶，包含着许多精深独到的看法。他关注明史的各个层面，对诸多问题，有许多独到见解。他研究明史，从来也不是以发表论文、出版专著为目的，而是将其融于教学内容之中，成为他教学的重要依据。他不但介绍历史事实，深挖历史表象之下的内在根源，而且时刻关注国内外的学术动态。郑先生对明代许多重要领域都有自己独到的看法，只是他生平慎重为文，不热衷于发表论文，故而许多重要论断皆止于课堂之中。《郑天挺明史讲义》的出版，将使他的学术观点广为人知，必将推动中国明史研究的深入发展。

四、《明史讲义》所体现之时代变化

《明史讲义》大多数卡片抄录于二十世纪四五十年代。1949 年 10 月 1 日中华人民共和国成立，以此为转折点，中国学术界出现与之前完全不同的研究视角，甚至完全对立的视角。郑先生的《明史讲义》中，也清晰地体现了这样的变化。从讲义中看，这种变化主要体现在以下几个方面。

第一，1949 年以前以实证为主，以客观史实为基本依据，加以考证说明。

1950 年以后，关注马克思列宁主义和毛泽东的著述，并尽可能地运用这些理论去解释历史问题。如在讨论土木之败及其影响之时，前面已提及相关论断，乃是 1949 年以前所作的论述。而 1958 年 3 月所作卡片，则完全不同，先介绍恩格斯、列宁、斯大林、毛泽东有关理论，提及恩格斯的《家庭、私有制和国家的起源》、列宁的《社会主义与战争（俄国社会民主工党对战争的态度）》和《战争论》、斯大林的《论苏联伟大卫国战争》、毛泽东的《论持久战》，然后才开始史料的梳理与史事的介绍。在讨论明代田赋制度时，也是首先介绍马恩之理论，引用了马克思的《资本论》、恩格斯的《费尔巴哈与德国古典哲学的终结》、斯大林的《苏联社会主义经济问题》等著作中，对于土地所有制、所有权与使用权、封建制度等的论断。还特别有一题为"对土地所有制的意见"，乃是郑先生通过阅读马列主义理论对于土地制度理论的理解与解读，指出："封建地主土地所有制，是中国解放前长期以来封建社会的经济基础；是长期以来一切上层建筑与之相适应、为之积极服务的中心；是长期以来封建政治的基本力量；是中国封建贡税（地租形态）的根据；是农民革命的导因。"将其看成是解答中国历史问题的一个重要视角。讲义中有讨论资本主义萌芽的专题，诚如前面所提及的，这是二十世纪五六十年代，中国学术界的热点问题之一，尽管郑天挺先生并非马克思主义史学家，但是作为一个资深的明史学家，对此也予以热切的关注，其中有阅读列宁《俄国资本主义底发展》著作的读书笔记（1949年，解放社出版），讨论商品经济、雇佣劳动、资本主义萌芽、工场手工业、农业中的资本主义萌芽、商业资本以及马克思《资本论》中的货币理论，《苏联大百科全书》中对"城市"的解释条目。可见，郑天挺先生尽可能地了解当时的理论、方法，并在研究与教学之中予以贯彻。

在附录中的《读史札记》中，第一栏就是《新书录要》，乃是郑先生阅读当时最新著述的记录，其中如"自由"、"典型"、"客观"、"批评自由"、"本质"等新条目概念与专有名词，专门对其加以介绍。其中有读苏联沙发诺夫的《中国社会发展史》一书，作了很详细的笔记，末尾说："此书辗转借来，且读且摘录之，昨晤邓恭三，知亦有此书。一九四九，十二，六。"实际上此书从1949年11月18日读到12月6日，读了将近二十天，邓广铭当时也在读此书。另有"封建制度与资本主义社会"，乃是1950年1月所读书籍的笔记。这类书籍的阅读，在1949年之前是从来没有的。因为政治的变化、时代的要求，郑先生尽可能改变自己，适应时代的学术环境，与时俱进，积极学习当时重要的理论方法，并尽可能地运用到历史研究中去。

第二，对于明代农民起义等类似问题的用词与评价，1950年之前，基本上依照明史著述中的词汇，不加改变，予以沿用，例如用"贼"、"流寇"之类的词，指代农民起义军；而1950年以后，则改为农民起义。

评价方面，也完全不同。1949年之前，基本上沿袭史书的评价观点，多加贬斥；而 1949 年以后，则大体上予以褒扬。实际上并非完全是郑先生个人学术观点的转变，而是整个时代转变了，乃是郑先生适应时代变化的结果。这种前后的差别，现今基本保持原来的状况，不做改动，以维持其历史面貌，从中亦可见二十世纪中国学术变化之大势。

即如《明史讲义》第五章第六节，题为《内乱之戡定》，乃讨论明初期、中叶之农民起义运动。中间用词有非常明显的变化。首先是 1956 年 11 月 19 日摘录苏联马夫洛金等人合著的《论俄国农民战争的特点》一文的观点，指出全国性范围的称为"农民战争"，而地方性范围的称为"农民起义"。第二条题为"内乱之戡定"，乃是列出自洪武年间到天启年间的各种"乱贼"之年表，此条明显作于 1949 年之前。第三条"明代反抗朝廷者有数种"，指出有少数民族起义、农民起义、矿工起义、统治阶级内部斗争、兵变、人民暴动六大类，显然系 1950 年以后所作。差别最为明显的是对邓茂七之叙述，1941 年 1 月 24 日，抄录《明史纪事本末》与《明史》中的材料，标题为"邓茂七之乱"，1955 年 11 月 29 日梳理《明史》材料，列出年表，则题为"邓茂七起义"。这样的变化，乃是学术氛围与政治态势变化的反映。

对明末农民起义军首领李自成与张献忠的评价，亦是一个典型事例，差别明显。第七章《明季之衰乱》第六节《流贼》，其中有"流贼之起"等卡片，乃 1949 年以前所抄录之资料。其最前面之七个小标题，乃是作于 1950 年到 1955 年，对于李自成等皆是褒扬之意，指出参加农民起义之人有六类：农民、援辽军士、边镇军士、裁撤驿卒、白莲教徒、矿徒铁匠。关注的问题更多的是"明末民间之苦"、"明末加派"、"明末之加赋"、"明末人民之饥困"等相关条目，站在农民起义军的立场上，叙述史实，探究问题。这与 1949 年之前，依从所读史籍的立场去叙述农民起义是完全不同的。

第三，对相关事件与人物的评价，也出现前后不同的特点。

1940 年 3 月 13 日评论"明代首辅之争"时道："嘉靖初至万历初五十年间之政治系于璁、萼以迄张居正诸人，其原因盖由首辅之权重，然此数人首辅之争，为权力之争而非政策之争，个人之争而非党团之争。其手段为倾陷而非争净。"这是讨论首辅权重时，对于内阁的影响问题，乃就事论事，比较客观，比较踏实，并无上升到阶级层面上论述。1955 年 11 月 7 日作了一条"明初丞相与皇帝之矛盾"的卡片，则有明显不同。曰：

> 封建社会的统治特点之一是封建阶梯制，一层一层的统治。封建关系就是支配与隶属的关系……
>
> 皇帝与丞相是阶梯的最高的第一、第二两层，自来是矛盾的……
>
> 历代统治者都以解决皇帝与丞相之矛盾为主要措施。唐代之三省，中书（裁决）、门下（审议）、尚书（执行）并立；宋代之参知政事（政）、枢密使（军）、三司使（财）并立，均分宰相之权。明代之大学士则改丞相为幕僚长。

将皇帝与丞相看成统治阶级中的不同等级，并将他们间的斗争以阶级分析方法分层化，从而给予新的解释。像这类的问题，可能不胜枚举，但我们要知道这是郑先生几十年积累的讲稿，每次加入新的材料，皆或多或少会受到时代的影响，因为正是不同的时代，造就了不同的学术，不同的时代，关注不同的层面。这部《明史讲义》，历经几十年的积累，因而可以说，从一个侧面反映了二十世纪中国学术的变化。

结　语

1939 年 9 月，郑天挺先生在西南联大开始讲授明清史之时，大学里开设此课程的甚少，除了孟森的《明清史讲义》，没有其他可参考的讲义。郑先生就从阅读明史史籍开始，历经多年的积累，将自己几十年对明史的思考、研究心得全部灌注于这部讲义之中，因而这部讲义是郑天挺先生几十年研究与教学的结晶。

郑天挺先生对明史研究，几十年如一日，始终兢兢业业，在繁重的行政工作与教学之余，尽可能抓住一切空闲时间，阅读明史史籍，抄录明史卡片，研究明史问题。即便在西南联大期间，日机时常骚扰之时，他依然端坐图书馆，抄录史料，其治学之精神令人敬佩。对于历史问题，他采取客观求真的态度，力求考证出正确的结论。对于无法考实的问题，坚持存疑，表现出严谨踏实的风范，因而也提升了本讲义的学术价值。

郑天挺先生生前发表明史方面的论文极少，他对明史的研究心得，全部体现在这部讲义之中。他对明史的研究，并非为了发表文章、出版论著，而是为他的明清史教学服务的。他的教学是以研究为基础，研究是为教学做准备。他教学效果极佳，深受同学们欢迎，故而这部讲义不同于一般的教科书。其涉及明史问题，范围十分广泛，内容极其丰富，自成体系。对于明史许多问题，提出了独到见解，因而具有极高的学术价值，对中国的明史研究必将产生深远影响。

第七讲

黄仁宇对『洪武型财政』的病理分析

《十六世纪明代中国之财政与税收》导读

高寿仙

以专业的眼光挑剔，该书确实存在一些史实和理解上的错误，其对明代财政特点的总结和批评也失于片面和极端；但另一方面，片面性和极端化也使问题变得凸显醒豁，有助于人们更加深刻地认识明代财政的深层结构及其变化限度。

高寿仙，1962 年出生，研究员，曾任中共北京市委党校校刊编辑部主任、《新视野》主编，中国明史学会原常务副会长。长期从事明史研究，出版《明代北京社会经济史研究》《明代农业经济与农村社会》等著作多部，发表学术论文百余篇。

一、引　言

美籍华人学者黄仁宇以《万历十五年》蜚声海内外，但其学术生涯的起点和根基，乃是对明代漕运和财政的研究。1974 年出版的《十六世纪明代中国之财政与税收》[1]，是他一生最具学术性的著作。他曾回忆说："《财政与税收》一书的准备经过 7 年，以后我写《万历十五年》则只花了 1 年。因为以前之摸索，即已奠定了以后研究之基础。"[2] 他还谈道："我的一本专著为《16 世纪明代财政及税收》……

1　Ray Huang, *Taxation and Governmental Finance in Sixteenth-Century Ming China*, London; New York: Cambridge University Press, 1974.

2　黄仁宇：《大历史不会萎缩》，广西师范大学出版社，2004 年，第 59 页。在《中国大历史》（生活·读书·新知三联书店，1997 年）中，他也谈到《万历十五年》的观点"大致得益于研究明代财政与税收之心得"（"中文版自序"，第 3 页）。

我对中国迄至现代不能在数目字上管理（mathematically unmanageable）的观念，肇始于此。"[1] 不过，在很长时间里，他的这部代表作并未引起中国学术界的重视，直到他因一系列通俗作品博得盛名之后，这部著作才姗姗来迟地被译成中文，到他去世翌年才正式出版。[2] 至于他 1964 年完成的博士论文《明代的漕运》[3]，尽管他自己表示并不满意，[4] 但盛名所及，也在他身后译成中文行世。[5]

《十六世纪明代中国之财政与税收》给人最深刻的印象，是对明代财政管理体制的尖锐批评和全面否定，其核心观点都浓缩在"洪武型财政"这一概念中。根据黄仁宇的说法，这一概念是从梁方仲的著作中借用过来的。梁方仲对明代赋役变革进行了透彻研究，他一方面深刻揭示了一条鞭法在减轻贫雇农负担、促进原始资本积累、改变人民与政府间关系等方面的积极作用，另一方面又指出"一条鞭法最多只能暂时缓和旧制度解体的危机，却不能解决

1　黄仁宇：《放宽历史的视界》，生活・读书・新知三联书店，2001 年，第 137 页。

2　黄仁宇：《十六世纪明代中国之财政与税收》，阿风、许文继、倪玉平等译，生活・读书・新知三联书店，2001 年。

3　Ray Huang, *The Grand Canal during the Ming Dynasty*, *1368-1644*, Ph.D. Dissertation, The University of Michigan, 1964.

4　黄仁宇在一次演讲中谈道："我希望各位不要问及我的论文，虽说被学校通过，但不是我自己可以感到非常愉快的作品。"（《大历史不会萎缩》，第 58 页）

5　黄仁宇：《明代的漕运》，张皓、张升译，新星出版社，2005 年。

社会根本矛盾","因之,洪武型的封建生产关系并没有多大的改动"[1]。由于黄仁宇的研究主题是明代财政体制,故将"洪武型的封建生产关系"稍加变更,提出"洪武型财政"这样一个新概念。

此书英文本出版后,汉学家伊懋可（Mark Elvin）、罗茂锐（Morris Rossabi）、居蜜（Mi Chu Wiens）、傅吾康（Wolfgang Franke）等在专业期刊发表简评[2],一致肯定此书具有开创意义。如伊懋可认为,此书是基于大量工作的开创性著作,任何对帝制时代的中国晚期的政治和经济感兴趣的史学家都会从中获益;罗茂锐指出,黄仁宇付出艰巨努力完成了一项开拓性工作,为分析明王朝的财政结构提供了一个综合性的组织框架;居蜜幽默地谈到,尽管售价很高,这部令人钦佩的开拓性著作必将被放到明清史"必读书目"之中;傅吾康指出,通过全面而透彻的考察,黄仁宇不仅对明代制度史和经济史,而且对我们理解最近六百年的中国国家以及这种传统对当代的影响,都作出了令人注目的贡献。同时他们也提出了一些建议和批评,其中以伊懋可的批评最为尖锐,他认为此书虽

1　梁方仲:《明代赋役制度》,中华书局,2008 年,第 264 页。

2　Ray Huang: *Taxation and Governmental Finance in Sixteenth-Century Ming China*. Review by Mark Elvin, *Bulletin of the School of Oriental and African Studies*, Vol.39, No.1（1976）, pp. 202–204; by Morris Rossabi, *Journal of Asian History*, Vol.10, No.1（1976）, pp. 82–83; by Mi Chu Wiens, *The Journal of Asian Studies*, Vol.35, No.2（1976）, pp.314–316; by Wolfgang Franke, *T'oung Pao*, Second Series, Vol. 64, Livr. 4/5（1978）, pp.331–337.

然提供了大量细节，但这些细节未能恰当地支撑其论点，而且有些讨论虎头蛇尾，间或逻辑模糊，某些立论缺乏内部连贯性和充足证据。此书译成中文出版后，虽然内容较为专业，但借助于作者的知名度，在社会上也引起不少关注，陆续有了一些肯定性的介绍文章[1]。但一些专业学者对其持保留态度。如李龙潜认为，黄仁宇"明代历史'倒退论'的观点违反了客观史实"，"夸大了定额制度推行的力度及其对明代财政的负面影响"，引文及说明方面存在很多错误。[2] 万明认为，黄仁宇的"洪武型财政"说，不仅受到西方中心论史观的影响，而且忽视了明朝中央大型财政数据文献的利用，致使立论根据严重不足，对一些基本史实存在误解。[3]

我于 20 世纪 80 年代初阅《万历十五年》，颇为其清新沉郁的文风所吸引[4]，其后对于黄仁宇的各种著作亦有关注。尤其是《十六世纪明代中国之财政与税收》一书，因与个人的学术兴趣密切相关，曾仔细阅读并撰写读书札记。个

1　如曹钦白：《洪武型财政的历史剖面——介绍美籍华人黄仁宇的〈十六世纪明代中国之财政与税收〉》，《税收与社会》2002 年第 4 期；佘轶峰：《论明代"洪武型"财政》，《金融经济》2006 年第 20 期；李铁：《寻古问今系列之二——明代的"大跃退"》，《中国经济周刊》2010 年第 8 期。

2　李龙潜：《也评黄仁宇〈十六世纪明代中国之财政与税收〉》，《明清论丛（第九辑）》，紫禁城出版社，2009 年。

3　万明：《16 世纪明代财政史的重新检讨——评黄仁宇〈十六世纪明代中国之财政与税收〉》，《史学月刊》2014 年第 10 期；万明、徐英凯：《明代〈万历会计录〉整理与研究》，中国社会科学出版社，2015 年，第 70—88 页。

4　参看拙文（署名达生）：《入乎其内，出乎其外》，《读书》1986 年第 8 期。

人感觉，以专业的眼光挑剔，该书确实存在一些史实和理解上的错误，其对明代财政特点的总结和批评也失于片面和极端；但另一方面，片面性和极端化也使问题变得凸显醒豁，有助于人们更加深刻地认识明代财政的深层结构及其变化限度。

二、黄仁宇的学术旨趣与问题意识

在着手整理这篇札记时，我忽然想到日本学者竹内好。竹内好与黄仁宇对于中日两国现代化的基本认识和未来期望全然不同，[1] 但在学术旨趣上却有共通之处，他们都把自己的切身经历融入学术研究之中，形成了与"学院派"不同甚或对立的立场和方法。在写于 1952 年的《给年轻朋友的信——对历史学家的要求》中，竹内好提出这样一个疑问："为了变革而认识和为了认识而认识，难道不是完全不同的两回事吗？"对于这个疑问，竹内好其实是有自己的明确答案的，他认为"在历史学领域，或者以历史为线索，在努力完成这个自我变革的过程中揭示出问题来，才是历史学的课题"。[2]

忽然想到竹内好的这个观点，是因为我在阅读黄仁宇作

1　竹内好：《近代的超克》，孙歌编，李冬木、赵京华、孙歌译，生活·读书·新知三联书店，2005 年；黄仁宇：《现代中国的历程》，中华书局，2011 年。可以对比阅读一下前书中的《何谓近代》(初发表时题为《中国的近代与日本的近代——以鲁迅为线索》) 和后书中的《我们的问题，我们的思考》(其中第一小节为《中国与日本现代化的分野》)。

2　竹内好：《近代的超克》，第 268—271 页。

品的过程中，心中总是涌动着激动与迷惘交织的感情。我始
终有一个强烈感觉，就是黄仁宇的史学作品，无论是学术性
的还是通俗性的，都不是"为了认识而认识"，而是"为了
变革而认识"，就其性质而言，似乎可以视为"政论史学"。[1]
这类作品富有感染力，但也不免使人感到有点难以捉摸。黄
仁宇曾谈到，"大凡有创造能力的思想家，在大刀阔斧的姿
态下开怀立论的时候，常有自相矛盾的现象"，但他认为这
种矛盾"在大范围内则不成其为矛盾。亦可以说因其矛盾，
更能与真理接近"。他引用康德所谓"了解（verstand）"与
"理解（vernunft）"之不同，认为"前者得自我们的视听与
经验；后者则在人类经验范围之外，应属于神学的领域"。[2]
黄仁宇的"大历史"研究，在一定程度上就具有这种"神
学"性格，正如他反复申说的："凡是在世事中作大范围的
检讨，不期而涉及神学。"[3] "大凡将人类历史从长时间远视界
的立场检讨，不期而然会在思量想象之中接近神学的领域。"[4]
因为形成独特的"大历史观"，黄仁宇对"学院派"的研究
方法颇不满意。在他看来，"中国历史上的朝代，不一定是
一个独立的单元。在很多情形之下其因果互相重叠，很多朝
代的历史可以连贯的解释"。他认为，"这样大历史（亦即

---

1 关于黄仁宇的历史理念，刘季伦做过系统分析。刘季伦：《历史与自由——
  评黄仁宇的历史理念》，《新史学》2002 年 13 卷第 3 期。
2 黄仁宇：《放宽历史的视界》，第 32—33 页。
3 黄仁宇：《大历史不会萎缩》，第 94 页。
4 黄仁宇：《资本主义与二十一世纪》，生活·读书·新知三联书店，1997 年，
  第 513 页。

macro-history）的检讨中，用学院派系 disciplinary approach 的方法不容易找到正确的结论"。[1]

黄仁宇的这种学术旨趣，是由其生长于乱世并亲身参加了抗日战争的独特经历造成的。他曾明确谈过自己转入历史行当的理由："我所以成为历史学家，是因为自己颠沛流离，一切源于中国的动荡不安。"[2]他给自己设定了一个其他学者恐怕不敢想象的宏大目标："我的主要任务在于以一己之力密切观察，西方如何和东方交会，东方如何和西方融合，直到两者融而为一个完整的世界史。"[3]说是东西"交会"和"融合"，其实主要是单向的，他大力提倡"西学为体，中学为用"[4]，认为"中国可能必须采取综合主义，将现代西方的种种观念及原则融合而一"[5]。他曾毫不讳言地表明自己观察中国的根本立场："我对中国向来站在批判的角度，无论是对中国政府或中国文化。"[6]因为在他看来，"除非过去的所有不足之处都予以揭露，很难了解想象问题的层面有多庞大。在所有的神话都

1　黄仁宇:《现代中国的历程》，第35页。黄仁宇的这种风格也导致他遭到"学院派"的排斥。据其自述，1975年之前，他八次申请研究经费，核准六次；之后又申请七次，但没有一次通过。他分析没能通过的原因之一，就出在他的"大历史观点"。见黄仁宇:《黄河青山——黄仁宇回忆录》，张逸安译，生活·读书·新知三联书店，2001年，第490—491页。

2　黄仁宇:《黄河青山——黄仁宇回忆录》，第403页。

3　黄仁宇:《黄河青山——黄仁宇回忆录》，第71页。

4　黄仁宇:《大历史不会萎缩》，第24—25页。

5　黄仁宇:《黄河青山——黄仁宇回忆录》，第63页。

6　黄仁宇:《黄河青山——黄仁宇回忆录》，第78页。

被解构前，任何对未来的蓝图都不过是幻想"。[1]

通观黄仁宇的各种论著，都是反复申说这样一个观点："传统中国历史的发展，与西洋史、美国史和日本史完全不同。中国地广人多，政治组织初期早熟。其结构只注重上端的理想，不注重下端的实际情形，所以规模庞大，表面冠冕堂皇，实际内中结构松脆，效率极低。换言之，这是一个农业社会的特殊产物，无法在现代世界生存"[2]。通过对传统中国的否定和批判，他希望为中国历史发展指出一条正确道路："宏观看来，中国历史仍有它的规律与节奏，其目的是脱胎换骨，使中国能在数目字上管理，融合于世界的潮流，即完成所谓的现代化。"[3]所谓"在数目字上管理"（mathematical management），有人仅从"数字"方面去理解，并不准确。黄仁宇自己曾解释说："在数目字上管理亦即全民概归金融及财政操纵，政府在编制预算、管理货币、厘定税则、颁发津贴、保障私人财产权利时，即已普遍地执行其任务，而用不着张三挨打，李四坐牢，用'清官万能'的原则，去零星杂碎地去权衡各人道德，再厘定其与社会'风化'之影响。"[4]可见黄仁宇所说的"在数目字上管理"，实际上就是从技术角度对资本主义运行原理的通俗概括，他一向"把现代化与资本主义

1 黄仁宇：《黄河青山——黄仁宇回忆录》，第 63 页。

2 黄仁宇：《现代中国的历程》，第 231 页。

3 黄仁宇：《现代中国的历程》，第 241 页。

4 黄仁宇：《赫逊河畔谈中国历史》，生活·读书·新知三联书店，1997 年，第 223—224 页。

之展开视作两位一体"[1]。

黄仁宇选定明代漕运作为博士论文题目，可能有些偶然，但他把明代作为研究重点，却是其学术旨趣的自然结果。他认为明朝是中国最后一个"内在的朝代（indigenous dynasty）"，"它对我们当今问题的解释，经常有决定性的影响"[2]。他在回忆录中也谈到，"我自己在国民党军队的经验让我上了一课：当代中国的背景必须回溯自帝制时期的过去。这些思绪让我转而研究明朝。如果东西双方的对立持续了一个半世纪之久，将背景往上延伸数百年并非不合理。无论如何，清代的政治历史受到外族统治的太多扭曲，后期又在与西方冲突阴影的笼罩之下。明朝是最后一个汉族统治的朝代，在体制上应该更能代表中国的特色"[3]。黄仁宇对于明代以及传统中国的根本认识，在其博士论文中已经基本成型。他认为："明廷在处理运输问题和具有重要性的国家事务时，采取了一种在传统中国以农为本情况下所形成的特有方法……不能兼容并包发展商业和对外贸易。"他批评"明代帝王和大臣在财政金融方面从来没有方法意识和成本意识"，"他们随意处理财政问题"，"从未发展出一套有水平的金融体系"；他们"采取的是一种僵化不变的经济观念"，"制定的政策和习惯做法严重地限制了商业的发展"。他还特别强调，"导致错误管理的是被扭曲的思想观念，而不是技术缺陷"，"明代官僚一整

1　黄仁宇：《现代中国的历程》，第 238 页
2　黄仁宇：《放宽历史的视界》，第 81 页。
3　黄仁宇：《黄河青山——黄仁宇回忆录》，第 162 页。

套思想观念，无论在哪一方面都是同今天我们所了解的经济基本原则是背道而驰的"，"他们管理国家的思想观念和现实之间的断裂，再不能以技术补救来解决了"。[1]

至于《十六世纪明代中国之财政与税收》，则是其博士论文的自然延伸。据他回忆，他在 1966 年决定撰写一本明代税制和政府财政的专书，1969 年向哈佛大学东亚研究中心提出资助申请，得到费正清（John K. Fairbank）的充分肯定，并获得了一笔研究经费。但他很快就发现无法按费正清的期望撰写，因为他无法整理出一个清楚的逻辑。[2] 当时有专家建议以崔瑞德（Denis.C.Twitchett）的《唐代财政管理》[3]为范本，但黄仁宇认为这个建议不切实际，因为"唐代管理的整齐明确植基于组织上的简约"，"但千年后的 16 世纪，中国却深陷于生产稻米的复杂机制中"[4]。我个人感觉，明代财政比唐代复杂，或许只是表面因素，其实包括唐代在内的各个朝代，都不能"在数目字上管理"，也都有各自的特殊性和复杂性。黄仁宇之所以不肯那样写，是因为在他看来，崔瑞德处理的是唐代财政的"理论面"，而自己要处理的是明代财政的"实

---

1 黄仁宇：《明代的漕运》，第 226—233 页。

2 黄仁宇曾详细回忆此书撰写和出版的过程，参看《黄河青山——黄仁宇回忆录》，第 249—279 页。

3 Denis.C.Twitchett, *Financial Administration under the T'ang Dynasty*, Cambridge: Cambridge University Press, 1963（2nd edition, 1970）. 中译本《唐代财政》，丁俊译，中西书局，2016 年。

4 黄仁宇：《黄河青山——黄仁宇回忆录》，第 273 页。

际面"。他把这项工作定位为"以荒谬的制度为研究主题"[1]，认为"努力将混乱的制度进行逻辑整理分析可能有利于读者的理解，但同时也容易模糊了其所希望表达的主题，叙述者的角色不知不觉地成为一位财政改革家，而不是一位财政史学家"[2]。换句话说，黄仁宇业已判定明代财政是"荒谬的制度"，所以他绝对不肯像崔瑞德那样从"理论面"处理，为明代财政整理出一套明晰的体系，因为那样就会使明朝财政看起来不那么荒谬甚至合理化了，从而"模糊了其所希望表达的主题"。

三、"洪武型财政"的基本内涵和历史定位

明白了黄仁宇的学术旨趣和问题意识，或许可以更准确地把握《十六世纪明代中国之财政与税收》的写作方式。黄仁宇在讨论资本主义时说过："资本主义生理家与病理家的观感比较，一定也有很大区别。"[3]他又谈道："对现代经济组织采取'病理家'的地位一定和一个'生理家'的地位，迥然不同。"[4]因着眼点不同，黄仁宇在评述中西历史时采取了相反立场：对于西方，因重在探究其兴起之因，所以采取的是"生

1 黄仁宇:《黄河青山——黄仁宇回忆录》，第 246 页。
2 黄仁宇:《十六世纪明代中国之财政与税收》，第 409 页。《黄河青山——黄仁宇回忆录》中也谈道："如果贸然将现代社会科学套用到主题上，我的角色将从财政史学家转变成财政改革者。"（第 262 页）
3 黄仁宇:《资本主义与二十一世纪》，第 492 页。
4 黄仁宇:《放宽历史的视界》，第 130 页。

理家"的立场；对于中国，因重在探究其落后之由，所以采取的是"病理家"的立场[1]。《十六世纪明代中国之财政与税收》一书，就是他为明代财政开列的一份"病理分析报告"，用他自己的话说，"贯穿这一研究的中心点是各个层次的制度性的缺陷"[2]。而他提出的"洪武型财政"，则是集中呈现明代财政体制之"荒谬"的一个统摄性概念。关于这个概念的含义，黄仁宇曾做过简要概括："什么是'洪武型'的财政？简言之，为缺乏眼光，无想像力。一味节省，以农村内的经济为主，只注重原始式的生产，忽视供应行销以及质量上的增进。"[3]如果把他各种论著中散漫的论述归纳一下，大约包括以下几点内容：

其一，"洪武型财政"是逆历史潮流的退步性制度。朱元璋创立的政治结构，"在中华帝国历史上是前所未有的，财政的建置就不能按照历史先例来设计。尽管明代财政制度表

---

1 黄仁宇在《中国历史与西洋文化的汇合》一文中谈道："中国政治社会的庞大组织，是超时代的早熟，它的缺点没有充分暴露之前，尚为中外景仰。……只是本文旨在提供迄至近代中国仍不能在数目字上管理的原因，只能以'负因素'（negative influence）作根据。"（《放宽历史的视界》，第151—152页）。事实上，黄仁宇的所有论著，都是为了发掘中国历史中的"负因素"。

2 黄仁宇：《十六世纪明代中国之财政与税收》，第428页。

3 黄仁宇：《放宽历史的视界》，第192—193页。他在《赫逊河畔谈中国历史》中也谈道："什么是洪武型的财政？简言之为缺乏眼光，无想像力，一味节省，以农村经济为始终，凭零星杂碎之收入拼凑而成，当中因素都容易脱落。并且只注重原始型的生产，忽视供应行销间可能的技术上之增进。"（第222页）

面上与中国历史中以前几个王朝的财政组织有一些相似之处，但从一开始它的运作就与以前不同"[1]。相对于唐宋，明朝出现了全面性的、根本性的"大跃退"。就基本性格而言，"唐宋是外向的，明朝是内向的。唐宋是'竞争性'的，明朝是'非竞争性'的"。从经济政策的角度观察，"赵宋以经济最前进的部门作为行政的根本"，"提倡商业，在造船、铸币、开矿、榷税、专卖酒醋各部门下功夫，不以重新分配耕地作创立新朝代的基础"；而"明朝的政策，缺乏积极精神，虽然严格地执行中央集权，却不用这权威去扶助先进的经济部门，而是强迫它与落后的经济看齐，以均衡的姿态，保持王朝的安全"。[2]从管理角度观察，"明代的财政管理具有收敛性（self-denying），它将其运作能力降到最低限度，忽视了通过工商业发展来增加收入的策略，拒绝考虑民间、私人方面的帮助"，因而"比以前诸如唐代和宋代所使用的方法倒退了一大步"，甚至还不如元代的制度[3]。就管理人员的素质而言，"在唐宋两代，财政管理趋向于专业化，在明代，盐务官员名声不佳。在许多财政部门，包括户部，实际工作都是由吏曹诸人经手操作，甚至在 17 世纪早期，这些低级办事人员也雇倩他人来

1　崔瑞德、牟复礼编，杨品泉、吕昭义、吕昭河等译，杨品泉校订：《剑桥中国明代史（1368—1644 年）·下卷》，中国社会科学出版社，2006 年，第 93 页。

2　黄仁宇：《放宽历史的视界》，第 64—68 页。

3　崔瑞德、牟复礼编：《剑桥中国明代史（1368—1644 年）·下卷》，第 100 页；黄仁宇：《十六世纪明代中国之财政与税收》，第 426 页。

代行职责。显然，财政管理水平已经严重下降"[1]。

其二，"洪武型财政"是简陋落后的非合理制度。这在明代财政的各个方面都显现出来，其中突出的问题包括：（1）税源过分依赖农业经济。明代"一反以前几个王朝注重从贸易和商业中获取收入的共同倾向"，"依靠农业收入作为国家收入的程度远远超过了宋代，甚至多少超过了晚唐"；而包括钞关税、商税在内的杂色收入"尽管税目非常多，但是税收总额却比较小"，"这相对于帝国的需要而言，则十分可怜"[2]。（2）税收结构过于复杂。在多种原因的共同作用下，明代的税收结构极其复杂，造成"殷实大户逃避税收以及乡村收税人、吏胥的腐败和滥用职权"等问题。[3]（3）定额制度过于僵化。这至少导致了两种结果，一是限制了税收基数的扩展，以致"明代的财力要比4个世纪前的宋朝差了很多"；二是造成"可伸缩的财政单位"，"不仅加重了纳税人的负担，而且也给会计工作造成了很多问题"。[4]（4）缺乏中间层次的后勤保障。其弊端一是"侧面收受"（lateral transactions），"唐宋间财政的收支，已渐有总收总发的趋向"，而明朝"全国财政资源，分成无数的细枝末节，由最下层的收支机构侧面收受"，"这样一来全国盖满了此来彼往短线条的补给线"，"一个接受的仓库可能同时要面对很多不同的解运者，而一个解运者也可

---

1 黄仁宇：《十六世纪明代中国之财政与税收》，第421页。

2 崔瑞德、牟复礼编：《剑桥中国明代史（1368—1644年）·下卷》，第98、149页；黄仁宇：《十六世纪明代中国之财政与税收》，第297、340页。

3 黄仁宇：《十六世纪明代中国之财政与税收》，第111—127页。

4 黄仁宇：《十六世纪明代中国之财政与税收》，第55—56、59—60页。

能为很多部门服务",造成赋税解纳的低效率和高成本;二是无法利用市场功能,唐宋时期的转运使"综合地区财务主管、运输官员、采购代理于一身","已经利用税收收入进行贸易,而明代的税收政策则让大部分的硬通货撤出流通领域"。[1](5)缺乏有效的货币制度。明初滥发宝钞导致宝钞大幅度贬值,而"宝钞的破产引起了连锁的反应,导致了铜钱以及后来税收管理中用银的失败",明朝政府"完全失去了对货币和信用的控制,这就意味着明朝的财政管理者在履行其职责时缺乏必要的手段"。[2](6)徭役使用重新恢复。"凡赵宋王朝自王安石以来,民间向官衙无代价服役,已开始缴款代役者至此又全部恢复亲自到差","各级衙门所用文具纸张,桌椅板凳,军队所用兵器弓箭,公廨之整补修理均无预算之经费或供应之承办者,而系无费,由各地里甲征集而来"[3]。

其三,"洪武型财政"是缺乏变化的僵硬制度。宋朝财政官员"就已经发现要不断调整政策以利经济增长,这样可以在不增加人民税负的前提下增加国家的收入",而明代却将前代的那些财政策略和手段几乎全部抛弃。[4]朱元璋制定的总计划,一直被盲目地坚决地执行着,"明朝的财政管理在各个方面从未有跳出过'洪武型'模式,僵化不变,其中心的思路

1　黄仁宇:《十六世纪明代中国之财政与税收》,第52—53、62—63、239页;《放宽历史的视界》,第167、188页。

2　黄仁宇:《十六世纪明代中国之财政与税收》,第81—93页。

3　黄仁宇:《放宽历史的视界》,第2、255页;《赫逊河畔谈中国历史》,第221页。

4　黄仁宇:《十六世纪明代中国之财政与税收》,第420—421页。

是抑制而不是发展"[1]。明代中叶以降，"明廷虽然不得不面对非常复杂的财政问题和经济问题，但是从未全面重新组织具有生机活力的制度，以适应新环境的需要"。在机构设置方面，尽管随着时间推移，"实物经济转变成货币经济，实物税收和强制徭役在很大程度上已经折纳白银，金兵制逐渐被募兵制所代替"，然而却"很少建立起新的财政部门，而被取消的财政部门则更少"。在赋役制度方面，面对里甲制度和役法已经不合时宜的现实，"尽管采用'均徭法'和'一条鞭法'作为补救，但整个明代这些农村基层组织从未被废除，政府的各项工作开支直接派征于乡村的财政体制也没有被废止"。在税收原则方面，明初确定了税收定额，"自此各地定额税收作为不成文的法律固定下来，后来也偶尔进行过小的调整，但基本定额从来没有被摒弃"。在后勤保障方面，"由洪武皇帝建立起来的后勤保障体系从来也没有进行过任何改革"，普遍化的赋役折银并未改变这种状况，"认为使用白银是财政管理上的一个重大改进的想法，没有什么实质的理论意义，它不过是类似于在不同的乐器上演奏同一种曲调罢了"。[2]对于得到很多学者充分肯定的张居正改革，他也评价甚低，认为张居正对财政制度的重新安排"没有创新"，带来明显的"负面效果"，他大力提高白银储备，"这些紧缩措施的结果可能是弊

---

1 黄仁宇：《十六世纪明代中国之财政与税收》，第 288 页。

2 黄仁宇：《明代的漕运》，第 132 页；《十六世纪明代中国之财政与税收》，第 3—4、6、38—39、56、68、121 页。

大于利"[1]。

需要指出,《十六世纪明代中国之财政与税收》完稿于1971年,当时黄仁宇已53岁。但考虑到他1964年获得博士学位时已46岁,这部著作可算是他学术生涯前期的作品。此时他关注的目光主要落在作为现代之近源的明清上,所以对于"洪武型财政"进行了猛烈抨击,而对于宋代财政体制多有赞誉,甚至可以说,他实际上是把宋代财政描述为明代财政的一个相反影像。但随着他把眼光投向更久远的历史,他对"洪武型财政"的认识便增加了一个新的视角。

黄仁宇视秦汉为"第一帝国",隋唐宋为"第二帝国",明清为"第三帝国",认为"第二帝国"虽然是"外向"的、带"竞争性"的,但结果却是"节节失败"。他从财政角度分析指出,宋朝从一开始"就以最前进的部门,作中央施政的基础",王安石新法也重在"加速金融经济,使财政商业化"。但这套政策要行得通,需要"民间的金融商业组织,也要成熟,私人财产权之不可侵犯,更要有法制的保障,这样才能重重相因,全面造成凡物资及服务都能互相交换"。宋朝显然不具备这种条件,其财政制度在技术上"不能与大多数的小自耕农的低层机构融合","反不如北方少数民族以一种单元的经济,简捷的将人马食粮投付于战场"。但辽、金进入中原后,逐渐受到多元经济的影响,"也

---

[1] 崔瑞德、牟复礼编:《剑桥中国明代史(1368—1644年)·下卷》,第142—144页。

都陷入宋人之覆辙"。元朝只是第二与第三帝国间的一个过渡阶段,蒙古统治者"始终没有对南北之不同,商品经济与金融经济无法统筹经理的问题作切实的解决"。上述历史背景,正是"造成明太祖朱元璋创制的财政体系的逻辑"。[1]

正是基于这种思路,黄仁宇虽然依然坚持从现代看明清,认为"从全世界发展之过程上讲","由朱元璋一手创成"的明清体制"不仅为反动,而且绝对地不合时宜"[2]。但另一方面,他又对明初政策予以合理化解释:"我们参照世界局势,觉得朱元璋全面的不合时宜,但是看到第二帝国试验的失败,则又只好觉得他重返传统的重农政策,以经济因素的落后部分作全国标准,印钞只作赏赐及赈灾之用,尽量保持低水准的雷同与均衡,并不是没有他设计的心眼。"[3]他在回忆录中也谈到自己的这种认识变化:"直到1971年之前,我仍然认为明清两代的制度包含着荒谬的成分,尤其在中国前几个朝代财政上采取行动主义的衬托之下,宋代就是一个例子。但是,等到我检视之前各朝代(包括宋代)的失败原因后,我才了解到,明代财政管理虽然在我们眼中显得愚昧短视,放在历史的全貌来看,却更正了前人的错误。因此,我们回溯历史时会感到讶异,因为许多荒谬的情况往前追溯

---

1 黄仁宇:《赫逊河畔谈中国历史》,第220页;《放宽历史的视界》,第164—167页;《现代中国的历程》,第29—43页。

2 黄仁宇:《大历史不会萎缩》,第30页。

3 黄仁宇:《放宽历史的视界》,第166—167页。

时，都是当时开始合理化的里程碑。"[1]

四、观察的角度与尺度："洪武型财政"的变与不变

如果黄仁宇将"洪武型财政"的使用范围限于明朝前期，可能不会引起太大争议，很多明史学者对于朱元璋时代也作过类似的描述。使很多人感到不解的，是他认为明清财政虽然数百年间也发生了一些变化，但一直是"只有零星支付局部需要的能力，而无全面经济动员打破局面之可能性"，"'洪武型'之财政仍与第三帝国全始终"[2]他甚至断言："民国成立以来无法在财政与税收上找到出路，也仍是由于洪武型所创造的社会体制根深蒂固。"[3]

黄仁宇作出这样的论断，很容易使人认为他对明代中后期赋役财政体制变革缺乏了解。在黄仁宇撰写《十六世纪明代中国之财政与税收》的时候，可供参考的相关论著确实远不如后来丰富，但中日学者业已发表一批论述明代赋役变革的重要成果，包括梁方仲对一条鞭法的经典研究。细绎该书的相关论述，我觉得黄仁宇对于明代赋役变革的过程和特点，

1 黄仁宇：《黄河青山——黄仁宇回忆录》，第281页。同书第374—375页也谈道："我大可以说，现代中国的所有痛苦完全起源于明代开国之初，因为当时将退缩的精神加以制度化。……但我如果将明清两代和第一帝国、第二帝国相比较，结论将大为不同。由于各朝代无法未卜先知，只能尽力避免前人的错误。"

2 黄仁宇：《赫逊河畔谈中国历史》，第222页。

3 黄仁宇：《放宽历史的视界》，第230页。

诸如实物经济转变成货币经济、实物税收和强制徭役折纳白银、徭役摊入田赋等等，还是有着比较系统的了解的[1]。他对于一条鞭法的归纳和评价，其实与其他学者并无太大差别，比如他谈道："无可否认，一条鞭法改革有许多积极意义。在乡村公布统一的税率，以代替非正式税收摊派，这是一个很大的进步。取消实物税和由纳税人亲身应役，虽然保留了很多限制，但也确实向较为现代的税收结构迈进了一大步。"[2]在这种认识基础上，黄仁宇仍然断言"洪武型财政"僵化不变，主要原因恐怕是他观察问题的角度和尺度与众不同。

这从他对梁方仲观点的取舍上看得很清楚。他曾多次援引梁方仲对一条鞭法的看法，比如他谈道："梁方仲认为明代虽在后期行一条鞭法，其范畴不出于'洪武型'。"[3]"一条鞭法只是各地会计制度局部间的修正，与全面更革的范围相去至远。50年前梁方仲研究一条鞭法，其结论则是行一条鞭法后明代的财政税收仍是'洪武型'。"[4]事实上，如前所述，梁方仲所说施行一条鞭法后"没有多大的改动"的，是"洪武型的封建生产关系"而非"洪武型财政"，两者显然并非同一层面的问题。对于一条鞭法的历史意义，梁方仲给予充分肯定，他在《一条鞭法》开头概述说："从公元十六世纪，我国明代嘉靖万历间开始施行的一条鞭法，为田赋史上一绝大枢

---

1 黄仁宇：《十六世纪明代中国之财政与税收》，第三章第三、第四节。

2 黄仁宇：《十六世纪明代中国之财政与税收》，第165页。

3 黄仁宇：《大历史不会萎缩》，第13页。

4 黄仁宇：《赫逊河畔谈中国历史》，第222页。

纽。它的设立，可以说是现代田赋制度的开始。自从一条鞭法施行以后，田赋的缴纳才以银子为主体，打破二三千年来的实物田赋制度。这里包含的意义，不仅限于田赋制度的本身，其实乃代表一般社会经济状况的各方面。……但除去用银一点足令我们注意以外，一条鞭法还有种种在赋法与役法上的变迁，与一向的田赋制度不同。从此便形成了近代以至现代田赋制度上主要的结构。"[1]梁方仲还提示，明代赋役折银以后，"人民和政府的关系亦不能不起了相当的变化"[2]。由于学术旨趣和问题意识不同，对于梁方仲的这方面的思想，黄仁宇并不认同，他认为当时一些中国大陆学者——包括梁方仲在内——"对一条鞭法的描述很明显有夸大、误导的成分"[3]。

关于"赋法与役法上的变迁"，梁方仲做过系统梳理，后人研究亦多，尽管很多细节还有待于进一步清理和探究，但大体脉络已很清楚。但对于"人民和政府的关系"的变化，梁方仲只做了提示而未展开论述。刘志伟接续这个思路并作了非常深入的思考，将这种变化概括为从"纳粮当差"到"完纳钱粮"。他指出，明初实行"配户当差"，就是在里甲体制下，综核每个人户的人丁事产多寡，确定其负担能力，作为赋役征派的基础。当时户籍的编派是以职业划分的，民、军、灶、匠等不同的户就当不同的差，所以田赋在性质上也属于当差。其后随着赋役改革的推进，作为徭役课税客体的户逐

1 梁方仲：《明代赋役制度》，第12页。
2 梁方仲：《明代赋役制度》，第263页。
3 黄仁宇：《十六世纪明代中国之财政与税收》，第152页。

渐分裂为丁和地（或粮），徭役银额被分比例摊派到丁额和地亩额（或粮额）上。类似的变化在明朝以前也曾出现，但赋役性质并未根本改变，导致明代赋役变革成为不可逆的过程的关键因素，是16世纪白银的大量流入与广泛运用。在以白银为手段的"完纳钱粮"赋税体制下，国家资源调拨采取了白银货币的方式，而不再是劳役征发的形式。这样，国家与百姓的关系，就从基于具体人身控制的"纳粮当差"的关系，转变为人民用不同的纳税账户名义向国家缴纳货币或实物定额比例赋税的关系，也就是"完纳钱粮"的关系。[1]可以说，"一条鞭法的发展，代表了一种新的制度、新的国家、新的社会、新的经济体系形成的转型过程"[2]。

近年万明以白银货币化为主要线索，围绕明代财政体制以及社会和国家转型问题，发表了一系列引人瞩目的成果。她系统梳理了明代白银货币化的具体过程，认为先是自民间开始，自下而上地发展，到成化、弘治以后才为官方认可，自上而下地展开。其中最重要的展开方式是赋役折银，这也是明代赋役改革与历代赋役改革的明显不同之处。伴随商品流通与赋役改革，白银渗透到社会的每一个角落，深入人们的日常生活之中，市场前所未有地活跃起来，由此带来了一系列制度的变迁，同时也引发了社会整体由单一向多元的变

1 刘志伟：《从"纳粮当差"到"完纳钱粮"——明清王朝国家转型之一大关键》，《史学月刊》2014年第7期。

2 刘志伟：《贡赋体制与市场——明清社会经济史论稿》，中华书局，2019年，第415页。

迁。[1]具体到财政方面，她认为"明代后期中央财政体系的基本特征，相对明初已经迥然不同，出现了向货币经济基础上的货币税收为主的财政体系的转换，这无疑是中国古代财政史乃至中国史上划时代的变化。赋役征收的货币化，农民的赋税徭役负担，原则上转化为货币形态，意味着国家财政体系的根本性转变"，这种"变革实质上是中国从古代赋役国家向近代赋税国家的转型"。正是基于这种认识，她对"洪武型财政"提出严厉批评，认为黄仁宇"没有看到所谓'僵化'的'洪武型财政'在明后期发生的巨大变化，更没有认识到'倒退'的明代财政发生的重大结构改革、体系转型、近代趋向的划时代意义"。[2]

万明与刘志伟的总体思路存在一些差异。比如，万明强调白银货币化"是市场经济萌发的结果"，认为"伴随明代市场经济的萌发，白银货币化自下而上发展到自上而下地全面铺开，白银货币逐渐全面渗透到国家财政之中"；而刘志伟强调"贡赋体制"的作用，认为"中国对白银货币的需求很大程度上是由赋税货币化引起的，而这种赋税货币化的动力来自政府财政体系运作的需要，白银的流通主要发生在政府财赋分配的领域"。再如，万明强调白银货币化"意味着国家垄断货币权的丧失殆尽，更由此引发国家权力的削弱以及这种至关重要的削弱所导致的社会失控"；而刘志伟认为一条鞭法"意味着中央集权与官僚政治的加强"，"在一条鞭法制度下，

1　万明、徐英凯:《明代〈万历会计录〉整理与研究》，第 44—69、88—93 页。

2　万明、徐英凯:《明代〈万历会计录〉整理与研究》，第 57—58、74、76 页。

官与民的关系，尤其是在官民之间的富人（乡绅）与胥吏一类中介的角度发生了变化，这种变化形成了中央集权的官僚政治加强的新机制"。[1] 但他们的具体结论又有高度契合之处，都认为随着赋役体系的变革和白银的广泛使用，不但明代的财政体制发生了重大变化，社会和国家形态也出现了明显的转型。刘志伟将这一过程概括为从"纳粮当差"到"完纳钱粮"，万明则概括为从"纳粮当差"到"纳银不当差"，用语也很相似。

黄仁宇业已去世，我们不知道他面对这些新的研究成果，会不会对自己的观点加以修改或调整。如果让我做个大胆猜测，我觉得他会继续坚持己见。这首先是由于黄仁宇的观察视角与其他学者有所不同。其一，明代赋役财政体制经历了一个漫长曲折的变化过程，学者们大多着眼于作为其变化趋向和结果的"理想型"，对其做出积极的评价和肯定。黄仁宇则比较强调变化过程的混乱和迟滞，认为"16 世纪的赋役折银是一个旷日持久的、相当无规则的过程"，"这种改革运动，在经过如此艰难的准备后，却从来没有最终完成"，因为"明代财政结构不能适应如此彻底的重组"。在他看来，"一条鞭法改革只是修改了税收征收方法，但并没有简化基本的税收结构。相反，它使其更加复杂化了"。其二，其他

---

1 参看万明、徐英凯：《明代〈万历会计录〉整理与研究》，第 2、50—51、76 页。刘志伟、陈春声：《梁方仲先生的中国社会经济史研究》，《中山大学学报（社会科学版）》2008 年第 6 期；《贡赋、市场与物质生活——试论十八世纪美洲白银输入与中国社会变迁之关系》，《清华大学学报（哲学社会科学版）》2010 年第 5 期。

学者比较关注赋税和徭役的征收环节，所以将折纳白银视为巨大的进步。黄仁宇关注的重点是财政管理，认为即使在一条鞭法改革达到最高潮的时候，"中央政府既没有建立一个区域性的银库，也没有一个通常的采买机构"，"预算也没有任何增加"，"税收解运仍然是由专门的接收部门对应专门的分配部门，没有什么变化"。在他看来，"尽管一条鞭法改革是中国经济史上一个很重要的里程碑，并有很多的积极因素，却注定会局限在一定范围之内"，结果"新瓶装了老酒：除了运输途中的大量谷物换成了一包包白银之外，高度发达的货币经济之下，明代财政管理的基础却依然是早期实物经济的概念"。[1]

　　除了观察角度的差异，导致黄仁宇认为"洪武型财政"并未改变的更加根本的因素，是他度量历史的尺度与他人不同。学者们指出的明代赋役财政体制之"变"，主要是从明朝后期与明朝初期的比较中得来的，而黄仁宇所说的"不变"，则是运用其"大历史"视角，从对近600年来的中西对比中得出来的，两者所说其实并非同一层面的问题。[2] 黄

1　黄仁宇：《十六世纪明代中国之财政与税收》，第94、120—121、150—155页；《现代中国的历程》，第94页。

2　这种视角差异表现在黄仁宇对各种问题的研究中，并不限于明代财政。比如很多学者利用晚明小说集"三言二拍"描述当时商业之繁盛，而黄仁宇之《从〈三言〉看晚明商人》（收入《放宽历史的视界》）则大异其趣，他虽然承认当时"中国内河城市之繁华，尚可能为西欧诸国之所未及"，但其论述重点则在揭示当时"商人生活及商业习惯，以今日眼光观察之，实在质量上墨守旧规"，"16、17世纪，中国商业缺乏资本主义之性格"。

仁宇强调，"洪武型"的财政制度，"对以后几百年的法律观念、科举制度、军事行动、乡村组织等等，都有决定性的影响"。可见他反复陈说的"洪武型财政"，虽然最初是从明代财政研究中提炼出来的，但其内涵绝不限于财政体系本身，可以将其视为与"洪武型社会体制"等同的概念。在黄仁宇看来，清朝"最大的过错是过分承袭前朝"，以致"这'洪武型'的财政系统，虽然在清朝有些更动，其基本组织的方式，一直维持到 20 世纪。所以讲今日中国之改革，其历史上的对象，是明朝遗留下的社会经济系统，并非过分"。[1] 我觉得可以这样理解：在黄仁宇眼里，"洪武型财政"实际上就是"在数目字上管理"（即近代化或资本主义化）的对立影像，[2] 只要财政、社会和国家未能达到他所定义的"在数目字上管理"的程度，就可以说"洪武型财政"或者"洪武型社会体制"仍在延续未变。据他考察，"中国一百年来的革命，已于 80 年代完成。其间最大的一个收获，则是今后这国家

1　黄仁宇：《十六世纪明代中国之财政与税收》，第 423、427—428 页；《放宽历史的视界》，第 168、230 页。

2　黄仁宇的"在数目字上管理"，很可能是从其对美国的切身感受中概括出来的。他在《黄河青山——黄仁宇回忆录》中谈道："我的文化背景和语言训练来自中国，但我对历史的了解，包括对中国历史的了解，是住在美国数十年所发展出来的"。（第 108 页）在《放宽历史的视界》中也谈道："提及西方社会形态，我也在书本知识之外有了在美国劳动工作十多年的事实作陪衬。"（第 222 页）在《赫逊河畔谈中国历史》之"开场白"中，他叙述了从自己居住的村庄纽普兹（New Paltz）可以看出"现代经济制度"亦即"资本主义"的三个基本条件（《现代中国的历程》，第 251—255 页）。

已能'在数目字上管理'"[1]。

结　语

黄仁宇的历史作品，往往论题宏大，东西交错，古今杂糅，夹叙夹议，时常把个人经历融入历史叙事之中，呈现出与学院派迥然不同的风味。这种极具个性的学术旨趣和语言风格，必然会给其作品带来两极化的评价：一方面，其通贯宏阔的视野、痛快淋漓的锐评、随意散漫的文风赢得了无数读者，再加上他批判传统拥抱西方的态度，正好契合不少人的心境，其能风靡海内数十年殆非偶然；另一方面，他以半路出家的"一己之力"，纵论古今数千年、东西数万里，概念空洞、观点武断、史实错误之处在所难免，再加上其鲜明的"西方中心主义"立场，其遭到专家批评亦属必然。最使黄仁宇耿耿于怀的，可能是龚鹏程的评论："我读黄先生书，辄为其缺乏中国思想、文学、艺术……之常识所惊"，"技仅止此，便欲纵论上下古今，可乎？"[2]如果从"小历史"着眼，重点检视其论述细节，龚鹏程的说法未尝无据；但若从"大历史"着眼，重点领会其论述宏旨，龚鹏程的评语未免太苛。

黄仁宇对自己会招致的批评，可能早就有所预料，因此对自己之长处和短处作过说明："我的长处是能在短时间浏

1　黄仁宇：《放宽历史的视界》，第 133 页。
2　黄仁宇：《大历史不会萎缩》，第 13—14 页。

览大块文章，勾画其重点，但是生性鲁莽，不计细节"[1]。这话可以从两个角度理解：一是自谦，承认自己治学粗疏，在细节上不免出现瑕疵；一是自傲，认为自己善于把握历史的大关节大脉络，具体细节无关宏旨。黄仁宇也明白自己宏阔而大胆的议论很难得到史实层面的支撑，在《中国近五百年历史为一元论》中声明："我作此文，可以说是没有详细的事实根据去支持一种广泛的批评。可是虽如此，我们也可以用大眼光的逻辑推行，补救这缺点。"[2]黄仁宇彻底地、决绝地批判传统中国的态度，颇使人感到失于片面和绝对，其实他自己对此未尝全无自觉。他在对"洪武型财政"提出严厉抨击后，马上又申明："这种观点只因我们在600年后体会到一个内向和非竞争性的国家，不能适应于外界新潮流之创痛才能产生。"[3]因痛感近代中国之落后挨打，便以西方近代以来

1 黄仁宇：《关系千万重》，生活·读书·新知三联书店，2001年，第30页。承认自己"生性鲁莽，不计细节"的黄仁宇，却又批评"马克思主义历史学家对历史的具体细节缺乏耐心"（《十六世纪明代中国之财政与税收》，第414页），这一点颇耐人寻味。事实上，黄仁宇的学术理路，与他批评的这些历史学家如出一辙，只是作为研究出发点的先行观念迥然不同。

2 黄仁宇：《放宽历史的视界》，第190页。

3 黄仁宇：《赫逊河畔谈中国历史》，第222页。据他分析，直到万历年间，明朝"与新兴的西班牙和葡萄牙的军事力量直接接触，虽然没有节节战胜，到底闭门自守，仍力有裕如。一直要等到两百年后，西方资本主义的国家在工业革命已经展开的情况下……使明朝以来所提倡的内向性格和非竞争性的组织，无法存在"。他接着说明："我们指出明朝组织的守旧落后，是针对这种缺点而言。倘使不顾它以后的后果，写历史的人也可以把明朝的社会写得值人赏美。"（《放宽历史的视界》第76—77页）

才形成的"在数目字上管理"[1]，去衡量并批评朱元璋创立的财政以及社会和国家体制，指责明代统治者"不能预见到工业和商业在现代国家形成中的重要作用"[2]，这显然不是研究历史的客观的、适当的态度。然而在"为了变革而认识"之学术旨趣的驱动下，黄仁宇却又不厌其烦地反复弹奏这个曲调，这恐怕正是"为了变革而认识"的史学之不可避免的特征吧。

如果抛开"史观"和"史实"的纠缠，仔细体会黄仁宇对明代财政体制的具体评述，我倒觉得不失"片面的深刻"，强烈的批判意识确实使他洞察到明代财政存在的一些体制性缺陷，他提出的一些具体论断也颇有启发性。宏观方面，比如黄仁宇强调明代财政结构特别复杂，他形象地比喻说："明朝政府的收入与支出好像一条流入沼泽的河流，它有无数的分叉与会合。"[3]相较以往朝代，明代财政结构确实更加复杂，至今对其分叉与会合的复杂情形，特别是成因和机理，尚未完全梳理清楚，值得进一步探究。再如，黄仁宇认为"明代的财力要比4个世纪前的宋朝差了很多"，李龙潜曾予以批驳，认为"明代比宋代政府收入多，白银购买力强，反映了国势

1　据黄仁宇分析，英国的历史应以1688年的"光荣革命"为分野，在此时期以前，英国也是一个"不能在数目字上管理的国家"（见《放宽历史的视界》，第73页）

2　黄仁宇：《十六世纪明代中国之财政与税收》，第2页。

3　黄仁宇：《十六世纪明代中国之财政与税收》，第3页。

的强盛"，但其据以立论的数据不尽准确[1]。宋明财力究竟孰强
孰弱，甚至应以什么标准衡量和评估，都是值得进一步思考
的问题。微观方面，黄仁宇也提出了一些值得重视的问题线
索，比如他曾谈道："力差"编银"只是为雇人应役者以及地
方官提供了一种指导性方针，以便在几个应役者之间分摊职
役的财政负担"，纳税人的实际负担要比编银数量高得多，因
此"从所有纳税人中间征收力差钱，并不能被认为是差徭已
经改折的证据"[2]。但在过去的研究中，有些学者并未充分注意
这个问题。近年申斌、丁亮等对这个问题做了进一步研究，[3]
加深了对赋役改革复杂性的认识。

---

1 参看李龙潜《也评黄仁宇〈十六世纪明代中国之财政与税收〉》。笔者觉得
 李先生提供的两个重要数据，可能还需要斟酌：其一，据李先生计算，北
 宋治平二年（1065 年）的收入为 46153 余市石，而明万历六年（1578 年）
 的收入为 47831034 余市石。《万历会录录》所说 1461 万系"复合单位"，
 李先生误认为都是白银，所以他计算的明万历年间数据明显偏高；而他计
 算北宋治平年间数据时，又误以贯除以文，从而低了 1000 倍，实际应为
 46153846 市石。其二，李先生为证明明代海关收入远超宋朝，援引王临亨
 《粤剑编》"余驻省时，见有三舟至，舟各赍白金三十万投税司纳税"，认为
 "每船纳税（包括水饷和陆饷在内）白银 30 万两，3 船共 90 万两"。笔者认为，
 30 万两当系装载的白银总数，而非纳税数额。根据林枫对明代嘉万时期市
 舶税的估计，月港、澳门岁入各约 2 万两（《明代中后期的市舶税》，《中
 国社会经济史研究》2001 年第 2 期），总数不过 4 万余两。
2 黄仁宇：《十六世纪明代中国之财政与税收》，第 153 页。
3 申斌：《明朝嘉靖隆庆时期山东均徭经费初探——基于〈山东经会录〉的分
 析》，载陈春声、刘志伟主编：《遗大投艰集——纪念梁方仲教授诞辰一百周
 年》，广东人民出版社，2012 年；丁亮：《明代均徭役财政负担解析——以
 海瑞〈兴革条例〉为中心》，《西南大学学报（社会科学版）》2015 年第 4 期。

　　断言明代税率过低，可能是黄仁宇最为流行的观点之一。晚明有很多批评税率过高的议论，对此黄仁宇不以为然。他根据一些地方志中的数据估算，直到16世纪之初，"整个帝国赋税的平均水平似乎也不超过农业产量的10%"，"这看起来是很低的"。他认为即使在三饷加派之后，税收也没有达到纳税人无法忍受的水平，"17世纪初期通货膨胀导致物价水平上升了40%，这就意味着税收的增长在很大程度上是一种虚假现象"。[1]黄仁宇对当时人的批驳，未必能够成立。因为当时人的议论是基于对总体税负的感觉而发，而黄仁宇的计算则仅限于额定田赋税率。正如他自己所说明的，"这种估算没有考虑到无偿应役、私派及火耗，也没有考虑到不同于大宗粮食的其他额外收入"；如果加上这些负担，"所谓税收水平低只是一虚假表面上的现象"[2]。可见当时人的议论并无不妥。黄仁宇之所以提出这种批评，目的是揭示明代财政的一个结构性问题，即"由于正常的税收收入不能弥补支出，必要项目开支就要通过其他各种方式来解决"[3]。这确实是一个值得深入思考的问题。后来岩井茂树围绕"正额财政"和"正额外财政"这对范畴，对明清以至近代的中国财政进行了深入考察，认为"在财政体系实行'原额主义'，其结果必然导致各种附加性课征的增大，并会造成财政负担的不均衡"[4]。这

1　黄仁宇：《十六世纪明代中国之财政与税收》，第235—239、410—411页。

2　黄仁宇：《十六世纪明代中国之财政与税收》，第226、238页。

3　黄仁宇：《十六世纪明代中国之财政与税收》，第57页。

4　参看岩井茂树著，付勇译：《中国近代财政史研究》，社会科学文献出版社，2011年，特别是第一章。

可以说是对黄仁宇提出的这个问题的深化和拓展。[1]

　　总而言之，我个人认为，黄仁宇对明代财政的研究及其提出的"洪武型财政"这个概念，既不乏富有启发性的洞见，也不乏以今论古的偏见。他发出这些偏颇议论，主要原因并非他对明代财政体制变化缺乏了解，而是出于要使中国变得"能在数目字上管理"的愿望而有意为之。换句话说，他想通过对明代财政体制的"病理分析"，找出近代中国落后挨打的根源，同时为变革中的中国指明前进方向。尽管黄仁宇赋予"洪武型财政"以浓重的负面意义，我倒觉得也没有必要把这个概念完全抛弃，可以把它变为一个中性概念使用。因为明代财政的基本框架确实形成于洪武年间，并对其后的财政体制变革发挥着"轨道"性的制约作用。

1　岩井茂树在前揭书注释中（第28页注2）提到过《十六世纪明代中国之财政与税收》，但其学术观点是否受到黄仁宇影响，笔者不敢妄断，只是感觉在一些基本问题上，岩井茂树的看法与黄仁宇颇有相近之处。

第八讲

新材料、新问题与新阐释成就学术经典

傅衣凌《明清社会经济变迁论》导读

黄国信

> 在一部两百页的著作里，傅先生提出了至少八个全新的结论，而且结论所依据的史实非常扎实细致，令人叹为观止。……一个学者，一生能提出上述结论的一两条，已经足以在学术史上留下自己的印记，而傅先生一部著作，就有这么多的创新性结论，令读者唯有膜拜。

黄国信，1964 年出生，历史学博士，中山大学历史学系教授，博士生导师。主要研究明清社会经济史，出版有《国家与市场——明清食盐贸易研究》《市场如何形成——从清代食盐走私的经验事实出发》《区与界：清代湘粤赣界邻地区食盐专卖研究》等专著。兼任中国社会史学会副会长、中国经济史学会理事，《历史人类学学刊》《盐业史研究》杂志编委，《区域史研究》杂志副主编。

引　言

1991 年 7 月，《近代中国》（*Modern China*）第 17 卷第 3 期发表了黄宗智（Philip C. C. Huang）的一篇综述性文章——《中国经济史中的悖论现象与当前的规范认识危机》，备受学术界的关注。国内史学理论代表性刊物——《史学理论研究》马上组织力量翻译，并迅速将其刊发于该刊 1993 年第 1 期。随后，国内学术界围绕该文，组织了大大小小多次学术讨论会，多篇谈论阅读体会的文章先后公开发表。一篇关于中国经济史的学术综述，在国内学术界引起如此强烈的反响，可以算是一个现象级的问题了。

那么，黄宗智到底提出了什么观点，引起这么大的反响呢？黄宗智的核心观点是，无论中西，中国经济史研究无一例外，都受"一个规范认识"所左右。然而，这一统治中外学术数十年的"规范认识"，实际不能说明中国经济史的事实，因为该事实中，存在着与此"规范认识"相悖的"多重悖论现象"。

黄宗智所谓中国经济史的"规范认识"，借用的是库恩（Thomas S. Kuhn）《科学革命的结构》一书中的概念。他指出，这一"规范认识"的具体观点是：商品化必然导致近代化。黄宗智认为，这一"规范认识"，贯穿于中国学术界的"封建主义论"与"资本主义萌芽论"，也贯穿于西方学术界的"传统中国论"与"近代早期中国论"。总之，它贯穿了大洋两岸学术界的两代人，也贯穿了斯密理论与马克思主义理论。黄宗智心目中的大洋两岸的两代中国经济史学人，都是古典经济学理论的拥趸，无论是用近代化的概念，还是用资本主义萌芽的概念，大家都一致相信：传统中国晚期，如果需要突破传统，进入近代化（或者说进入资本主义时代），其前提是必须有高度发展的商业化，或者反过来说，有高度发展的商业化，就会引起传统中国的近代化（出现资本主义萌芽）。显然，黄宗智的总结不无道理，毕竟，到今天，国内中学历史教科书里，呈现的仍然是他所说的这种商品化与近代化关系。

但是，黄宗智根据自己的经验研究指出，实际上，这一"规范认识"中，存在着至少四个悖论：没有发展的商品化，也就是商品化的蓬勃发展与小农停留在糊口水平，这是一种没有发展的增长；分散的自然经济与整合的市场；没有公民权利发展的公众领域扩张；没有自由主义的规范主义法制。显然，第三、四两个悖论有点超出经济史的领域。但是，前面两个现象，确实与商品化必然带来近代化的结论相悖。所以，黄宗智的文章，成为当时在国内经济史学界造成现象级影响的综述，是有道理的。

　　不过，我们必须指出，黄宗智将商品化必然带来近代化，当作中国经济史学界的"规范认识"，是有问题的。国内一流的经济史学家，尤其是三位大师级的代表人物——梁方仲、傅衣凌和吴承明当时的研究，就不存在这一"规范认识"。吴承明先生在《中国资本主义与国内市场》（中国社会科学出版社，1985 年）一书中，从商品的二重属性出发，结合二元经济理论，区分了可促进技术进步的分工和基于资源禀赋的自然分工的差别，提出了传统中国的地方小市场、城市市场与区域市场，特产与奢侈品的长途贸易和跨区域长距离民生日用品贸易等市场的差别。他指出，不加分辨地把商业等同于商品经济，把地域与社会分工视为商品经济的必然动力是有问题的，唯有跨区域长距离民生日用品贸易可以为资本主义萌芽准备条件，具备近代化的可能。梁方仲则在《明代粮长制度》（上海人民出版社，2001 年重印本）一书中，敏锐地发现明中叶"商业和商业资本有了'一马当先'的迅速发展——它远远跑在农业或手工业之前，它的发展速度与后二者的是不相适应的。换言之，商业的繁荣并不是建筑在农业和手工业有了相同比例的增长的真实基础之上，而是虚有其表、外强中干的，它实际上乃是一种畸形的发展"。梁方仲指出，之所以出现这一现象，是因为一方面，"统治阶级（包括商业资本家本人在内）从加紧剥削的过程中不断地提高了消费的胃口"，另一方面，国际贸易带来大量白银，导致了"银两、银元势力的抬头"（同上书）。这两方面的结合，使商业活动既成为统治阶级生活的需要，又有了足够的货币媒介，因此，商业发展，商人增多，一部分粮长演变成了商人，为统治阶级的消费服务。显然，1950 年代，梁方仲已经认识到商业资本使产品变成商品的过程，与吴承明后来的市场交换理论在这一点上达成共识。他们的认识，显然一开始就没有陷入黄宗智所说的"规范认识"陷阱。

傅衣凌先生同样没有陷入黄宗智所称"规范认识"陷阱。他的《明清社会经济变迁论》，系统详实地提出了自己关于明清社会经济的理论，鲜明地提出了商品化不一定会带来近代化的观点。

一、傅衣凌先生和明清经济变迁论

傅衣凌先生是中国社会经济史学的开创者之一。他的明清社会变迁理论的提出，是在他此前两个阶段的学术成果基础之上的新进展。在发表于 1982 年第 2 期《文献》杂志里的《傅衣凌自传》里，傅先生总结了他学术轨迹的三个阶段，说明了这一点。

据傅先生自传，他原名傅家麟，1911 年 5 月生于福州的一个小康之家。高中毕业后，先入私立福建学院经济系，后转入厦门大学历史系，开始接触社会史大论战，并在中山大学《现代史学》杂志发表了论文《秦汉的豪族》。大学毕业后，傅先生东渡日本，入日本法政大学研究院攻读社会学，立志研究日本史，但因日本侵华战争爆发，事乃寝。回国后，入福建省银行经济研究室工作，1939年，在永安躲避日机轰炸，"撤退到永安城郊黄历村，在一间无主的破屋里"，他"发现一个大箱子，打开一看是从明代嘉靖年间到民国的土地契约文书，其中有田地的典当买卖契约，也有金钱借贷字据及分家合约等，还有二本记载历年钱谷出入及物价的流水账"，傅先生"狂喜"，因为这些是研究农村经济史的可贵资料。这些材料，让傅先生认识到，"在山区农村……一切的经济行为，差不多都是在血族内部举行的"，"这一点是中国农村社会经济的秘密"。因此，傅先生用这批文书撰写了一批论文，并写成了《福建佃农经济史丛考》一书。傅先生说，"这种引用大量民间资料，即用契约文书、族谱、地方志来研究经济史的方法，以前还很少有人做过，我深感到，这种研究方法，不仅可以进一步开拓新资料的来源，而且还能发人之所未发，提出新的见解。所以，自此以后，我就把它作为我的研究方法之一"。实际上，傅先生正是民间文书研究社会经济史的开创者。他后来的研究新见迭出，与他这一研究方法有非常大的关系。

　　1946年傅先生回到福州，任福建省研究院社会科学研究所文史组组长，研究兴趣开始从福建农村经济史，扩展到商人和商业资本，后来连续发表了关于徽商、陕商、福建海商和洞庭商人的文章，并由此衍生出一个重要问题：凡是手工业劳动者比较集中的地方，阶级斗争比封建农村频繁剧烈。由此，傅先生研究了大巴山区的经济形态，1947年首次发文

提出了手工业中资本主义萌芽的问题。解放后，傅先生继续
围绕此问题展开研究，从江浙的纺织业的工场手工业形态，
发现已出现接近资本主义家内作业的最初生产形态，并且发
现明代江南地主经济，也初步显现出新的经济成分，呈现出
向资本制过渡的阶段特征。这些研究，是中国资本主义萌芽
研究的开拓性成果。学界真正大规模的资本主义萌芽研究，
则在傅先生这一系列研究之后，因《红楼梦》时代背景问题
讨论而展开，并最终成为中国史研究的"五朵金花"之一。
傅先生的资本主义萌芽研究，同样是开创性的。后来，傅先
生的农村经济和明清商人、明清江南市民经济的研究，在国
际学术界产生了重大影响。美国和日本均有译本出版。

　　"文革"结束后，傅先生开始关心中国史研究的另一个
重要问题，这是一个中外学术界都非常感兴趣的问题，那就
是明清以前在世界上处于先进地位的中国为什么会变得落后、
鸦片战争后中国为什么长期处于劣势地位？傅先生认为要回
答此问题，就必须从中国的社会经济结构内部寻找原因，特
别是对十五世纪到十九世纪之间的社会经济结构进行探讨。
经过对明清土地所有制的研究，并结合第一阶段的乡族研究、
第二阶段的资本主义萌芽研究，傅先生最终得出结论，"中国
封建社会是一个弹性社会，是一种既早熟又不成熟的社会。
虽然明清时代社会生产力有所发展，出现了资本主义萌芽，
新思想、新意识在社会上也有所反映，但由于明清时代的阶
级结构，既有阶级对立，又有乡族结合，既有政权的压迫，
又有绅权压迫，既有经济强制，又有超经济强制，既有身份
制与经济权的相对分离，而又抱合在一起。再加上城市市民

与农村关系的紧密结合，使阶级分化、职业分化、城乡分化十分困难。所以，无论是资产阶级前身或无产阶级前身的发展都不够成熟，不是作为独立的工商业阶级出现于社会，而是成为地主官僚的一种附庸。这就使明清已出现的资本主义萌芽得不到飞跃的发展。它常处于夭折、中断之中"。同时，傅先生提醒，鸦片战争后中国资产阶级的谱系显示，有一部分资产阶级的起家，早在鸦片战争以前即已开始形成。以鸦片战争为中国进入近代社会的标志，还应该注意中国内在因素的分析。实际上，傅先生第三阶段的研究，集中体现在《明清社会经济变迁论》这部总结性的著作当中。而且，正式出版前，傅先生还曾在厦门大学和日本用它做过研究生教材，得到了充分的讨论与好评。

二、《明清社会经济变迁论》主要内容

作为傅先生学术的集大成之作，《明清社会经济变迁论》主要内容有哪些呢？傅先生一开篇即在引言部分提出自己的问题：为何3—13世纪中国科学知识水平遥遥领先，却在明清时期出现大逆转？傅先生认为，这需要从明清社会经济结构和明清时期特点来探讨。随后，作者用了五章正文来分析这一问题，最终用一个章节和尾声来总结全书。

第一章正文，从中国历史的早熟性来管窥明清时代的特征。

这一章其实是总起，傅先生在这一章里，总体分析了中国历史的早熟又不成熟的特性及其在明清的表现。傅先生首先指

出，中国历史具有东方社会的某些特点：既早熟又不成熟。此前，日本学者羽仁五郎已认为中国古代氏族制崩溃不彻底，后来被专制主义利用；稻文甫也认为中国奴隶制是种族奴隶，氏族纽带强，很难转变到生产奴隶。故奴隶制发生早，但很难成熟，这种宗法制影响到了封建社会。傅先生进而指出，中国封建社会也是早熟又不成熟，其早熟性体现在：（1）封建时代出现了大统一国家；（2）土地买卖早，甚至出现"一田二主"、"一田三主"现象；（3）农民很早就有相对离土自由，佃户甚至可以归还土地脱佃，来去自由；（4）生产力与生产技术也很进步，如四大发明和水碓、水磨等，以及宋代煤的大量使用和铁的产量增长快等（这是工业革命的条件）；（5）商品生产出现早，商业和高利贷的禁律在中国古代人的道德观念中早已不复存在，货币铸造早，最早使用纸币，白银流通广泛，国内市场发达，城市人口多（当然统治人口多，但工商业也增加了人口），繁华富庶，临清、杭州、清江浦、汉口、岳州等，都是这类市场发达、人口众多的城市。

但是，封建社会的早熟却未能促成它的成熟。

第一，早熟反而增添了它的保守性格，这是因为：（1）大统一由地主阶级实现，他们的保守性和官僚机构结合，使国家专制和愚昧。（2）土地可买卖却不很自由，受乡族势力干涉，地方常恃势强横夺地。与之相反，欧洲只有贵族才有土地，于是聪明人选择经营工商业。（3）佃户有相对的离土自由却又人身依附关系严重。庄奴、随田佃客就是代表；人口增多，提高土地利用率和生产力，但又竞争严重，恶化了劳动条件；移民也没有产生积极经济效果，移民海外的还被外国殖民者压迫、迫害、屠杀，金钱没有在本土生根从而滋长从事新产业，反而转向地主经济的倾斜发展，个别山区移民孕育了资本主义，迁徙却也是自由又不自由，受到当地压迫，仍然隶着于土地。

第二，形成了一个弹性的封建社会。中国社会从氏族制到奴隶制，奴隶制到封建制，转变都不彻底，游牧民再带来落后制度，形成旧制度残余，为地主阶级利用，并适合小生产者需要，因而旧制度保存多。因此，地主阶级对农民的控制，不仅有经济剥削、政治压迫，还利用了奴隶制和村社制残余，再通过庞大官僚机构来控制。通过科举，以名额限制，让地主和商人入仕，充实国家机构。科举出身者有的来自平民社会，熟悉民情，能够不断改革。此外，中央又用循吏和酷吏进行控制，形成极具弹性的封建社会。这一社会容纳了商业、高利贷，商而兼士、士而兼商、农商兼业，小农经济始终有活动余地，使得阶级对立虽然尖锐，却有融通性，不需要生产力和生产关系的剧烈变革。

第三，由于中国历史的早熟性，生产力不断发展，但是，时间上发展不平衡，且区域上多元发展，经常出现矛盾现象，落后地区有进步因素（如山区资本主义萌芽），进步地区有落后因素（如经济发达地区蓄奴）。配合着明清社会经济的变化，出现了新的社会思潮。歌颂人的价值，提倡及时行乐，上下尊卑观念动摇，少凌长之类记载出现，成为各地普遍现象。反映到知识阶层，出现了李贽、汤显祖、徐霞客、黄宗羲、方以智、曹雪芹、戴震、宋应星、徐光启等人，都有追求科学民主的思想，同时耶稣会士还带来了西方科学文化。但是，他们的思想没有生根发展，明清城市没有自治民主气氛，万历自由奔放，雍、乾严肃冷酷，统治者从乡村到城市都布下严密监视网。造船航海技术先进却实行海禁，甚至禁止农民种植经济作物（如烟草），禁止船碓造纸，技术严格保密。同时，商人内部出现坐贾、客商、牙侩分工，大规模联号出现，塌房、廊房、堆垛场、钱铺、金银铺、兑房、交引铺以及簿记、商用数字、珠算，都出现了，但一样得不到发展。白银使用早，但财政意义重过交换作用（体现在粮草折色、田赋加派、商税征收、盐课纳价等上面），大量金银被窖藏，没有发挥促进生产的作用，福建海商在海外也以窖藏为主，破坏原始积累。国家还独占盐铁、茶马交易等事业。

因此，明清历史与整个中国古代历史一样，既早熟又不成熟，死的拖住活的，是一种有相当大弹性的封建社会，不容易突破。

在接下来的几个章节里，傅先生细致地展现了构成明清历史这一特点的诸多表征。

第二章正文，从明清封建社会中的村社制和奴隶制残余来论述中国历史的早熟与不成熟的特点。

傅先生指出，明清社会剧烈变动，但社会结构不变。这是因为明清历史早熟而不成熟，新旧没有决裂，不是从公有制到私有制的完全改变，公私两种制度糅合在一起，封建社会里保留了较多村社制和奴隶制残余。

关于奴隶制残余，傅先生认为，种族奴隶、家内奴隶一直贯穿于整个中国封建社会。两汉官奴婢（如铁官徒等）、私奴婢（如张安世的"内治产业"，"能殖其赀"的七百家僮），以及宋代"耕当问奴，织当问婢"，明代江南"佃户苍头有至千百者"，都是奴隶制残余和变种。造成奴隶制残余的原因有四：（1）地主的压迫，常使自由或半自由农民沦入奴隶地位。宋为客户者，许役其身；明代僮奴佃仆，或为土地束缚，或为躲避剥削，使自己从自由或半自由的农民沦为奴隶，以至上海"几无王民"；还有公家执役转为私家奴隶的，如苍头、部曲、伴当（原为自由人，为避重税或经商方便，投靠于官府军营豪门，为其服役操劳，经商佃田，住田主之屋，葬田主之山，不能自由离开）等。（2）商业资本畸形发展助长了这一倾向。商业资本发达地区，蓄奴最多。江南、徽州、闽、粤，佃仆庄奴制残留最多，蓄养奴仆、义男。（3）北方民族入主中原逼民"投充"。（4）村社制残余对奴隶制残余有保护作用。因为乡族组织和祭祀活动，都需要蓄养奴仆以供服务，所以强大的乡族势力有控制奴仆的作用。家族奴仆是奴隶制残余最顽固的形式，"主仆之分，乃族纲所系"。结果，商品经济和村社制残余搞乱了阶级关系，奴隶制残余如义儿、义男、假子，都披上宗族外衣，加上乞养异姓，规模颇大。

但是，这些贱民阶层，一方面主人可将其作为财产偿还债务，另一方面他们又可以赎身出籍，可以自由经商，有离土自由，有私有财产，可以购买、继承或出卖土地，可以出租土地，收取地租，甚至可建立宗祠，标识封建特权。这说明身份制与经济权有分裂又有抱合。而且他们可以借助主家权势欺压其他平民百姓，成为豪奴，成为官僚制与绅权的补充力量，可以参与地方政治，充衙役。挂名僮仆者，十有二三，阶级分化极为不易。

关于乡村公社残余的形成，傅先生指出原因大概有以下几种：（1）中国封建制生产力停滞，不能以集约方式实现经济增长，反而是以区域扩大来获致生产量的增加，因此徙民垦荒政策延续并影响到整乡整族迁徙。南方开发就是中原民南下的结果，他们常率宗族乡里子弟们一同移徙，相互扶助，巩固血缘关系，在新地依然构成相当牢固的乡族组织，通过家族同产、乡族共有形式，占领大量土地。乡族关系成为他们结合的纽带，具有支配一切的权力。（2）地主经济不稳定，为保护土地财产，应充分利用族权、神权等"私"的体系来加强统治，所以地主官僚、道学理学家极力倡导敬宗收族，加强村社制残余的社会意义。

作为村社制残余表现的乡族，是民间社会运作的重要形态，其形式与工具主要有：（1）乡族集团不仅是社会集团也是经济集团，他们以祠堂、神庙、会社（比如渡仓、桥会、茶亭会等，或合资或独资经营，有田产，所有权可以继续买卖、转让）为中心，联结成为社会力量，成为政权的补充；（2）乡中农忙时，通力合作；（3）规定生产技术传男不传女，技术因此缺少交流，不能发扬光大，村镇也因此不能成为工业策源地；（4）以风水为由禁止开矿、烧炭，乡族公议或合村公议禁种烟、茶等商品，妨碍生产发展和工业原料供给，此外还禁养河鱼；（5）乡族有私税私捐，如"丁亩钱"。

乡族对经济的影响则主要体现在割据性与闭锁性。这造成了乡村经济单位的自给自足。因为乡族集团保存各地风俗与惯例，借着氏族制的协议方式干涉经济运行。主要表现在：（1）在每个乡镇之间实行独立的度量衡制，纳租单位也照乡例来决定缴纳公赋多少，其效力较之政府法令有过无不及。

（2）控制商业权。市场的成立，有些不是建立在商业和自由的手工业上面，而是为适应乡族集团需要而开辟的，上杭的族墟，广东番禺的秦、钟二姓建立的南冈墟，北方的乡族义集，顺昌县禾口墟的建立、厂租、轮流管理及戏台、茶亭等的建立，都是乡族之举。族墟与祠堂、族庙、戏台混杂一起，巩固乡族集团利益。这些市场常采取阖族共议、众议开墟等形式，无论度量衡、商品种类、贸易习惯及运输权等，都有自己的规定，族与族、乡与乡之间互不侵犯，体现割据性以及与国内市场统一性的矛盾。农村中有不少墟集、道路、桥梁、船渡、茶亭都是地主阶级捐建的，他们掌握了商业、运输、交通大权，保持着自然经济的统治。（3）乡族势力插手工商业活动，出现族商、族工现象。休宁吴氏世代经商，徽州人以商贾为业，经商成为宗族活动的一个重要内容，至于手工业，太原孙氏制铁户七代相传，金华火腿由蒋氏控制。族商、族工都在村镇活动，妨碍市民社会成立，工商业者大多没有与农村脱离关系，徽州族商，贾人祭酒，一面为族长，一面又是商界领袖。结果商业资本越发达的地方，乡族势力越强大，贞节牌坊多为各地之冠，新事物成为旧事物的保护者。（4）对于财产权外移积极干涉，"产不出门"，财产出卖，优先族人。（5）乡族财产制——学田、义田、族田发达，对乡族进行考试奖励、筹措械斗资金都起了很大作用。

村社制残余对明清社会的影响则主要表现为：（1）地主阶级采用乡族伪装，制定乡约，如"蓝田乡约""南赣乡约"和"十家牌法"等，村社制残余在地方政治舞台上起重要作用；（2）上层士大夫结成朋党，下层民众结成会党，工商业者和农民则发展出会馆、行会，保护自己所在行业和地方小集团的平均发展，扼杀新生力量。

在第三章正文里，傅先生重点从明清各阶级的社会构成来论证中国历史的早熟与不成熟性。

他指出，十六七世纪到十八世纪，资本主义萌芽对阶级结构有影响，从事手工劳动和种植经济作物的农民、手工业者和商人，按马克思主义观点，有一部分可能是资产阶级和无产阶级前身。当时，江苏吴江出现"佃棍"，抗租肥家，雇工耕耨，形成新的生产关系，即地主、佃富农和雇工之间的关系。山区棚民，则一直与商品生产发生关系，依山种靛者，大多被称为商而不是农，这些租地农，带有商业资本家的性质。商业和商业资本也很发达，大大小小商人集团著名者颇多，他们谋取大利，并投入生产，还控制生产。休宁商人朱云治在福建经营制铁业，使用佣工开采铁山，这可能是工场手工业。他们还把米银预贷给山中的造纸者，苏州机户与织工也是这样的关系。但他们没有发展出成熟的资本主义关系，因为笼罩在封建宗法的温情脉脉的面纱下，他们之间有一种宗法或信仰的结合纽带。甚至并非土地占有者的一群人，也可以依靠族大丁强，成为地方上的特殊力量。这也说明阶级分化很困难。在这样的总体趋势下，当时的阶级关系有五个特点：

1. 既有阶级对立又有乡族结合。如上文所述，明清时期，阶级关系不是很明显，徽州小姓如李、汪、巴三姓的贺节，显示出对大姓的身份性隶属关系，即阶级关系隐藏于乡族关系阴影之下。洪武五年"佃见田主，不论齿序，并行以少事长之礼。若系亲属不拘主佃，则以亲属礼行之"，清朝亦同。阶级对立中有乡族的结合，地缘和血缘的乡族结合，混淆了阶级关系，等级森严的阶级对立，披上了温情面纱。同时还有最搞乱阶级对立的拟制血缘关系，异姓亦可以称族，以海为姓，以同为姓等等，将血缘等于族，扩大到地缘等于乡，地位极重要。日本学者称此现象为共同体，傅先生则称为乡族势力，认为他们或以祠堂或以神庙或以社团为中心形成特殊的社会势力，有自己的物质基础，有不成文法律——族规、乡例等，干涉乡村经济生活，让族人迁徙不自由等。还以族规处置族人，比如对同姓相奸的处置。又有学田、义田等，相互扶助，使大家联系紧密，因而各阶级难于独立成长。

2. 既有政权压迫，又有绅权压迫。封建政权以里甲、户籍统一管理人民，地方又有身份性地主和非身份性地主。食土而不临民，一般官僚都是地主，形成一种特殊的绅权，代表乡族势力的某些色彩。官僚制与地方制结合，成为国家专制的助手。还有似绅非绅的土豪恶霸，如"方巾御史""白衣中书""圆头乡宦"等，百姓畏惧。但是绅权一方面倡率义举，正己化俗，不侵占人田园，不强买人产业，有利于地方之事，极力向"公"祖父母开陈，以"私"的地位，积极维持稳定封建社会秩序；另一方面则直接与政权结合，具有法典的性质，宦干登门，猛于公差，任意奴役人民，如征夫栽田、乡人送柴等等，政权与绅权明显结合。

3. 既有经济强制，又有超经济强制。本来，封建社会应该是地主垄断土地，征收地租，独占生产工具和生产技术。但明清中国地方对佃户则有超经济强制，如纳租、交杂派（鸡蛋、柴薪、红白扯手、租膳、备办祭仪、挂红礼银、取村礼、断气钱、出嫁回娘家劳动等），甚至具有某些刑罚权，如置水牢。并且天下水利、碾碨、场渡、市集无不属之豪绅。超经济强制还包括禁止人民竿钓、摸鱼、种植经济作物等。

4. 身份制与经济权的相对分裂而又抱合一起。明清中国，地主"富不过三代"，经济权与身份制分裂，但低层士绅有上升机会，一旦地位上升，身份制与经济权又结合起来，如范进中举，马上有人送田产、店房、投身为仆求荫庇。此外，下层贱民亦可买地，进一步说明身份制与经济权既分裂又抱合。奴仆、佃仆、伴当，可以起家为富翁，使得阶级分化、阶级对立纠缠不清。身份制与经济权的相对分离，颇不利于财富的积累，不足以使财富积累结成新的社会集团。

5. 城市居民与农村关系紧密结合。中国城市是封建地租的集中地，不是单纯商业中心。城市居民身份复杂，地主和工商业者以及下层官吏等，为瓜分封建地租而聚集在一起。族工族商、整乡整族为商为工造成城乡之间紧密结合在一起。徽州的商人、惠安的石工均如此。福建四堡的书坊，为邹、马二姓垄断，他们成为农工商结合的乡族群体。商品交换与自然经济混在一起，彼此渗透，中国城市里的工商业者没有和农村绝缘，商业资本容易与土地资本结合，削弱了行会在城市的作用，城市反受乡村势力影响。会馆既代表工商业者，也代表乡族地缘。而城市的主要商业大权是操在大官僚手中的，盐铁、当、行商，都是官商，如明末苏松商业归徐阶和董其昌等家独占。明清两代不在乡地主多，他们身在城市仍有大量地租收入。坐贾向地主租地扩建铺户，仍未能摆脱地主控制。明清中国没有城市自治，没有商人财产权，政府可以剥夺商人财产。当时的中国社会里，宗族活动广泛，即使白莲教也是宗族结合。滦州石佛壁王姓即是白莲教世家。

第四章正文，傅先生转入明清土地所有制下的地主与农民，从他们的经济活动来分析中国历史的早熟又不成熟特征。

傅先生首先分析了地主经济。他指出，在中央集权制下，天高皇帝远，实际上地方分权，土豪、士绅是地方上主要政治和社会力量的代表。在这样的背景下，地主主要有两类：身份性地主和非身份性地主，但绝非固定，可以通过科举、捐纳等转换流动。他们掌握土地，田不在官而在民。（1）地主土地所有制形态有三种：皇帝所有、贵族（含官僚、寺院、低层绅士）所有、一般地主（含商人地主和乡族地主）所有，还有部分国有土地，前三种本质是私有制。地主经济是掠夺经济，靠土地榨取地租。（2）明代有大量大官僚地主，如藩王，动辄数万顷，还有高官如徐阶动辄数十万亩，一般的以万亩计者不计其数。清军入关后大量占地和圈地，低层士绅也占地不少，因优免差役，便于集中土地，加上粮食商品化趋势扩大，便于他们积累地租，扩大地主经济，形成土地的流动，以致富益富，贫益贫。尽管地权频繁转移，但地主经济却未动摇。（3）非身份性地主是土地所有制主体，它是小农经济的产物，又和商品经济有联系。他们在地方上掌握经济政治大权，豪霸一方。他们的表现形式体现在多方面：与商业资本结合、与乡族势力结合，彼此之间有区别有结合也有矛盾。常熟谭晓、谭照兄弟有地数万亩，湘潭周氏田兼四县，桂阳州邓氏田舍数十里相望。小块土地所有者或租佃者则不断加入地主行列，他们很懂安排生产，调整关系，使地主经济坚韧有力。商人地主以积谷称富，乡族地主以义庄、祠田、族田、祭田出现，是主要形式之一。（4）以上情形的结果是，大部分地租在城市集中，城市较大的工商业或者被国家独占，或者被大地主、大官僚垄断，即便是基于商品流通而发展起来的市镇，也有不少是为国家税收目的而设立的。所以城市的支配权不在工商业者手中，而是在地主和士绅之手，城市失去了反封建作用。因此，地主经济中包含有商品经济因素，但地主又努力让食谷、酒醋、膳食、衣布在家族内分配。甚至在广东沿海，白银虽已广泛使用，但也被地主压制。无论如何，随着商品交换的繁荣，地主还是插足于工商业活动，或以末起家，以本守之，或以农起家，以末辅之，农商兼营。这种情况遍及全国。徐阶如此，其他地主也如此。商品经济使一部分地主成为大经营地主，如河南杞县张氏，在地租份额、耕种方法、会计管理等方面都形成了完整制度。（5）即便如此，诸子均分制、农民反抗以及地主的浪费和奢侈生活，又使得地主经济不稳定。

另一方面，农民则包括自耕农、佃农和雇农，但主要是佃农，他们是小生产者，有自己的独立经济。农民生活很艰苦，他们要交地租，还要交纳实物贡献，以及服役和各种贡献附租。另外，还有与奴隶制残余结合的租佃形态，如庄仆、佃仆、世仆、世佃等，要服各种劳役，如抬轿、婚丧杂差、作喜娘等，生活艰难不得不借高利贷。国家又有苛重赋税，地丁、漕粮、耗羡以及州县杂差等。但是，农民有相对离土自由，商品生产在农民经济中比重增加，他们采取劳动密集型经营方法，提高了生产总量，并在与地主的斗争中，获得部分土地所有权，"一田二主"、"一田三主"现象出现。佣工也得以普遍使用，湖广甚至出现客户强于主户的现象，更重要的是在山区，棚民、蓝户、菁客、麻民、靛户等，虽然实际也是佃户，但生产的都是商品性很强的作物，必须去市场出卖，不是自给自足，从而使中国农业资本主义萌芽首先从山区经济作物开始。不过，农村是由一家一户组织起来的小村子，与外界没有多少联系，作为一个阶级，农民无所作为，即使"一田二主"，也容易向地主转化，即使出现货币地租，反而使他们隶属于土地，失去货币的意义。农民离土的相对自由，加上人口激增，雇工人数多，各地人口过剩，恶化了雇工的劳动条件，使流入城市的农民同样无法寻到雇主，苏州即如此。这使得农民组织的"打行"组织反而与封建势力勾结。农民的平均主义思想使他们在改变环境后追求豪侈生活，科举制也吸引小农阶层加入。乡族的婚丧迷信消耗，也给予农民经济极大威胁，使其难于蓄积原始资本。

第五章正文，傅先生从生产、交换和市场来讨论明清历史早熟又不成熟的特征。

首先，关于生产，傅先生认为，明清开始有一部分为工业生产原料和为市场需要而生产的农业，农业生产多种多样。稻麦、高粱、番薯等新品种普及，棉、麻、苎，蓝靛、红花等手工业原料，烟、芋、蔗、果树、花草、茶、油料作物等，都得到了发展，这促进了农产品加工和手工业的繁荣。同时，手工业生产开始出现脱离农家副业的趋向。松江棉布业，江西陶瓷业，闽浙赣山区造纸业、制茶业，都有显著的发展。

此外，煤铁的生产规模也很大。

在农业和手工业如此发展的基础上，交换与市场也开始发生变化。傅先生认为，交换需要白银，所以，银矿得以大量开采，同时美洲白银的传入，加上水陆交通发达，出现全国性商路，大量商人聚集的地方开始涌现。徽商黄汴《一统路程图记》记载了全国商路。国内市场初步形成，江南城市发展最快，全国内地市场、墟集星罗棋布，著名镇市应时而生，湖北刘家隔、江西樟树、湖南洪江、湖北汉口、江南盛泽、广东佛山等，有的已超出地区性限制，与全国各大都市发生联系。此外，还有与少数民族交换的马市和木市。

在此基础上，商人集团兴起。商人为扩大市场，改善经营方法，加强了商业组织结构，其中伙计制度值得注意。这一制度之下，挟赀者为财主，代人持筹者为伙计，有掌柜（头掌、二掌、三掌等）、铺伙（负责各种杂务），还有专门会计人员，如主计。贾人祭酒则作为商业领袖。同时，商业教科书大量出现。商人资本规模也在增加，从数十万两到数百万两到三四千万两不等。但他们的主要财富与国家财政的盐业、军需有关，大多数也与农村和乡族保持密切联系，体现出明清商业的特殊性质。此外，还有强大的海商，因而在海外形成了特殊华人区。他们引进的白银，对国内商品流通和沿海商品性农业和手工业发展起促进作用。从明代中叶起，各地人民的生业结构明显变化，出现农工商结合现象，人们的饮食、服饰、住房、婚嫁、游乐等社会风气也发生转变。观念上，从好殖田产转向竞趋工商，出现崇奢黜俭和工商皆本的思想家。

在这样的背景下，城市经济出现了两种类型：（1）开封型消费城市，这是地租集中地，城内王府林立，工商业主要为地主服务，城内手工业生产也主要是奢侈品生产；（2）苏杭型城市，工商业比重大，产品面向全国，与此类似的，还有直接与工商业生产相关的新兴市镇，如盛泽、枫泾、王江泾等。

随后，傅先生对全书进行总结，提出倾斜型的明清社会经济的概念，并归纳中国资本主义萌芽的历史道路。

傅先生认为，首先，宋元以后尤其是明中叶以来，中国的商品生产有了巨大发展，逐步瓦解封建经济结构，为资本主义萌芽提供了首要的历史前提。其次，人口急剧增长，大规模流动，开发了山区，促进了个别山区经济新因素的成长。第三，频繁的农民战争解放了部分生产力，但农民成分复杂，其宗教关系、会党组织和乡土关系，与地主有千丝万缕的联系，使其失去了独立性。城市斗争同样复杂，有时反而造成经济破坏，常常使经济处于夭折、中断状态。这使得明清资本主义萌芽形成了一条独特的道路，具有自己鲜明的特点。这一特点可以归纳为下列表现：经济落后的山区出现资本主义萌芽，并且规模大，投资者一般是商人。在一个资本家指挥下，集合大量劳动人口，形成分工较多的手工工场，但是，交通不便，稀疏点缀，无法扩大再生产，容易中断、夭折。同样，平原的制烟业和制糖业也同样易发生夭折。

这一特点的形成，取决于明清经济的三组不平衡关系：地区发展不平衡，人口增长与生产发展不平衡，消费和积累不平衡。首先，地区发展不平衡，或者说城乡发展不平衡。新因素出现的城镇周边地区没有促进新经济成长的环境，出现资本主义萌芽的山区更是远离市场。其次，人口急剧增长，且集中于经济发达地区，对经济成长相当不利，导致劳动力供过于求，社会生计益加困难，消费掉大量财富，恶化雇佣劳动者的劳动条件，不利于雇佣劳动的发展。第三，工商业者对奢侈生活的追求，同样消费掉大量财富，导致资本积累少。这三组不平衡，使中国封建社会晚期形成倾斜型经济形态，并且手工业生产过程分散，流通也不集中，资本主义萌芽遂中断、夭折。唯有沙船业、洞庭山严家兄弟二人、广州的一批中药制造行、佛山和南京的纺织业、宁波通久源轧花厂，以及北方的山东博山玻璃制造、晋东南的制铁业、本溪和烟台的煤矿，以及四川自贡自流井等，出现了新经济因素，并且得以在近代继承。因此，无论东南沿海，还是内陆山区，无论煤、铁等重工业，还是玻璃、纺织等轻工业，一部分近代资本主义企业，实际上，是对明清资本主义萌芽的继承。但这些企业，仍有浓厚的封建性，采用"放料"等经营形式、把头等管理制度，不喜欢机器生产技术，等等，均使得旧的拖住活的，发展极为缓慢，最终为外力阻扰，中国转落为半封建半殖民地社会。

最后是尾声。

傅先生再次强调了三个观点：（1）乡族势力与官僚制度构成绅权。（2）商人地位提高，地主商人一身兼二任，官绅商一体，影响城市人口构成、阶级分化和工商业者的性格，也影响农村经济与城市经济，二者相互依存，城乡不分。不少工业区在农村，城市工商业者半工半农，半商半农。（3）儒家思想对明清商人观念的影响，大大限制了工商业活动前景。

　　总结全书内容，可见傅先生通过对明清社会经济的村社制和奴隶制残余、阶级构成的社会特点、地主经济和农民经济、生产交换与市场等问题的翔实研究，探讨了明清社会既早熟也不成熟的特点，归纳了明清资本主义萌芽难于成长的原因，最终回答了为何明清中国从一个领先世界的国家变得落后的问题。总体来说，傅先生的核心观点是，明清社会经济中的一系列矛盾现象，导致旧的拖住新的，死的拖住活的，新因素无法成长壮大，中国遂在这种困窘的局面中，开始落后，并最终使资本主义萌芽经常处于中断、夭折的局面，即使有部分萌芽因素被近代经济所继承，同样也不能真正迅速发展，中国最终落入半封建半殖民地社会。

三、《明清社会经济变迁论》的学术贡献

　　阅读傅先生《明清社会经济变迁论》一书，读者最强烈的感受，应当有二：一是史料的丰富和翔实，细节的多样和精彩；二是全书时时刻刻表现出来的关于明清社会经济的，甚至是作者自己的矛盾、困窘和纠结。关于前者，《中国社会经济史研究》杂志编辑部曾有概括，称傅先生"在搜集史料时，除正史、官书之外，应注重于民间记录的搜集，以民间文献证史；广泛地利用其它人文社会科学学科的理论、知识和研究方法，进行社会调查，把活材料与死文字两者结合起来，以民俗乡例证史，以实物碑刻证史"[1]。傅先生这一研究特点，在

1　参见《中国社会经济史研究》1988 年第 2 期，第 1 页。

《明清社会经济变迁论》中，得到了充分的展现。对此，前人总结甚多，本文不必进一步展开讨论。总之，读者印象非常深刻的是，傅先生对乡村社会经济的材料了解之广泛，绝对超过同时代的学者。众所周知，傅先生同时代的学者，研究明清社会经济史，最主要的材料仍然是正史、政书、文集和笔记，当然也包括地方志，但甚少有人利用到民间文书。傅先生因为抗战时的机缘巧合，民间文献成为其研究的重要史料。正是因为对这些史料的充分利用，傅先生对明清社会经济的认识，远超王朝制度及其落实、运作的层面，而是深入到民间经济惯习（即制度）、组织方式、组织形态、社会关系、运作情形。各种在官方文献和文人文集中闻所未闻的民间经济制度和运作方式，大量呈现在读者面前，这使得明清社会经济鲜为人知的情况，得以活生生地呈现。唯其如此，傅先生关于下列问题的研究及其形成的结论，均具有重大创新。

1. 农业经济没有发展的增长。傅先生指出，农民很早就有相对离土自由，甚至佃户可以归还土地脱佃，来去自由，劳动力人口多且相对自由。但是，人口急剧增长，不得不形成大量移民，恶化了农民的劳动条件，农民不得不采用密集型劳动，最终增加了产品总量，但是农民生活依然相当艰苦。傅先生的这一发现，在 1981 年初给厦门大学学生讲课时即已提出，比明确提出"没有发展的增长"观点的黄宗智《华北的小农经济与社会变迁》英文版的出版时间更早，已接近伊懋可（Mark Elvin）提出"高水平均衡陷阱"理论的时间。

2. 明清土地所有权分化，土地买卖早，甚至出现"一田二主"、"一田三主"现象。这种现象，现在已是学术界的常识，这常识最早即由傅先生等人发现。

3. 明清商业发达，商业经营技术手段、生意人的角色分工、货币形态的发展、商业教育的出现、商人资本规模扩大、农业和手工业生产性质的转变等方面，都取得重要进展，随之而来的是意识形态的相应变化。傅先生指出，明清国内市场发达，形成了坐贾、客商、牙侩的分工，大规模联号随之出现，塌房、廊房、堆垛场、钱铺、金银铺、兑房、交引铺以及簿记、商用数字、珠算等商业技术均应时而生，全国性商路引导图（《一统路程图记》）出版；伙计制度形成，挟赀者为财主，代人持筹者为伙计、掌柜、铺伙、专门会计人员独立形成，还有贾人祭酒作为商业领袖，开始活跃于商界；部分农业开始为工业生产原料和为市场需要而生产，手工业生产出现脱离农家副业现象；白银流通广泛，国内市场初步形成，全国内地市场墟集星罗棋布，著名镇市应时而生，超出地区性限制，与全国各大都市发生联系。商人集团兴起，并改善经营方法，加强商业组织结构；商业教科书大量出现；商人资本规模增加；强大的海商引进白银，促进国内商品流通和沿海商品性农业和手工业发展。这些变化，使各地人民的生业结构和社会风气发生明显变化，从好殖田产转向竞趋工商，出现崇奢黜俭和工商皆本的思想家。这中间有许多现象，属于新制度经济学影响之下的经济史才重视的研究范畴，傅先生早在 1981 年即已敏锐捕捉到了。

4. 乡族的社会经济控制。乡族集团是社会集团和经济集团，它以祠堂、神庙、会社（包括渡仓、桥会、茶亭会等）为中心，成为社会力量，控制社会与经济，并蓄养、控制奴仆，义儿、义男、假子也披上宗族外衣；乡族集团利用族规乡例限制农民迁徙自由，并以族规处置行为不端的族人；乡族还干涉民众的财产外移权，财产出卖必须优先族人；并有乡族财产制——学田、义田、族田发达，在乡族内相互扶助，奖励考试，筹措械斗资金，作用很大；乡族势力强大，成为"私"的因素，能协助国家管理农民，包括政治、社会和经济方面的控制，是明清社会经济中最为显著的力量。乡族集团或者说乡绅的作用，今天同样已成为学术界的共识，需要重视的是，这一明清社会经济史的重要特点，最早也是傅先生发现的。

5. 乡族控制商业权，决定市场运作机制。有些市场的成立，是为适应乡族集团需要，乡族势力控制了市场的度量衡、商品种类、贸易习惯及运输权；族商、族工都在村镇活动，不脱离农村关系，商业资本越发达的地方，乡族势力越强大，且会手工商业活动。按照古典经济学的逻辑，市场是因应产品剩余而自发形成的，但是，历史事实中的市场设置并非如此简单，乡族集团开辟市场并控制市场，是明清中国经济形态中的重要表现。傅先生同样是第一位明确提出这一观点的学者。

6. 乡族与绅权造成不少地方"无地主有封建"。傅先生指出，乡族与官僚势力结合，构成绅权。作为"公"的力量，政权统一管理里甲、户籍，身份性地主和非身份性地主形成绅权。还有似绅非绅的土豪恶霸，一方面倡率义举，以"私"的地位，积极维持、稳定封建社会秩序；一方面直接与政权结合，任意奴役人民。政权与绅权结合，导致明清中国乡村不少地方"无地主有封建"。在这一意义上，"无地主有封建"

的概念也是傅先生最早提出来的。

7. 明清市场性质。正如黄宗智所概括的，与傅先生同时代或者稍晚一些时间的学者，常常认为商品化必然带来近代化。在他们看来，市场是封建的异己力量，市场发达，自然就是商品经济发达，必然引起封建经济的瓦解。但是，傅先生指出，明清中国市场很发达，形成了全国市场。但是，国家独占盐铁、茶马交易等事业，城市较大的工商业或者被国家独占，或者被大地主大官僚垄断，即便是基于商品流通而发展起来的市镇，也有不少是为国家税收目的而设立的。城市的支配权不在工商业手中，而是在地主和士绅之手，市场发达，代表的是地主经济中包含商品经济因素。基于这一特点，即使中国的白银使用早，货币发达，但其财政意义重过交换作用，体现在粮草折色、田赋加派、商税征收、盐课纳价上，并且有大量金银被窖藏。所以，城乡结合，形成了中国特色的市场。中国城市是封建地租的集中地，不是单纯的商业中心，地主和工商业者以及下层官吏聚集在一起，族工族商、整乡整族为商为工造成城乡之间紧密结合，其结果是，商业资本与土地资本结合，会馆既代表工商业者，也代表乡族地缘。而城市主要的商业大权操纵在大官僚手中，盐铁、当商、行商，都是官商。没有城市自治，没有商人财产权，政府可以剥夺商人财产。当然，正如本文开篇所指出的，与傅先生同时代的学者梁方仲先生也有类似观点，认为明中叶以后"商业资本一马当先"。但是，这正代表当时国内一流的经济史学家们都认识到了市场的这种性质，并不是商品化必然带来近代化，而是商品化可以为封建国家和官僚体系所利用。因此，明清市场的性质，大可不必与商品经济和近代化挂钩。

8.山区资本主义萌芽。傅先生指出，在山区，棚民、蓝户、菁客、麻民、靛户等，生产的都是商品性很强的作物，必须去市场出卖，所以，中国农业资本主义萌芽首先在经济落后的山区出现。而且山区商品经济规模大，投资者都是商人，在一个资本家指挥下，会集合大量劳动人口，出现分工较多的手工工场。但山区交通不便，所以萌芽成为稀疏点缀，无法扩大再生产，容易中断、夭折。山区资本主义萌芽论，也是傅先生首次提出的。

在一部两百页的著作里，傅先生提出了至少八个全新的结论，而且结论所依据的史实非常扎实细致，令人叹为观止。显然，这是傅先生利用了大量民间文献的结果，更是傅先生超强的史料敏感力和史料分析能力的结果。一个学者，一生能提出上述结论的一两条，已经足以在学术史上留下自己的印记，而傅先生一部著作，就有这么多的创新性结论，令读者唯有膜拜。

四、傅衣凌先生在矛盾中的反思与展望

正如上文所指出的，拜读《明清社会经济变迁论》一书，除了史料新出、新见迭出外，读者印象很深的第二个特点是，本书时时刻刻表现出来的关于明清社会经济结构乃至作者自己的矛盾、困窘和纠结。

为什么本书会有这样的矛盾呢？其实这是由傅先生研究

时的理论背景所决定的。傅先生研究明清社会经济史，所依据的理论，是马克思主义政治经济学。当时，马克思主义政治经济学引进中国后，有一些庸俗化的倾向。这就形成了当时国内社会经济史研究的一些基本理论结论，主要包括：1.生产力发展必然带来产品剩余，产品剩余必然带来市场交换，市场交换一般在交通发达的码头、港口集聚，这必然造成对封建城市的异化，最终将瓦解封建经济结构，使社会迈向资本主义；2.封建社会作为自给自足的经济形态，自有其地主和农民的二元阶级结构，这种结构必然受到市镇经济兴起的冲击而缓慢解体，最终出现一无所有的雇佣劳动者与资本家结合的新阶级结构；3.封建国家的阶级基础是地主阶级，所以国家为地主阶级服务，建立起暴力工具压迫、剥削农民阶级，社会发展的主线是，农民阶级起来反抗，最终推翻封建王朝，建立起新的封建王朝。同时，地主阶级必然没落，新兴的资产阶级必然在地主阶级的压迫下成长起来，最终消灭地主阶级。显然，在傅先生的字里行间，无可避免地隐藏着这些观点。实际上，傅先生在一定程度上，也默认了这些观点的主流性和代表性。但是，从史料出发的傅先生，又时时刻刻发现这些观点与中国历史的实际不相吻合。所以傅先生一方面承认这些观点在史料上有所反映，另一方面又不得不告诉读者，事情并不像这些观点那么简单：它的每一个结论，都有不符合事实的地方。所以，全书中，"死的拖住活的""弹性的封建社会"一类表达随处可见。傅先生一边说中国的封建社会很早熟；一边又说到封建社会晚期，中国封建社会还不成熟。一边说地主阶级剥削压迫农民；一边又说作为个体的他们来自农民，熟悉民情，能不断做出适应农民的改革，从而保持社会的稳定。一边说地主、农民、贱民有身份制约束；一边又说身份制并不约束贱民的经济权，甚至贱民还可以因为经济权获得社会权。一边说新的因素在产生；一边又说新的阶级关系很难形成。一边说地主阶级采用乡族组织控制经济、控制社会；一边又说乡族集团倡率义举，维护族人利益，使社会有了温情脉脉的面纱。社会上既有阶级对立又有乡族结合，既有政权压迫又有绅权压迫，既有经济强制又有超经济强制，城市居民与农村关系紧密结合，身份制与经济权相对分裂而又抱合一起。一边说生产和交换有很大发展，全国市场已经形成；一边又说这样的市场是为官僚和封建国家服务的。一边说明清在山区甚至平原出现了资本主义萌芽，一边又说萌芽经常处于中断、夭折的状态，不能为工业发展提供支援。

读者初读本书，难免为本书的这种矛盾和纠结所困惑。但是，这不正是傅先生处处与当时的主流社会经济史理论对话的表现吗？这恰恰是傅先生告诉读者，当时的主流社会经济史理论，并不符合中国历史的实际啊！也正是如此，傅先生才能从实际出发，时时处处展现明清中国经济与社会的自身逻辑，从而在一部篇幅不大的著作里，提出上述至少八个开创性理论结论。所以，当读者读到本书的矛盾与纠结时，应该充分体会傅先生真正要表达的思想和理论。所谓山区资本主义萌芽，明显就是在告诉读者，这种萌芽只能一时一事，不可能在周边条件不具备的情况下长期延续与发展壮大，也就是说，这种萌芽是不可能发展成资本主义的，从这一意义上说，这种萌芽，其实并非真正的资本主义萌芽！所谓全国市场的形成，从宏观上说，它是由国家和官僚集团所建构、所利用的，从微观上说，是控制社会的乡族集团开辟的，这种市场性质，怎么可能导向封建社会的瓦解？又怎么可能导向资本主义萌芽，进而导向近代化？这样的矛盾在书中随处可见，无须多举，也无须再作解读。总之，阅读《明清社会经济变迁论》一书，千万不能只看到傅先生的矛盾与纠结，而应该透过这种矛盾与纠结，明白傅先生想表达的真实思想。

其实，《明清社会经济变迁论》一书，不仅透过矛盾的表达，展现了傅先生与当时主流社会经济史观点的对话，同时还明确提出了至少八个重要的创新性观点。而令当时的学者意想不到的是，傅先生此书，还为后来的学术研究启迪了重要的方向。这些方向，正是 21 世纪明清社会经济史研究的热点问题。这里简要列举，以供参考：

1. 大分流与近代化问题。众所周知，大分流与近代化问题于 21 世纪初开始成为中国经济史的热点，至今仍有诸多研究。然而，令人意外的是，虽然傅先生没有提大分流这个概念，也没有直接使用近代化的说法，但是，事实上《明清社会经济变迁论》全书都在讨论明清中国经济的独特走向及其与欧洲经验的差异，并且时时处处在提出出现这些差异的原因。据称，彭慕兰的研究，事实上受到了中国学者的影响，其中是否有傅衣凌先生呢？当然，此事有待求证。但无论如何，《明清社会经济变迁论》一书所论，正是二十年后学界热烈讨论的明清的大分流和近代化问题。

2. 没有发展的增长问题。没有发展的增长问题，自从引进黄宗智的《华北的小农经济与社会变迁》后，特别是其《中国经济史中的悖论现象与当前的规范认识危机》一文的中文版发表以后，就成为国内社会经济史研究的极为火热的问题之一。不过，同样地，1981年傅先生利用本书开始讲课的时候，就已经明确表达了明清中国农业人口急剧增加，农民不得不集约化生产，进而提高了产品总量，但生活却依然贫困的思想。这不就是"没有发展的增长"的意思吗？怎么"没有发展的增长"反而成了后人的发明？当然，吉尔兹的发明与傅先生的发明，应该都是各自独立的发明。

3. 市场运作机制问题。传统中国，尤其是明中叶以后，市场高度繁荣是有目共睹的事实，但市场运作的机制如何？学术界当年关注不多。1990年代，最有影响的研究当数傅衣凌先生的学生，中山大学陈春声教授的博士论文《市场机制与社会变迁》对此问题的探讨。2010年代，则有关于市场运作中民间自组织作用的重要研究。而傅先生在1980年代便已经提出了中国传统市场的组织机制、运作方式，尤其总结了民间力量如何组织市场运作中的度量衡，以及商品种类、贸易习惯及运输权等问题的解决机制，还有伙计制度的运作，货物、货币流通问题的机制等问题。当然，后来的研究自然更为体系化和深入化，但傅先生对此问题的关注和启迪性，仍然非常值得重视。

4. 市场性质问题。傅先生认为明清市场是封建国家和官僚系统利用甚至把控的市场，市场的建立，既可能是乡族集团作用的结果，更是国家为了收税而实施的行为。这和梁方仲先生关于明中叶市场的性质的认识，一起为后来的研究提供了启迪。

5.公共产品供给问题。公共产品供给问题，是近年来国内热门的社会经济史话题，吸引了很多学者的关注。同样，在《明清社会经济变迁论》一书中，傅先生在讨论乡绅以及乡族势力时，大量论及公共产品供给问题。当然，傅先生没有使用"公共产品供给"一词，但他所论及的事实，包括义渡、桥梁、茶亭、仓储、考试费用等等，何尝不是公共产品供给问题呢？

6.基层社会管理、控制与运作问题。这是近二三十年来，中国社会史研究最为核心的问题，傅先生在《明清社会经济变迁论》一书中，花了不少篇幅讨论明清时期的宗族、神庙与会社，成为后来研究的起点和基础。这一点，学术界是充分认同的。

此外，傅先生书中还研究了包括"一田多主"的土地产权问题、商业技术问题、城市经济问题等等，都是21世纪中国社会经济史的热点问题。总之，傅先生的《明清社会经济变迁论》一书，启迪了很多方向的研究，虽然后来很多的热点问题的研究者，并不一定是直接从傅先生的书中得到启发的，但是，这不正是代表了傅先生的超强学术敏感力和预见性吗？因此，认真拜读傅先生的《明清社会经济变迁论》，读者说不定很快就能找到很有意义、很有创新前景的研究选题。

第九讲

百年递嬗的曲折骨脊

陈旭麓和他的《近代中国社会的新陈代谢》

周 武

以『新陈代谢』为旨趣建构近代新史架构，创造性地探寻时而骇浪滔天、时而峰回路转的中国近代社会新陈代谢的内在规律，整体地展示新旧嬗替、沤浪相逐的近代社会巨变的风貌和全过程。

周武，1964 年出生，历史学博士，上海社会科学院研究员，兼任华东师范大学历史系博士生导师。《上海学》集刊主编，上海市民俗文化学会副会长。主要从事中国近现代史、上海城市史和世界中国学研究。已出版《上海通史·第 5 卷——晚清社会》《张元济——书卷人生》《圣约翰大学史》《二战中的上海》等，另有《梁启超社会思想研究》《从江南的上海到上海的江南》《革命文化的兴起与都市文化的衍变——以上海为中心》等百余篇论文发表。

陈旭麓先生 1988 年 12 月 1 日去世，差不多四年后，也就是 1992 年 7 月，他晚年最挂心的一部著作《近代中国社会的新陈代谢》终于由上海人民出版社出版。[1] 这部著作是根据陈先生晚年给研究生上课的记录稿整理而成，由先生的学生杨国强和我共同完成。这部书甫经问世，即不胫而走，好评

---

1 《近代中国社会的新陈代谢》自 1992 年出版以来，不断再版重印，至少已有 8 种版本：上海人民出版社 1992 年版；华东师范大学出版社 1996 年版；上海社会科学院出版社 2006 年版；中国人民大学出版社 2012 年版；中国人民大学出版社 2015 年版；中华书局（香港）有限公司 2016 年版；生活·读书·新知三联书店 2017 年版；上海教育出版社 2018 年版。

如潮，几乎囊括了包括中国国家图书奖、上海市哲学社会科学优秀成果奖一等奖等在内的人文社会科学领域的所有重要奖项，被公认为中国近代史研究领域的一部经典，他本人也因此入选首批68位"上海社科大师"。2017年11月生活·读书·新知三联书店将它纳入"当代学术"系列刊行，影响进一步扩大，成为非常受欢迎的中国近代史导论性著作，长销不衰。书比人长寿，先生七十而逝，但他留下的众多述作，当然也包括这部著作，足以使他不朽。

一、世变中的朝夕思辨

在当代史家中，先生是那种才、学、识兼具的出类拔萃者。早在1942年大学尚未毕业，他就已在贵阳文通书局出版了《初中本国史》，同年又在一家文史专刊上发表了毕业论文《司马迁的历史观》，深得文史前辈谢六逸等先生的器识。1946年随大夏大学"复员"到上海后，先生蒿目时艰，以一个"自由分子"的情感和理性，把积年所学和忧思化作对时局的针砭和对国运的洞见，在《观察》《大公报》《时与文》《展望》等报刊的显著位置上，发表了《我们向哪条路走》《暑假话大学》《戊戌维新论》《中国还需要革命》《论学术独立》《吊"北京人"》《当前的学生问题》等一系列论理条达、笔锋犀利的时论，证明了自己的存在。1949年以后，先生渐渐将平生所学寄之于史，并具体落实到近代史的教学与研究。个中缘因，先生后来曾在《近代史思辨录》的"自序"中写道：

回忆开始发表文章，已是 42 年以前的事，那时不怕露屁股、出丑，在战火纷飞、天地玄黄中，随感而发，什么都写，练习了文字。但自己是学历史的，毕了业，又在学校教历史课，教"中国通史"，渐渐以历史唯物主义为指导，较多地引史或就史发议，把文字归到历史这一行业。在 40、50 年代之交的新的岁月里，多次讲授"社会发展史"、"新民主主义革命史"一类课程，随后专任近代史教学，进入行业的内部分工。近代社会的巨变，时而骇浪滔天，时而峰回路转。国家的前途，民族的命运，人民的疾苦，是那样激励着自己的心弦，便日益以万象杂陈、新陈代谢飞速的近代社会作为自己朝夕思辨的契机。我并不是像思辨哲学家那样由概念推论出存在，而是认真地考察历史的势态，占有资料，从存在去思辨事变的由来及其演进，寻找它的规律。[1]

在此后近三十年时间里，先生在史学的许多领域，尤其是在近代史、民国史研究中都曾留下自己深刻的印迹：他是新中国第一本辛亥革命史专著，第一篇研究宋教仁、邹容、陈天华的论文的作者；他参与主编的 4 卷本《中国新民主主义革命时期通史》，他主持编纂的《中国近代史丛书》和《盛宣怀档案资料》，大都见称于学界；他发表的数十篇论文更不乏凝练旨深的文字，譬如他 1964 年在《新建设》杂志上发表

1　陈旭麓：《近代史思辨录》，广东人民出版社，1984 年。另见《陈旭麓文集》第 4 卷，华东师范大学出版社，1997 年，第 165—166 页。

的《关于〈校邠庐抗议〉一书》一文，从冯桂芬《校邠庐抗议》的版本考订切入，仔细地对比了不同版本之间的出入和差异，[1]并分析其背后的原因，然后再根据它在 19 世纪后期的流传情况，以及时人对它的不同反应，看它为什么人接受，又产生何种政治影响，并以此来论证这部论著的"思想倾向"及思想嬗递的复杂性，开辟出一条从受众反应来反证文本内涵的思想史研究的新路向。其考据的谨严，辞章的妥帖，理路的圆融，是那个时代的论作中极为罕见者。

联系到那时整体的学术环境，应当说，先生已尽了自己最大的努力，做了他所能做和应该做的一切，但与先生的才华和抱负相比仍然是不太相称的。这个时段正好跨过了从 30 岁到 60 岁的黄金岁月，是人的一生中最富有创造力的年华，以他的旧学根底，以他的博学高才，以他的思辨气质，本来是完全可以取得更大成就的，但是，他和许多同样有才华的学者一样，遭逢了一个严酷的时代。"文革"结束后不久，先生应《书林》杂志之请，撰写题为《漫谈学习中国近代史》的文章，向读者介绍和推荐中国近代史读物。文中，先生悲哀地写道：

虽然，近代史和论著和资料书也出了不少，但要举

---

1 这些版本包括 1883 年天津广仁堂刻本，1884 年豫章刻本，1892 年"敏德堂潘校刻"本，1897 年的"丰城余氏刻"本、"弢园老民（王韬）校印"本、"文瑞楼石印"、"聚丰坊校刻"本等，1898 年的"北洋石印官书局印"本、"上海石印"本及冯氏家刻本，1904 年的甘肃官书局刻本。

出几本能够首尾一贯、实事求是、科学地反映近代历史全貌的书来，却并不那么容易。因为这些年来，我们经常处在政治运动的大动荡中，文网甚密，动辄得咎，对同现实政治有密切关联的近代史，只能在设定的框框里说话，要从近代历史的实际出发来写近代史，就会碰到这样或那样的人为的障碍，欲说还休，甚至望而却步。所以过去出的许多近代史，成果固然有，却不庸讳言：大都是眼睛鼻子差不多，没有个性，语言无味。特别是"文化大革命"的十年，惨遭林彪、"四人帮"的荼毒，儒法斗争的伪历史泛滥一时，更无科学历史著作之可言。如果像刑后的司马迁那样写《史记》，在《报任少卿书》中那样满怀愤懑，早就罪上加罪、不知所终了。[1]

从 1949 年到 1979 年，30 年时间过去了，却难以举出几本"能够首尾一贯、实事求是、科学地反映近代历史全貌的书来"，对于一个专门从事近代史研究的学者来说，还有什么比这更尴尬的呢！更可悲的是，先生的"尴尬"，远不只是他个人的"尴尬"，也不只是那时近代史研究的"尴尬"，它从一个侧面反映了那时历史学界乃至整个人文社会科学界的整体状况。

先生真正的学术创造是在"文革"十年那噩梦般的岁月终结之后。

作为亲历过浩劫并从劫灰中重新站立起来的幸存者，先

1　陈旭麓:《漫谈学习中国近代史》，载《陈旭麓文集》第 3 卷，第 515 页。

生曾以"大史震"比拟"文化大革命"给他们这一代学人所
造成的心灵痛楚和精神震撼。他认为，这种痛楚和震撼甚至
比唐山大地震还要来得剧烈，它的震波所及远远超出了"文
革"这一事件本身。先生后来在回顾自己的这段精神历程时
这样写道：

> 中国的革命在 1949 年取得了全国的伟大胜利，随之
> 是民主改革和社会主义改造的伟大胜利。"天翻地覆慨而
> 慷"，它震惊了整个世界，每个中国人都为之自豪。谁知
> 在洒满阳光、由胜利走向胜利的大道上，已潜伏着荆棘
> 和阴霾，竟出现了史无前例的怪诞的"文化大革命"，它
> 几乎吞噬了我们前此取得的胜利果实。这是历史的偶然
> 还是历史的必然，不容我们不去反复思考，纵不能说其
> 中没有偶然，但历史不会有如此巨创、如此深重的偶然，
> 而偶然的积聚和联系又是必然的反映。"文革"这个历时
> 十年的巨祸，除了从肩负历史重任者身上找到教训外，
> 从我们的民族身上能够找到什么，从我们的革命史上能
> 够找到什么，从我们自己身上又能找到什么。如果说"文
> 革"是一场"大史震"，那么它的震波迫使我们去认识社
> 会、认识历史，远远地超过了唐山大地震迫使我们去认
> 识自然。[1]

多难兴邦，殷忧启圣。正是在这种严峻的反思中，先生

---

1 陈旭麓：《对于中国革命史的悬想》，载《陈旭麓文集》第 2 卷，第 152 页。

的学术与思想一步步地逼近一生中的巅峰状态。其论域之深广，成果之丰硕，识见之卓特，不仅超过了他以往的任何一个时期，即使在同时代的学人中也是不多见的。

　　一个人的学术巅峰状态总是透过他深广的论域具体地体现出来的，而论域的深广又最足以考验他的视野和学力。改革开放以后的十年中，先生的论域几乎涵盖了民族反思大潮所涉及的所有重要层面，从近代史的总体架构到具体人物的评判，从中国社会变迁到中西文化比较，从洋务、改良、革命到会党、军阀、政派，从"中体西用""西体中用"到传统、启蒙、中国化，从爱国、卖国、误国到民主、科学、现代化，从京海论争到新旧冲突，从租界的讨论到上海学的构想，从近代"文变"到当代新儒学，从反思到"反反思"……所有这些论域无不有先生的一家之说，而且，越到后来，他的论域就越加广泛，思想的锋刃就越加犀利！这可以从先生的《浮想录》中得到印证，总共 695 条警句断想，1978 年 29条，1980 年 41 条，1985 年起，几乎每年都超过 100 条，尤其是在他生命的最后半年，先后赴北京、合肥、南京、广州等地参加了十余次全国性的学术会议，并在这些学术会议上，分别就"戊戌与启蒙""租界与近代社会新陈代谢""史学的困惑""发挥史学家的良知""史与志""会党与近代中国社会""李鸿章与中国近代化""社会史的崛起""军事与近代化"等专题作了精彩纷呈的演讲，其中大多根据演讲录音或记录整理成文发表。这些专题演讲一洗学界固有的陈词套语，新见迭现层出，每一次专题演讲都激起巨大的回响！难怪学界的同行都说"旭麓先生的学问已到了炉火纯青的境界了"。

　　与论域之广相对应，就是先生推出的成果之多。且不论先生论著的质量，仅据《陈旭麓文集》第 4 卷附录《陈旭麓先生著述系年》所列，先生在最后十年撰述的数量就已是十分惊人的了，单是论文和其他学术性文章就有近 100 篇，平均每年发表十篇，超过了先生前四十年撰述的总和。但是，先生学术成果之多并不只表现在他发表的文章数量上。先生最重要的两部著作——《浮想录》和《近代中国社会的新陈代谢》，以及他主编的《中国近代史丛书》《盛宣怀档案资料》《中国近代史词典》《中华民国史辞典》《近代中国八十年》《五四以来政派及其思想》等极具影响力的著述，绝大多数也都是这十年中完成的。

　　其实，先生晚年之为世推崇，还不仅仅因为他论域之广和成果之多，更重要的是因为他思辨的深邃，识见的卓特。冯契先生曾盛赞先生的"史识"，他说"刘知几谓史家须具'才、学、识'三长，而世罕兼之。旭麓却是当之无愧的'三长'兼具的史家"[1]。先生晚年的著作，建基于深厚的功底，而富深见卓识，发人之所未发，且文采焕然，语多金石，字字珠玑，处处显示出"才、学、识"融为一体的风格。"三长"之中，最重要的当然是"史识"。先生说："史识是治史的眼睛。"又说："不为历史现象所迷惑，不为议论家捉弄，要有一双治史的眼睛。"[2]先生有时也把"史识"称为"眼识"或"通识"。无论"史识""眼识"，还是"通识"，说到底，乃是来

1　冯契：《近代中国社会的新陈代谢·序》，载《陈旭麓文集》第1卷，第130页。
2　陈旭麓：《陈旭麓学术文存》，上海人民出版社，1990年，第1303、1372页。

自历史自身的"问题意识"，是思想与学术交汇的产物。它是
一种历史的视野，更是一种史学的智慧。这种视野和智慧，
既不是从概念推论的"纯思的抽象"中得来，也不是从纪实
与虚构的"具象的抽象"中得来，而是从对古今中外之变的
洞察与思考中浮现出来的，当然还有史家本人的禀赋。先生
关于中国近代社会新陈代谢的历史思辨，关于近代历史进程
标志的概括及其塔形层次演变的分析，关于从"夷"到"洋"
的改称背后的民族心路历程的透视，关于晚清"西学"内涵
的流变及"中体西用"作为思想流派而影响弥久的原因的洞
察，关于"改良派"在不同历史时段里三种分称（维新派—
保皇派—立宪派）的含义的剖析，关于近代史中革命与改良、
爱国与卖国、侵略与进步等关系的思考，关于秘密会党与中
国社会、农民战争与人口问题、军阀与近代社会变迁等复杂
关系的阐释，关于"海派"内涵的界定、"海派"作为一种艺
术风格的特征及其流变的考察，等等，无不是先生卓异史识
的生动体现。与"思而不学"或"学而不思"者迥异，在先
生那里，学术与思想不仅是统一的，而且是相辅相成的，思
想使他的学术富有思辨的魅力，学术则使他的思想更具有力
度和厚度。他的思想是有学术的思想，他的学术是有思想的
学术。

　　"文革"结束的时候，陈旭麓先生已 58 岁，开始"渐入老
境"。胡适在一篇题为《不老》的文章中曾引用梁漱溟致陈独
秀的一封信中这样一段话："当四十岁时，人的精神充裕，那
一副过人的精神便显起效用来，于甚少的机会中追求出机会，
摄取了知识，构成了思想，发动了志气，所以有那一番积极

的作为。在那时代便是维新家了。到了六十岁时，精神安能如昔？知识的摄取力先减了，思想的构成力也退了，所有的思想都是以前的遗留，没有那方兴未艾的创造，而外界的变迁却一日千里起来，于是乎就落后为旧人物了。"梁先生说的是人生的常态，旭麓先生则不然，他六十岁以后，"知识的摄取力"和"思想的构成力"非但没有减退，反而是大大地增强了！他那"方兴未艾的创造"正是从六十岁以后开始的。在"苍凉的黄昏"中，他的学术与思想却有如岩浆奔突、江河澎湃，他以深广的论域、丰硕的成果和卓特的识见铸就了学术人生的最后辉煌。他学术生涯中最重要的，并被誉为新时期"中国本土史学的标志性文本"的《近代中国社会的新陈代谢》《浮想录》都是在"老境侵夺"的日暮黄昏中完成的，无论是对中国学术界还是对先生个人而言，这也许都可以算是一种幸运，但这种幸运之中让人感受到的更多的是先生那一代学人命运的苍凉。

二、"新陈代谢"：近代新史范式的构建

如果说学术创造是先生一生的出发点和归宿，那么以"新陈代谢"的旨趣建构近代新史架构则是他晚年学术的核心。在惯见了三十余年近代史的既成格局之后，先生是有心别开新局的先行者，在这个过程中，先生不仅超越了自己，而且超越了过去一个时代。

然而，近代是去今不远的历史，且它的后三十年与新民主主义革命的历史是重叠在一起的，要重新认识，势必牵动此前数十年中形成的共识或认知惯性，牵动一系列带有全局

性的观念屏障，学术上的难度自不必说，由于它与当代的历史是近亲，还会涉及许多现实的关系。譬如，究竟如何真实地而不是片面地认识革命的胜利和曲折，如何严肃地而不是因袭地对待革命史上的臆说，这是历史本身赋予的任务和现实生活提出的要求，也是建构近代新史架构必然要面对的问题，但要做到这一点，非常自然地要触及对马克思主义的再认识，对历史的再认识，特别是对革命的再认识，其难度是不言而喻的。更何况近代社会的新陈代谢本身是那样的万象杂陈、光怪陆离，正义与非正义，变革与反变革，进步与保守，激进与徐缓，反传统与回归，无不相互扭结，互相渗透。而大量的民族冲突和阶级斗争又往往掩盖和包含着新旧矛盾、交错和转化。这样错综复杂的历史场景，对历史学家而言，无疑是一种学力与智慧的双重挑战！这些都是就客观上的困难而言。实际上，客观的困难之外，史家的主体意识方面也有一个破启"禁锢"及认识上的调整和深化的问题，即荀子、戴震所说的"解蔽"问题，只有解除种种蒙蔽，特别是挣脱线性思维，使思想获得解放，才可能有明澈的眼力，以洞察历史的真相。所有这些问题的累积，就注定了近代新史架构的探寻不可能一蹴而就，需要经过一个相对漫长的时段。所以，尽管先生在70年代末就已提出"新陈代谢"的构想，但直到80年代后期才最后成型。这个艰难的探索过程，主要围绕以下四大环节展开。

（一）革命与改良

革命与改良，是贯串整个中国近代史始终的重大问题，近代中国就是在革命与改良的不断变革中曲折前进的。但前三十年形成的中国近代史架构以革命为叙述中心，在这个分析架构中，改良一直被看成是灰色的、骑墙的，甚至是反动的。到了"文化大革命"，"革命""造反"的高音喇叭日夜呼啸，改良从现实到历史都遭到了更大的歪曲。因此，如何实事求是地论述近代史上的革命与改良的关系，弄清改良在不同历史情境中的作用，就不仅是史学上的重要任务，而且是重新建构中国近代史分析架构的前提。基于这种宏观思考，先生在"文革"结束后就开始重新审视中国近代史上的革命、改良，以及二者之间的关系。1980 年便在《历史研究》上发表了他的长篇论文《中国近代史上的革命与改良》。在这篇重要论文中，先生首先从理论和史实两个层面上重新界定了革命与改良的内涵与外延，并把改良与改良主义严格地区分开来，然后全面系统地揭示了改良在中国近代史中的积极作用，提出了近代社会变革的塔形层次说，认为事物的新陈代谢，绝不是简单的否定和取代的公式，而是一个扬弃和汲取的复杂过程。近代的变革由上层肇始，依次推移，逐级发自中下层，形成一个塔形，一个否定另一个而且像浪圈一样一圈比一圈大地彼此联系着。革命与改良都是想为衰落的中国寻找新的出路，值得大书特书，但作为两股新的政治力量绝不是相等地开展活动，而是随着形势的发展各有其消长和分化组合。在革命兴起之前，改良代表了历史前进的步伐。20 世纪初中国的政治格局出现了两条道路（革命与改良）和三方（革命、改良、朝廷）的角逐，革命成了时代的主角，而保皇的改良派作为新派人物的颜色并没有完全脱落，还有

些号召力，特别是对那些刚从封建营垒中渐次苏醒过来而又
害怕革命的人们。辛亥革命时期张謇等人发展实业所做的努
力，梁启超传播新知识的大量文章和严复介绍西学的许多译
著，都独步一时，启迪了整个一代知识分子，帮助了知识分
子的革命化。辛亥革命后，革命与改良对发展实业表现了较
大的共性。改良除了消极的一面外，仍有积极的一面，有时
积极性还是比较大的。即使是五四以后，许多知识分子囿于
自己的经历，以目带纲地各自提出实业、科学、教育等救国
主张，虽然救不了国，多数还是出于不甘自弃的好心，在黑
暗中以熠火萤光探照自己的去路，终究比安于现状、无所用
心要好。以革命推翻了旧政权，建立起新政权后，采取改良
步骤，恢复经济，变革旧制，以巩固新生的政权，为今后的
发展打下了基础，这样的改良绝不是历史的赘疣，而是革命
的延续和补充。1985 年，先生又发表了《论革命派与立宪
派的同一性》，作为前文的续篇，进一步论证了近代史上改
良的特殊意义和价值，以及革命与改良的同一性。文中，先
生分析了改良派从维新派到保皇派再到立宪派的循环和代谢
过程，以及这三个不同阶段的分称的含义，认为 20 世纪初
革命派与立宪派之间的激烈论争和分道扬镳的对抗形式，实
质上是君主立宪制和民主共和制两种政治模式的争夺。二者
的并峙表现了革命与改良的不同一性和对抗性，但对立着的
双方都要求改变半殖民地半封建社会，又具有同一性。先生
从二者的性质、反帝爱国、思想武器和斗争锋芒等四个方面，
详细地论证了这种同一性。他在论文的最后写道："在历史社
会的新陈代谢中，不同一性和同一性是普遍地存在的。近代

中国社会的新陈代谢突出地表现为两个方面，一是新的取代旧的，如戊戌维新运动，如民国取代清朝；一是新与新的递嬗，前一种新的褪色了，后一种新的跟上来，辛亥之与戊戌是这样，'五四'之与辛亥是这样，戊戌之与洋务也有这种迹象。后一个方面的新陈代谢是推动前一个方面的新陈代谢的。后一个方面的新陈代谢与前一个方面的新陈代谢有很大不同，它们有某种亲缘关系。"[1] 围绕革命和改良，先生还写了不少论文，如《光绪略论》《"戊戌"与启蒙》等，从不同侧面分析了改良在近代史上的各种作为。通过所有这些论文，先生创造性地还原出改良的历史面目及其在近代史上应有的位置，体现出近代史研究中的一种新思维。这样就在事实上动摇了以革命为中心的近代史分析架构，以"新陈代谢"为旨趣的近代新史架构已呼之欲出了。

（二）国家与社会

建立近代民族民主国家，曾经是所有不甘沉沦的民族精英力追不舍的目标。在追求这个目标的过程中，虽然在民主模式上有君主立宪与民主共和的分野，在达到目标的手段上有激进与温和的差异，但在终结帝国时代的君主独裁这一点上，却是一致的。这种一致，曾经合力地促成了中国从帝国到民国的转变。但进入民国之后，民主国家体制并没有真正地确立起来，民国迅速地走样、变形，以至于鲁迅在民国创立十多年之后就感叹民国的来源已经"失传"了！新民主主

---

1 陈旭麓：《论革命派与立宪派的同一性》，《陈旭麓文集》第 2 卷，第 135 页。

义革命胜利和社会主义改造完成之后，又遭遇到严重的挫失和曲折，甚至出现了史无前例的怪诞的"文化大革命"。这究竟是为什么？根源在哪里？不解释这些根本性的问题，就无法揭示近代历史的真相。先生认为，单从国家或政治层面出发是找不到这些问题的症结所在的，应该放宽历史的视界，从近代社会的变迁中寻找，而国家与社会的非同构性乃是其中的关键。

与静态的、具有很大凝固性的传统社会不同，中国近代是一个动态的、新陈代谢迅速的社会；和西方从中世纪到近代是通过自我更新机制来实现社会变革也不一样，中国近代社会的新陈代谢在很大程度上来自接踵而至的外力冲击，又通过独特的机制变外来为内在，推动民族冲突和阶级对抗，又反映为一浪高过一浪的新旧冲突。所以，中国近代社会的演变有很大的特殊性，具体表现在两个方面：一是新陈代谢的急剧性，这种急剧的程度是中国传统的静态社会所不曾有过的，也是西方社会由传统向近代演变过程中所不曾出现过的。这就意味着中国近代社会演变的不成熟性，这种不成熟性给后来的革命和建设带来了极大的困扰，也从根本上制约了近代国家体制的确立。二是近代社会上层体制、政治思想的演变是迅速的，而社会生产、经济结构尤其是乡村社会的变迁则是缓慢的。在政治思想上，我们似乎是胜利的，但胜利又是不巩固的，广大的处于底层社会的芸芸众生从意识到生活都没有越过小生产的轨道，实现向近代的根本转变。在近代社会里，微弱的资本主义经济和严重的半封建经济同时存在，近代式的若干商业都市与停滞着的广大乡村同时存在，民主、自由、博爱观念与宗法、畛域观念同时存在。近代与传统的并存，构成了中国近代社会显著的特征。这又意味着经济基础与上层体制、国家与社会的严重脱节和不对应性，这种脱节和不对应性导致了上层体制始终处于游垠无根的摇摆状态，无法正常地走上宪政的轨道。

沿着这样的思路，先生致力于近代社会深层结构的探究，撰写了一大批富有深见卓识的论文，如《中国近代社会新陈代谢的若干问题》《秘密会党与中国社会》《军阀与近代中国社会》《农民起义与人口问题》等，这些论文着眼于社会变迁，或从宏观的角度探讨近代社会的特征及近代社会变迁的动力和阻力，或从具体的层面上考察制约近代步伐的结构性根源。在《农民起义与人口问题》一文中，先生论证了人口增长与社会矛盾激化之间的内在联系，揭示出二者之间所存在的正比—反比—正比的矛盾规律：人口激增同地主阶级的加紧剥削和农民失去土地成正比；生产力水平低，人口激增与农民的生活水平成反比；人口激增与农民起义的频繁及规模成正比。人口的适度增长有利于社会生产力的发展，但如果人口过分膨胀，超过了社会的负荷限度，有利因素也会变成不利因素，成为社会前进的阻力，起到延缓社会发展的作用。秘密会党是进入近代前后中国社会的突出问题，先生的《秘密会党与中国社会》一文对这个问题做了深入的研究，指出明清易代以来的中国社会存在着三种社会结构形式：以血缘为纽带的家族组织，以工商业为基础的行会组织和以游民阶层为主体的会党组织。并从中国传统社会后期的整体演变中，剖析了秘密会党成为"第三种社会组织"的原因，又通过三种社会组织的比较，论述了会党社会的组织结构和特征，从会党的秘密联络方式中揭示出这一特殊社会组织独特的思想方式和文化行为，认为"不懂会党，就不会懂得进入近代前后的中国社会，或不能全面地懂得这个社会"。这样的思路和理路，已完全逸出了此前的近代史分析架构的认识轨道和思维惯性，它表明先生的近代史思辨已完成了某种范式性的转换，即由以革命为叙述中心的近代史架构转变为以社会变迁为旨趣的近代新史架构。

（三）近代新史范式的前期探索

为构建以"新陈代谢"为旨趣的近代新史架构，先生还进行过多方面的前期探索和努力。这些探索和努力至少包括四个方面。

一是主编《中国近代史词典》。1979 年先生主编的《辞海（历史分册·中国近代史）》出版后，由于收词少（仅 800 多条词目），释词又过于简略，远不能够满足读者学习近代史的要求，上海辞书出版社乃商请先生再主持编纂一部内容更丰富的近代史词典，以期呈现出近代历史"中外杂陈，新旧并列，既丰富多彩，又复杂畸形"的特征。经过三年的努力，由先生主持编纂的《中国近代史词典》终于编成，于 1982 年10 月出版。这部词典共收了 3000 多条词目，其中既有大量反映时代特色的新词，有不少前代事物继续存在或正在演化的旧词，也有许多同外国有密切关系的词条。这就使得这部词典比许多同时代的近代史著作包含更丰富的内容，"凡流行的近代史著作中的专词大都收了进去，即不常见而在当时产生过政治社会影响的，如'米饭主'、'闹姓'、'单片请安'一类词，或者在通常的近代史上罕见而在民间广泛流传，如'张文祥刺马'、'杨乃武与小白菜'、'杨翠喜案'一类词，也为之收录。以人物而论，共收 1400 人左右，包揽政治、军事、经济、外交、教育、科技、宗教、文学、艺术各界著名和有影响的人物，连八指头陀、王五、小凤仙这样的社会畸人也一并录入。有如《史记》之为'游侠'、'滑稽'、'日者'、'龟策'立传，以反映社会生活的各个方面。"[1] 这些词条都是此前的革命史叙事中被剔除或其少涉及的，它们密集地出现于一部词典中，大大拓展了近代史的知识疆域。不仅如此，这部词典在释词上亦有许多突破，譬如"中体西用"一词，长期被判为"保护封建罪"，这部词典则认为它是中西文化最初结合的方式。所以，这部词典出版后受到读者的极大欢迎，1985 年第 6 次印刷时，发行量累计已达 100 万册，可谓风靡一时。但先生自己对这部词典仍不满意，期待假以时日，在此书的基础上，大加增订，编成一部完整的中国近代史词典。巧的是，最近我在阅读先生档案时，还意外发现了先生草拟的《中国近代史词典补编》[2]，拟增补词目多达数百条，其中有"蟹行文""欧风美雨""德律风""以太""泰西""群学""安那其主义""东文学社""海派""巴力门""镑亏"等，也有"金匮""马贼""汉留""阿注""甲必丹""青皮""包衣""混混儿""海底""银师"等。《中国近代史词典》后来并没有出版

---

1 陈旭麓：《写在〈中国近代史词典〉出版之后》，《辞书书讯》1983 年 3 月 1 日。
2 《中国近代史词典补编》写在一本练习簿上，共写满 19 页。

增订本，但于此可见先生寓目之广，《补编》中罗列的许多条目，即使是今天的资讯条件，准确释义也不无难度。学界盛赞先生思辨的湛深，其实先生思辨的湛深是以他阅读的广度为前提的。

二是主编《中国近代史丛书》。这套丛书以近代史上的重大事件和重要人物为单位，每个事件或人物一本，每本数万字至十余万字不等，是"文革"期间先生借调复旦后主持编纂的，[1]1972年开始陆续出版。"文革"期间出版的以事件为主，"文革"后续编的主要是人物。"文革"期间出版的各书，由于政治风雨的吹打，难免有些风折雨湿之处，但它骨格清奇，文采斐然，与那时充斥于报刊的那种强词夺理、自欺欺人的文字迥异。那是一个文化凋零、学问饥荒的年代，青年人案头的知识读物屈指可数，先生主编的这套书便成了陪伴无数失学青年，尤其是"上山下乡"知识青年度过漫漫长夜的重要读物之一。当时，这套书的印数超过百万，几乎所有具备一定文化基础的青年都读过其中的一种或数种。[2]这套书，后来曾被译为日、俄等国文字

---

1 这套丛书由先生主编，前后共出版32种。但在"文革"期间出版的各书均未署名，"文革"后续出诸书才在版权页上标出"陈旭麓主编"字样。后因人民出版社、上海人民出版社及中国青年出版社等单位编纂《祖国丛书》，其中相关拟目与《中国近代史丛书》雷同。局部服从整体，先生决定将《中国近代史丛书》纳入《祖国丛书》计划，不再单独组织力量续编。
2 参见费成康：《忆旭麓先生》，载《陈旭麓先生哀思录》第103页。

在国外出版。[1]这套书更重要的意义在于，它培养了一批近代史研究的专门人才，丛书中的每一本小册子，大多是作者的第一本书，他们中不少后来都成为近代史研究的名家。这套书虽是普及性、大众化的近代史读物，或许为名家所不屑为，但先生却不愿放弃，直到其纳入《祖国丛书》出版计划为止。

三是主编《近代中国八十年》。写一部豁然贯通的富有个性的中国近代史，是先生晚年的一个执念。这个执念来自他对前三十年近代史研究既成格局的反思，认为过去按照一个模式写出来的两百数十部近代史，许多"只有肥瘦的差异，很少有不同风格和个性的显现"，"读者和作者都腻了"，需要不同风格、不同体例的论著。基于这种需要，改革开放以后不久，先生即主持编纂了一部《近代中国八十年》。这部书在体例上与流行的近代史有所不同，用纪事本末体、编年体和章节体结合的形式，把近代的前80年依次分列33题，题下有子目，每题可独立成篇，但又是前后衔接、首尾一贯的，改变了过去以鸦片战争、太平天国等十大事件各自分立的习惯格局，一依历史自身后浪推前浪的起伏进程记述，注意了事件与事件之间的链条和交错关系，内容上贯串了反帝反封

---

1 这套在特殊年代编纂的丛书，先生自己并不满意，1983年苏联著名的汉学家齐赫文斯基访问上海社会科学院历史研究所时曾提及已把该书的日译本（将丛书中十大事件汇编为《中国近代史》）转译为俄文本。不久后，先生在写给学生的一封信函中提及此事说："他们为什么对这部汇集的书发生兴趣？我看可能是由于正统观念比较合他们的胃口。"见《陈旭麓文集》第4卷，第538页。

建和新陈代谢的旨趣，较多地触及了为革命史叙事遮蔽的思想文化和社会生活等领域的变迁。这个架构出现于流行已久的"三次革命高潮""十大事件"的划一形式后，给人以耳目一新之感，因而大受欢迎，一再重印，成为当时读者了解近代中国的必读书目。稍后，先生又援此体例主编出版了《五四后三十年》，并期望在此基础上写出一部贯串前八十年和后三十年的完整的中国近代史。可惜天不假年，先生于1988年12月遽归道山，未能如愿。

四是主编《盛宣怀档案资料》。一般认为，在史料派与义理派之间，先生更偏向义理派，这是有道理的。先生的确认为，近代中国的行程是曲折而畸形的，创造性地探寻时而骇浪滔天、时而峰回路转的中国近代社会新陈代谢的内在规律，整体地展示新旧嬗替、沤浪相逐的近代社会巨变的风貌和全过程，必须借助哲学的思辨来把握，但他也同样重视更详尽地"占有资料"的极端重要性。所以，他在构建近代新史架构的过程中，并没有忽视史料的发掘和整理。他与顾廷龙、汪熙共同主编《盛宣怀档案资料》就是一例。上海图书馆藏"盛宣怀档案"规模巨大，共有17万余件之多，是一个内容极其丰富的近代史料宝库。由先生领衔的"盛档整理小组"不辞辛劳，历时十余年，对海量的盛档资料进行分门别类的整理，然后按专题汇编成《盛宣怀档案资料》丛刊，共8个专题11册，包括《甲午中日战争（上、下）》《义和团运动》《辛亥革命前后》《汉冶萍公司（上、中、下）》《湖北开采煤铁总局荆门矿物总局》《中国通商银行》《上海机器织布局》《轮船招商局》，是一套近代史研究不可替代的史料丛刊。

此外，他还先后主编出版了《宋教仁集》和《孙中山集外集》[1]。这些史料集的整理出版，无疑丰富了近代史研究的史料库存，为相关研究夯实了重要的基础。

先生晚年所有这些探索和努力，立意和用心都在于把从鸦片战争到中华人民共和国成立的 109 年历史作为一个过渡的社会形态来研究，构建有别于前三十年近代史研究既成格局的近代新史架构，以期更通贯整体地呈现历史自身的起伏进程和近代社会新陈代谢的内在逻辑。虽然这些书籍不能算作先生个人的成果，但从选题的策划到提纲的拟定，从观点的形成到资料的搜集，从体例的安排到文字的润色，无不浸透着先生的心血，明显带有先生个人的学术风格，是他构建近代史学科体系的重要组成部分。实际上，《近代中国社会的新陈代谢》一书也是在这些前期探索和努力的基础上逐步构思完成的。甚至可以说，没有这些基础性的铺垫，或许就不会有这本书。当然，我也常想，一个人的时间和精力毕竟是有限的，更何况先生全面、纵深地展开这些探索的时候已"渐入老境"，如果战线能够收缩一点，也许就可以留下更多类似《浮想录》《近代中国社会的新陈代谢》那样的论著，至少先生走的时候亦不至于有"鸿篇未尽"之憾。

（四）"新陈代谢"说的最后成型

在上述思考和研究的基础上，先生在原有的分析架构之

---

1 《宋教仁集》1981 年由中华书局出版，《孙中山集外集》1990 年由上海人民出版社出版。

外树建了自己的近代新史架构。

　　树建近代新史架构并不是为树建而树建，也不是为了立异以鸣高，而是从"文革"后"最严峻的反思"中得来，是近代史的再认识的题中应有之义。因为按照既有的分析架构编纂的两百多部近代史，"内容单调，读者和作者都腻了，需要不同风格、不同体例的论著"。[1] 随着资料的积累和认识上的深化，特别是对简单化、公式化思维方式的摒弃，树建更切近近代历史真实的架构，乃是学术史演进的一种必然。先生在《关于中国近代史线索的思考》一文中指出：

　　　　我们在50年代讨论近代史划分阶段的标准，正是以唯物史观的阶级斗争为主线，形成以太平天国、义和团、辛亥革命三次革命高潮的递进为构架，这个构架积久渐趋公式化，许多近代史著作只有肥瘦的差异，很少有不同风格和个性的显现，而且被大家援用的三次革命高潮也未必都称得上具有完全意义的革命高潮。这就促使人们对历史唯物主义的再认识，由原来认同的太平天国、义和团、辛亥革命三次革命高潮的线索之外探讨新的线索。[2]

　　改革开放以后，在"三次革命高潮"架构之外"探讨新的线索"逐渐成为近代史学界关注和争论的焦点，并形成全

1　陈旭麓：《关于中国近代史线索的思考》，载《陈旭麓文集》第 2 卷，第 7 页。

2　陈旭麓：《关于中国近代史线索的思考》，载《陈旭麓文集》第 2 卷，第 3 页。

国性的大讨论。在这场波及整个近代史学界的大讨论中，以先生提出的"新陈代谢"说最为引人注目。先生相继在《历史研究》杂志上发表《中国近代史上的革命与改良》和《关于中国近代史线索的思考》等论文，以"新陈代谢"为旨趣建构近代新史架构，创造性地探寻时而骇浪滔天、时而峰回路转的中国近代社会新陈代谢的内在规律，整体地展示新旧嬗替、沤浪相逐的近代社会巨变的风貌和全过程。不仅致力于理论上的阐发，先生还把理论思考所得付诸实践，写出了一系列有个性的近代通史性著作，如先生主编的《近代中国八十年》《五四后三十年》，以及先生撰著的《近代中国社会的新陈代谢》等，与以往的通史性近代史著作不同，这些著作展示了一种新的近代史研究框架和研究方法，不再简单地以侵略与反侵略为主线，而是把近代近 110 年的历史作为一个完整的社会形态来研究，以社会史会通政治、经济、文化、军事等众多侧面。

早在 1959 年，先生就在《学术月刊》上发表了《关于中国近代史的年限问题》，主张将中国近代史的下限延至1949 年中华人民共和国成立。他认为中华人民共和国成立，宣告了中国近代史的结束和现代史的开始。1978 年以后，先生开始深入而全面地反思以阶级斗争为内核的延续了 30年之久的近代史体系的内在弊端，建构以"新陈代谢"为旨趣的近代新史架构，先后发表了《中国近代史上的革命与改良》《论"中体西用"》《中国近代史上的爱国与卖国》《秘密会党与中国社会》等重要论著，虽然这些论著并没有直接讨论近代史的线索，但它们不同于"两个过程""三次革命高潮"框架的"新的线索"已呼之欲出。1983 年,他主编的《近代中国八十年》一书率先冲破了以阶级斗争为标志的"三次革命高潮"的近代史格局,依循近代社会演进的逻辑和历史自身的起伏进程,用纪事本末体、编年体和章节体结合的形式,把近代的前 80 年依次分列 33 题,每题既可独立成篇,而前后又是紧密衔接的,贯串了反帝反封建和新陈代谢的旨趣。继又援此体例主编了《五四后三十年》。1988 年 6 月,先生在《历史研究》上发表的《关于中国近代史线索的思考》,将他长期对近代史线索的思考加以系统化和体系化,主张以辛亥革命、1927 年大革命和中国共产党领导的解放战争的胜利来贯穿中国近代近 110 年的历史。基于近代中国社会是一个阶级矛盾、新旧冲突异常尖锐的过渡形态,他认为"它的线索如果用一句话来概括,可以说是一个变革与反变革、反复推进的时代","研究近代中国社会的线索应分作三个层次来说明:第一、它始终处于大变革的过程,如危崖转石不达其地不止;第二、一个又一个变革的浪头表现为急剧的新陈代谢,螺旋地推进,螺旋特别多;第三、中国近代社会新陈代谢的本质是一步步有限地推向近代化(我使用近代化一词与现代化有别),即推封建主义之陈,行民主主义(资本主义)之新"。其趋向是资本主义世界体系而又形成不了资本主义,是一种社会向另一种社会的大过渡,其核心是汲取与扬弃、变革与反变革反复推进的辩证过程。引进和汲取新的东西——这种新东西,不是传统文化自身的产物,而是西方传来的新的物质文明与精神文明;扬弃旧物,不是简单的排斥,这里面有继承,有批判,是事物的辩证发展而不是发展的中断和停顿。

　　作为一个崭新的近代史分析框架，先生提出的"新陈代谢"说，酝酿于 70 年代末，构思于 80 年代初，而于 80 年代末形成周密严整的学说。这个新体系包含了阶级斗争，但又广于阶级斗争；它体现了经济发展，又包容了政治、思潮、社会、文化等方面的嬗变。它的出现无疑是对此前流行的"两个过程模式"以及由此衍生出来的"三次革命高潮"体系的超越，它标志着中国近代史研究已走出"三次革命高潮""十大事件"的约定格式。先生晚年精心构思的《近代中国社会的新陈代谢》就是他积多年之思探讨"新的线索"的产物。在这本书中，他摒弃了旧的僵化的架构，对近代中国的社会结构、社会生活和社会意识的变迁做了具体深入的考察论证：在社会结构方面，不仅考察了经济结构和政治结构的革命变革，而且考察了农村社会组织、城镇中的行会组织在近代的演变，近代社会中特有的会党组织的作用，不平等条约制度化引起的社会变化，等等；在社会生活方面，不仅研究了物质生活中衣食住行的变化，而且研究了与之密切相关的人口问题，以及政治革命和外来影响如何引起社会习尚的改变，等等；在社会意识方面，不仅论述了政治思想、哲学、文学等方面的变革，而且分析了欧风美雨影响下的种种社会心态，并表现为语言构造上的变化，等等。通过多方面、多层次的分析论证，把"新陈代谢"这一主旨展现为非常丰富多彩的内容，极富思辨地还原出近代社会巨变的图景，从而为中国近代史研究提供了崭新的范式。

三、述作传诸不朽

从 20 世纪 50 年代初期开始，一直到 1988 年 12 月 1 日去世为止，先生以近代史教学与研究为志业，尽管致力于近代史学科体系构建的时间不到四十年，并不算长，但他留下的著述是非常多的。其中有一些不免烙有特定时代的痕迹，这一点先生自己并不讳言，他曾在《近代史思辨录》"自序"的最后写道："'闻道潮头一丈高，天寒尚有沙痕在'，苏轼这两句诗（《游金山寺》），是说长江的潮势涨到一丈高，潮退了，金山的边岸还留下了一道道沙痕。我们的时代像浪潮一样，奔腾起伏，印在人们身上的'沙痕'就是自己的历史，我们不应该去磨擦'沙痕'，应该让'沙痕'作为省察自己的记录。"[1] 正因为时常以印在自己身上的"沙痕"省察自己，先生的研究才始终处于不断超越自己的状态，晚年才能在惯见的既成格局之外别开新局，以丰厚的历史感写出百年递嬗的曲折骨脊，在真正意义上重写了中国近代的历史。

先生早年遭逢乱世，曾在仓皇与颠沛中熟见山河破碎和生灵涂炭，这种经历，以及由此生发的对家国命运的关怀，直接或间接地促成先生学思重心的转变，即由国学转向史学，并具体落实到近代史。后又亲历过十年"文革"，如此巨创、如此深重的世变，不能不使人们从历史中探寻世变背后的原因。与"技艺派"史学不同，他治学的初衷和立意

---

1 陈旭麓：《近代史思辨录》，广东人民出版社，1984 年。另见《陈旭麓文集》第 4 卷，第 168 页。

在于求索百余年来的世路、心路和去路，以及民族苦难的症结。他的近代史转向，以及"文革"后在惯见的近代史既成格局之外别开新局，无不寄托着他深挚的家国情怀。

他又是一个以思辨著称的史学家。他的思辨不是从概念推论的"纯思的抽象"中得来，也不是从纪实与虚构的"具象的抽象"中得来，而是从对古今之变的洞察与思考中浮现出来的。因为思辨，他既见树木又见森林，观风察变，往往比别人要更深入一层。因为更深入一层，他看到的历史就不只是表象的历史，而是前后、上下、左右彼此具有内在关联的历史，是整体通贯的历史。

先生去世已整整 30 年，但他在世变中的朝夕思辨、在思辨中抵达的淹贯之境，至今仍无法绕越。

第十讲

后现代史学思潮下的调适与因应

柯文《历史三调——作为事件、经历和神话的义和团》导读

史晓东

《历史三调》并非一部简单探究义和团运动的一般性著述，「义和团只是这项工作的配角」，柯文所要探讨的，是历史学的终极问题，「我们对过去知晓什么、如何知晓」，并试图回答历史学家在这一过程中饰演了何种角色；历史学家的历史写作，是对过去的重构（reconstruct），还是一次全新的建构（construct）。

史晓东，1985年出生，历史学博士，海南师范大学历史文化学院讲师。主要研究方向为中国近代宗教社会史，在《史学月刊》等学术刊物上发表论文多篇。

引言：柯文的学术旨趣及著作背景

爱德华·卡尔（Edward H. Carr）曾言，"开始研究事实之前，你必须先研究历史学家"[1]。对于产生重大影响力的史学经典而言，尤应如是。

美国汉学家柯文（Paul A. Cohen），1934年生于纽约长岛一个犹太富商家庭，1955年秋成为哈佛大学东亚研究中心研究生，属汉学巨擘费正清（John K. Fairbank，1907—1991）和史华慈（Benjamin Schwartz，1916—1999）[2]训练出的第一批弟子。自1962年起，柯文先后在美国高校任教，并兼任哈佛大学费正清东亚研究中心研究员，治中国史凡

1　E. H. 卡尔：《历史是什么？》，陈恒译，商务印书馆，2007年，第108页。

2　柯文自述，史华慈在治学方面对其"历史观、提出问题的方法影响颇深"。他是费正清名下弟子，后者还在职业生涯规划上给予了柯文大量帮助。见柯文：《走过两遍的路——我研究中国历史的旅程》（以下简称《走过两遍的路》），刘楠楠译，社会科学出版社，2022年，第5页。

60 余载，现虽荣退，仍笔耕不辍。[1] 在导师影响下，柯文最初以近代中、西交互关系为学术进路，在其后的垦拓中，出版了数部具有深远影响力的史学著述，并展现出极高的理论天赋。

1963 年，柯文出版的第一本专著（即他的博士学位论文）是关于基督教在华传教事业及排外运动的专题研究。书中，柯文不仅看到了教会背后的西方文明对中国的影响，还敏锐地注意到中国社会对来华传教士产生的巨大冲击。[2] 在其后的访谈中，柯文提及该书旨趣，"主要的兴趣不是基督教，也不是传教士运动，而是中国近代史"，可见，早在攻博之时，柯文即已深具学术雄心，来华传教士研究，只是其自大洋彼岸观察近代中国的一个学术窗口。柯文 1974 年问世的第二本书，是一本人物专著[3]，通过浓郁基督教背景的士人王韬，观察清末变局。改良与革命的关系、世代变迁与历史变迁的分别、"传统"与"现代"的关系、器物之变与价值观念之变的对立等一系列问题在这本书中均有回应。

此时的柯文，在理论层面，更多是费氏门下亦步亦趋的学徒模样。上述两部颇具代表性的早期作品，明显可以看出

---

1 柯文:《走过两遍的路》序言。

2 Paul A. Cohen, *China and Christianity*: *The Missionary Movement and the Growth of Chinese Antiforeignism*, *1860—1870*, Cambridge: Harvard University Press, 1963, pp. 264—265.

3 该著在柯文成名后引起了中国学者重视，并于 21 世纪初由雷颐等人译介至国内近代史学界。柯文:《在传统与现代性之间——王韬与晚清改革》，雷颐、罗检秋译，江苏人民出版社，2003 年。

柯文深受业师费正清的影响，谋篇布局大略沿用了近代史汉学界深具统治力的"传统—现代""冲击—回应"范式。在研究之中，会不知不觉地过分强调西方影响的重要性。同样，在费正清所编《剑桥中国晚清史》一书中，柯文所执笔的基督教传教一章，也表现出类似取向。[1]

　　另一方面，柯文作为 20 世纪六七十年代的汉学界新锐，后现代主义思潮掀起的学术声浪也时常冲刷他的头脑。在后现代史家眼中，启蒙运动以来建构的理性主义并非天然正确，线性史观也应被列入审判席，尤其反对以某一具体中心（如西欧的、男性的、统治者的、殖民者的）为原点观察社会，转而注重边陲地区、下层社会、边缘群体，如被殖民者、妇女与少数民族等以往被忽略的研究对象。柯文自其中汲取养料，包括诸多灵感、方法、视野，获益良多。激流交汇，也使得柯文的早期作品中，"深层学术框架蕴藏着一定冲突"[2]。在不断的反思和怀疑之中，柯文认为冲突的唯一化解之道，是"直面战后美国 19—20 世纪中国史著作的主流思想框架、范式"[3]，进行全面的反省，通过一部专著，在历史哲学层面阐明这一中心议题。这部专著，便是 1984 年问世的《在中国发

1　中文学界指出该著"回避了传教士东来是与西方殖民主义向外扩张直接有关的事实""把传教士的影响和作用提得过高"，等等，参见顾长声：《传教士与近代中西文化交流——兼评〈剑桥中国晚清史〉关于基督教在华活动的论述》，《历史研究》1989 年第 3 期，第 61 页。

2　柯文：《变动中的中国历史研究视角》，载朱政惠编：《美国学者论美国中国学》，上海辞书出版社，2009 年，第 264 页。

3　柯文：《走过两遍的路》，第 52 页。

现历史——中国中心观在美国的兴起》（以下简称《发现》）。

书中，柯文检讨了美国汉学界 20 世纪五六十年代以来，以费正清、列文森（Joseph R. Levenson，1920—1969）为首的学者建立起来的"冲击—反应"说理论框架。柯文认为，汉学界旧有的研究范式，系欧洲线性史观的产物，"带有浓厚的西方中心性质，这种性质剥夺了中国历史的自主性使它最后沦为西方的思想附属物"，是欧美中心论在近代史中的投射，实质上是"美国史家思想上的帝国主义"[1]。相应地，柯文指出中西文化交流并非总是单向的，强调中国近代史研究，应"密切注意中国历史的轨迹和中国人对自身问题的看法——而不仅从西方历史期望的观点出发"[2]。简言之，中国史学者应从中国发现历史。此书以"挑战性、批判性姿态"[3]，提出了柯文"标签式"的"中国中心观"主张。其观点，大略可提炼为以下四个方面：（1）从中国而不是从西方着手研究中国历史；（2）"横向"将中国分解为区域、省、州、县与城市，精细化，开展区域史研究；（3）"纵向"将中国社会析为不同阶层，并注重下层社会史的研究；（4）引入史学外的诸学科理论、方法，与传统史学分析法相结合。[4]

该著一经问世，即受到学界充分重视，激起广泛争鸣。

---

1 柯文：《在中国发现历史——中国中心观在美国的兴起》，林同奇译，中华书局，2002 年，第 167—168 页。本书后文所引该书，均为此版本。

2 朱政惠：《美国学者论美国中国学》，第 270 页。

3 熊月之：《研究模式移用与学术自我主张——基于"中国中心观"的思考》，载熊月之：《西风东渐与近代社会》，上海教育出版社，2019 年，第 513 页。

4 详见柯文：《在中国发现历史》，第 201 页。

1989 年译介至国内后，一版再版，引起学界"轰动、共鸣和推重"[1]，"引用率甚高，'在中国发现历史'一语几成口头禅"[2]，"几乎所有中国重要史学刊物都有介绍或评论"，"所受关注程度之高，影响范围之广、时间之长，远在一般海外汉学著作之上"[3]。

同时，"中国中心观"，作为一种研究取向，是否妥帖与完备，自其问世之日起，论战就从未停止。有美国学者指出柯氏理论从一个中心到另一个中心，矫枉过正，"往往导致新的扭曲"[4]。国内近代史学界亦不乏方家回应，罗志田、熊月之指出"中国中心论"早有其思想根脉，只是表述不同。此外，该书的研究方法也颇受诟病。近代史向来最重史料，《发现》一书短板恰在于此，从理论到理论，更多是柯文对汉学界学术现状的反思和推演，而非建立在实在的、具体的问题研究之上，宏观建构有余，微观史料不足。

上述批评颇为尖锐，需要指出，这种重理论推演、轻材料实证，也正是一众后现代史家广受诟病之处。这显示出后现代史观对柯文的深刻影响。而事实上，后现代主义思潮对史学的冲击远不止于此。既往，传统史家大多相信史学建构

1　刘斌、张斌：《儒家文化可否开出民主价值——二战后美国中国学界的相关探讨》，《社会科学研究》2007 年第 4 期，第 134 页。

2　罗志田：《发现在中国的历史——关于中国近代史研究的一点反思》，《北京大学学报（哲学社会科学版）》2004 年第 5 期，第 109 页。

3　熊月之：《研究模式移用与学术自我主张》，《近代史研究》2016 年第 5 期，第 9 页。

4　柯文：《〈在中国发现历史〉新序》，《历史研究》1996 年第 6 期，第 96 页。

的过去，或多或少与历史真相间存在对应关系；而后现代史家则宣称，历史学就是阐释学，史学建构的过去，不过是一种高超的技术性叙事，一种自以为真相的东西，而非客观真实。海登·怀特（Hayden White，1928—2018）更直言，历史学家以叙事形式对过去的结构和进程进行解释，只不过是最终属于神话性质的那些骗人的纲要。柯文对怀特和保罗·利科（Paul Ricoeur，1913—2005）等人的思想理论关注已久。《发现》一书在汲取理论养料的同时，也势必在学术取径上受其影响。面对批评，柯文先是坦陈了"中国中心观"在选题应用上存在局限性，也注意到，后现代思潮中较为激进的观点表达在带来新的方法、理念的同时，实际上也消解了历史与文学、过去与现在、真实与虚构间的界线。这使得他不得不开始反思后现代思潮"解构一切"的理念与传统史学的调试与兼容问题。

正是在此背景之下，柯文开始尝试突破旧有理论窠臼，在理论研究的航向上做出根本转变，回归传统史学方法，以一个真实的历史事件为依托，正面回应后现代思潮对经典史学的解构，重新阐明、捍卫传统史家的历史哲学。其成果，就是 1997 年付梓的《历史三调——作为事件、经历和神话的义和团》[1]（以下简称《历史三调》）。

---

1 柯文：《历史三调——作为事件、经历和神话的义和团（典藏版）》，杜继东译，社会科学文献出版社，2015 年。本书下引该书，如无特别说明均为此版本。

一、《历史三调》的内容与脉络

《历史三调》所依托的历史事件，即为国人熟知的义和团运动。先于攻读博士学位之时，柯文即对该历史事件产生兴趣，[1]《发现》一书付梓后，他潜心十年研读相关史料，对山东大学编纂的口述史、回忆录等尤加重视。但显然，《历史三调》并非一部简单探究义和团运动的一般性著述，"义和团只是这项工作的配角"[2]，柯文所要探讨的，是历史学的终极问题，"我们对过去知晓什么、如何知晓"，并试图回答历史学家在这一过程中饰演了何种角色；历史学家的历史写作，是对过去的重构（reconstruct），还是一次全新的建构（construct）。柯文回应后现代史家的方式，本身也颇为"后现代"。不同于历史写作惯用的起承转合，柯文采用了一种新奇的、精妙的书写方式，将全书一分为三，从"事件""经历"和"神话"三个维度观察义和团运动：

"事件"（event），历史学者阐释的历史，历史学家笔下的义和团，有来龙去脉，逻辑自洽，有发端、高潮、尾声，形成闭环的历史叙事；

"经历"（experience），亲历者参与的历史，拳民、传教士等不同群体在运动各阶段的感受和行为，往往是杂乱无章

1　在学位论文最后一章，柯文注意到义和团使清廷陷入了民教冲突的两难处境，"若支持仇外的义和团，就要冒着与外国列强开战的风险；而若镇压义和团，也一样要冒着朝廷内部排外分子离心的危险"。Paul A. Cohen, *China and Christianity*, p. 263.

2　柯文：《历史三调》，英文版序，xxiv。

的，非线性的；

"神话"（myth），神话制造的历史，不同时代的后人，因应时代精神，编织出的义和团神话意义之网。

三个维度亦即《历史三调》之三调。"调"，对应英文单词 key，意为曲调，音乐术语，而在此之外，兼有进入历史之钥的双关意涵。"历史三调"，即指认知历史的三重密钥、奥义、途径，"事件、经历和神话是人们了解历史的意义、探寻并最终认识历史真相的不同途径。"[1] 柯文认为，认知历史，应从历史学家笔下的事件、当事人追忆的经历，以及后世编织的神话三个维度综合把握。

第一调"事件"，为历史学家建构之物。作为认知主体的历史学家已经预知了事情的结果，有所谓"后见之明"（hindsight），具有天马行空般的视野，得以摆脱时空束缚；同时，历史学家的专业素养，也使得他们能够把零散的史料连缀成篇，编织出一幅恢弘的历史画卷。柯文认同后现代理论家埃尔顿（G. R. Elton）的判断，"历史学家成功的秘密'在于事后认知和回推立论'"[2]。在此基础上，柯文进一步指出：

> 每一个重大事件都是由较次要的一些事件组成的，这些事情在另外的情况下肯定会无声无息地消失在历史的长河中，但是，一旦历史学家把它们当作某一更重大

1　柯文：《历史三调》，第318页。

2　柯文：《历史三调》，第8页。

的事件的起因，它们就有了重要的历史意义。[1]

　　这就使得历史学家的叙事，不仅止步于呈现事件来龙去脉那般简单，更重要的，是通过回推，形成线索，建立因果联系，解释它与之前和之后历史进程的某种关联，进而对整个事件加以阐释，为其赋予意义。"对历史的理解和解释，对事情的结果的预知，对于整个事态的全方面的了解"，是柯文眼中治史者"最重要和最突出的特点"。[2]

　　具体到义和团事件中，柯文分析了运动的起源——拳民排外情绪，在 19 世纪末中国华北地区大面积旱灾的背景下，民教冲突加剧；而袁世凯的铁腕手段以及清廷剿抚不定的摇摆政策，则使得乱民进入京津地区后变得难以控制，事态急剧恶化；历经中外开衅、围攻使馆、八国联军进京等历时性演进；最终以流亡中的清廷签订屈辱条约，被迫推行新政，开启近代化变革而告终。柯文以一个历史学家的身份，交待了事件的起源、经过、结局并赋予其历史意义，重构了义和团事件完整而又精要的经典叙事。

　　柯文申言，史家以果导因的倒推技巧是一把双刃剑，极易发生归因谬误，将前后顺序，误归为因果联系，"发生于其后，必是其结果"，从而在不知不觉之间，陷入历史命定论的泥沼之中。比如，在"冲击—反应"说中，西方入侵在前，中国开启现代化在后，这隐约就构成了一种因果关系：

1　柯文:《历史三调》，第 10 页。
2　柯文:《历史三调》，第 15—16 页。

没有西方的坚船利炮，中国历史发展注定将是停滞的，需要由西方带来文明火种方能蹒跚学步，侵略者反而成了"解放者"。与之对应，近代史研究中的革命史观，则一味强调帝国主义侵略，必然会在其后激起中国人民反抗，有了侵略之因，结出反抗之果，继而得出人民是历史的动力。这虽然符合爱国主义叙事的政治正确，但本质上仍是一种简单化归因。这种简单化归因，往往忽视了历史发展中的偶然性因素，比如义和团运动初起时，华北大旱的关键性影响，失之偏颇。而为了避免这种片面，柯文认为还原历史，还需要代入亲历者的"局内人"视角之中，缩小切面，进行更为细致的观察，将历史发展的多重可能性呈现出来。这就引出了本书的第二调——"经历"。

在第二调中，柯文以义和团的主要参与者——底层拳民、来华传教士为视角展开。作为亲历者，置身其中的局内人并没有历史学家那般宏阔的视野，他们无法预见后果，不知道局势将如何演变，未来无从判断，甚至不知道自己能否幸存下来。这种失控感、模糊性、不确定性，会对参与者产生重大影响，使得他们对事态的感知，与事后重塑历史的历史学家，有着根本不同。主要体现在以下五个方面：

1. 行动的盲目性：一方面，由于无法预知结果，经历者并不能做到如历史学家那般理性，他们的行为是伴随着恐惧、愤怒、失望等感性化的情绪做出的应对。另一方面，经历者还需要花费很大精力去应付那些未曾发生的变故。很多在事后看来不甚明智的举动，还原至当时的情境，往往有其内在合理性。

2. 动机的复杂性：以习拳者为例，穷人为了果腹，富人为了避险；心怀愤懑的复仇者有之，贪图热闹的好事者有之，专心习武者有之，通过表演寻求乐趣者亦有之，耀武扬威的自我满足者同样不乏其人。这显示出，经历者在历史情境中的动机是多种多样、难以捉摸的。

3. 历史意义的多歧性：同样一段历史，对不同参与者而言，意义大不相同。亲历者身份各异，认知不同，其中既有文化背景的差异，也有阶层立场的判断，自然会从各自理解、立场采取行动，并在其后为其行动赋予不同的意义。正如义和团无法理解"洋鬼子"梯山航海的宗教热忱，传教士也很难对拳民降神附体的拜物迷狂产生共情。对义和团而言，这是扶清灭洋的自卫；对外国人而言，这是膺惩野蛮人的义举；对大清士绅而言，这更近于帝后政争的闹剧。

4. 个人经历的连续性：历史学家的事件叙事中，个人经历是被有选择地裁剪的。义和团运动中无数参与者，仿佛加入了一场突如其来的历史剧，历史学家的演出开始了，他们被置于前台，而在事件结束后，他们就淡出舞台，不再被提及。柯文认为，被裁剪后、有完整叙事的事件，只是亲历者人生剧目中的一段插曲而已。这段插曲与各乐章衔接，经历人有属于自己的高潮和尾声。而这些连贯的经历，又往往能将毫无关联的历史事件串联起来，却因各种原因，难入历史学家法眼。柯文在此的例子也颇为精巧，他指出，作为事件的美国内战与中国义和团运动显然是缺乏关联度的，但在个人经历上，却能呈现出一种奇异的连续性：1900 年 8 月身陷囹圄的山西传教团之所以最终决定武装对抗，一个原因是，其中一位传教士有参与美国内战的军旅经验，能够为众人组织有效抵抗。

第二部分的正文，是全书的写作重心，柯文的研究围绕旱灾、谣言、死亡和宗教信仰及教众仪式等中外人群所共同"经历"的历史展开。因此，不同于其他两部分，柯文在此一部分的历史写作，就主动放弃了历史叙事的完整性，因地制宜转向了对个体经验的具象观察，通过存世史料——山东大学的采访和回忆录，让亲历者自己现身说法。他则"移情"到局内，以"民族学家抟合田野调查及同情的想象手法，来设身处地理解当时传教士、平民及义和团民的情境"[1]。

第三调"神话"，柯文更多是通过对比反映差别，特别是将历史学家与神话制造者两相对比。如果说历史学家旨在"在尽量占有第一手资料的基础上，尽可能准确和真实地再现过去"，那么，神话制造者所作所为则恰好相反，他们的目的不在于扩大或加深对历史的理解，"而是要使之为政治、意识形态、自我修饰和情感等方面的现实需要服务"。[2]换言之，在神话制造者看来，历史并非客观独立的存在，而是现实的奴仆。他们对历史的评判，因其价值取向而摇摆不定，充满了主观性和片面性。所制造出的神话，在形式上也各式各样，文学作品、舞台剧、影视剧等等，日常生活之中随处可见。进入正文，柯文采用了观念史研究常见的分期叙事法，

1　王晴佳、古伟瀛：《后现代与历史学——中西比较》，山东大学出版社，2006年，第155页。
2　柯文：《历史三调》，第231—232页。

择取了"新文化运动"时期、五四运动后的"反帝斗争"时期，以及"文化大革命"等三个历史切面，来呈现后世人们对同一历史事件评价的变化。柯文通过义和团的神话之旅，呈现"20 世纪中国人观念的演变历程"[1]，进一步说明历史认知的复杂性。

从义和团运动落幕到五四运动，中国社会对这场运动的负面评价占据主流。清廷官牍提到义和团，基本以"拳匪""团匪"指称。持改良主张的报人，同样将之斥为致乱之源、罪魁祸首。民元鼎革后，推崇理性、科学的新文化健将，与西方社会分享了对义和团的负面观感："迷信""排外"为其主要标识，将之视为落伍的传统文化的象征。同时，义和团神话也有一个价值提纯的过程：柯文注意到邹容在《革命军》中对义和团做出的"野蛮革命"的比附，认为这使得义和团运动有了"破坏一切旧物"的意蕴，虽是个例，却也显示出义和团固有的意义空间。

进入 20 世纪 20 年代，评价明显分化。拳乱中非理性的一面，如降神附体等，被斥为"封建"遗毒；而其排外的一面，则被重估价值，拳民开始成为反帝先驱。爆发于此际的五卅运动，在反侵略的价值溯源上，往往与义和团运动并称。爱国主义旗帜之下，迷信者的暴行被原谅了，同时人们开始为义和团因组织及方法不够现代，终致失败的结局而扼腕叹息。柯文指出，价值取向上的争鸣，显示出神话建构的一个重要特质：时代关怀会重建过去，神话内容也将随着时代主题嬗

1　柯文：《历史三调》，第 242 页。

变而改变。柯文特别举出新文化运动的旗手陈独秀前后迥异的价值判断，来说明这种转变。

至"文革"十年，义和团的神话化与20世纪前半叶又有不同。首先，神话的内容大幅增补。如，为符合阶级斗争特殊需要，作为批判刘少奇的武器，原本缺乏影响力的"红灯照"与妇女解放联系起来。其次，历史科研让位于政治正确，义和团神话彻底取代义和团事件，历史学家沦为神话制造者。最后，神话由官方执笔，高度意识形态化，"个人不能再随意为义和团涂抹神话色彩了，人人都得向统一的标准看齐"[1]。

柯文同时总结了神话可信度的问题。他指出，人们在制造义和团神话时，并非杜撰历史，而是通过对史料的选择性萃取完成的。在精密筛选后，刻意夸大对自己观点有利的材料，而对于大量的对立材料，则有意视而不见。如"文革"之中，官方对各色降神仪式冷处理，而对紫竹林之战进行大肆渲染、发掘等。

进入80年代，尽管中国史家逐渐摆脱了学术研究泛政治化的困扰，却仍难跳脱出义和团叙事的两种神话塑造——迷信与反帝爱国。柯文此部分可谓胜论迭出。他指出，对义和团的评判，涉及中国近代文化认同上的核心问题，即面对西方时的两难态度。对于近代中国而言，"好的"现代化与"坏的"帝国主义，是西方的两张面孔，反帝而又抗拒现代化的义和团，为国人提供了不同的价值取向：如果西方被定义为帝国主义侵略者，相应地，拳民就将是爱国志士；如果西方

---

1 柯文：《历史三调》，第287页。

被定义为传播现代文明的文化使者，义和团自然就被斥为破坏文明的暴徒。而如何定义，视乎中外关系而定。简言之，当中外关系缓和，时代精神更为多元、开放时，义和团愚昧、盲动的一面，常被大加鞭挞；而当中外关系紧张、对抗时，义和团又总能成为爱国主义的一面大旗。义和团运动本身有着丰富的解读空间，深具多面性，这使得其更易于被演绎成"神话"，至于何种历史意义被发掘，被呈现，被放大，则取决于时代主题。

通过事件、经历、神话三重认知方式，已被反复研究的义和团运动，呈现出新的历史面相。历史的复杂性，在柯文生花妙笔下表现得淋漓尽致。柯文指出，三种认知方式，也无所谓高低优劣，它们都是进入历史秘境的钥匙，在方法论上有着更为广阔的适用性，并不仅仅限于义和团运动研究。

二、《历史三调》的结构创新与范式突破

柯文坦言，"《历史三调》是我最为引以为豪的著作"[1]。这种自豪无疑是有根据的。出版方认为"无论从内容还是结构上，它的独创性和价值都令人惊叹"[2]。该书甫一问世，即饮誉汉学界，先后斩获"费正清东亚历史学奖"和"新英格兰历史学会最佳图书奖"两项大奖。而译介至国内后，热度较之海外有过之而无不及。相关书评、导读竞相争鸣，作者栏

1　柯文：《走过两遍的路》，第 155 页。
2　柯文：《走过两遍的路》，第 157 页。

中，多有名动中外的大方家数。不同于"中国中心观"引发的褒贬两歧，对《历史三调》的评价总体上以正面为主，"必须承认，柯氏将史学工作者所经历的研究工序及心灵活动抽丝剥茧，娓娓道来，文字易解可诵，文笔优美"[1]。"无论是对义和团事件本身、19 和 20 世纪中国历史，乃至于对史学理论、历史学未来走向等重要议题有兴趣的读者，本书都是一本不容忽略的佳作。"[2] 作为一种新奇的研究范式，青年新锐受其启发，踵足而至、摹其框架者，也不乏其人。时至今日，该书不仅早已成为近代史乃至所有历史学科研究生的必读经典书目之一，影响之广，甚至已超历史学领域：仅中国知网检索所见，就已刊出多篇以《历史三调》为框架、进路的跨学科研究。[3]

　　本书之所以大获成功，无疑与柯文苦心孤诣的精巧布局关联至深。这种非线性结构，与后现代史家书写技法不无渊源。事件、经历、神话，三大部分一目了然，而为便于比较，更好地说明"三调"主旨，柯文在每一部分篇首，均撰写有

1　王晴佳、古伟瀛：《后现代与历史学——中西比较》，第 159 页。

2　黄克武：《评柯文著〈历史中的三个基调——作为事件、经验与神话的义和团〉》，见《反思现代——近代中国历史书写的重构》，四川人民出版社，2020 年，第 205 页。

3　周庆安、王雨薇：《媒介叙事的多元呈现——基于〈历史三调〉的新闻传播研究史学转向思考》，《新闻春秋》2022 年第 2 期，第 12—21 页；再如，郭宝军：《历史与文学之间的焦灼与妥协——柯文〈历史三调：作为事件、经历与神话的义和团〉读后》，《北大史学》2016 年，第 369—379 页；等等，恕不一一列举。

理论性、概括性较强的绪论，以利提纲挈领。再通过正文汇入的具体案例，铺陈史料，充分说理，展示"三调"的各自特点及其异同之处，据以可更直观地说明历史研究的多面性。如本书评审所言，这一结构"可能是迄今为止出版的有关中国现代史的最具冒险性的著作"[1]。

当然，这种冒险也是有代价的，《历史三调》的结构也并非全无瑕疵。需要看到，三大部分占比是失衡的。相较于三个章节的"神话"和五个章节的"经历"而言，仅占一章篇幅的"事件"，显得过于单薄。再从内容看去，无论史料采择抑或事件解读上，第一部分同样流于粗疏，以至于一眼望去，"事件"在篇幅上很难支撑起一个独立的框架。而通过与另一部学界广为推崇的义和团研究专著——周锡瑞（J. W. Esherick）《义和团运动的起源》（1987 年）进行对比，我们不难发现，《历史三调》在文献考证、史实阐释上，乃至"义和"二字的英译、"九头蛇"之类譬喻，大多是在前书基础之上径行移用，只偶有辩诘而已。甚至，旱灾与拳民兴起的观点，很大程度也受惠于这位汉学同行的研究成果。这显示出，在义和团运动历史事实的发现与历史意义的发明这一层面，柯文是乏善可陈的，谋篇布局乃至遣词造句，早被限定，别无新意。一定要指出二者不同的话，柯文更倾向于强调历史的偶然性的作用，强调旱灾的特殊性：没有明确的起始和可望结束的时间；没有可指责的责任人——恐慌的民众在寻求确定性解释时，嫁祸于基督教。这种观点固然见仁见智，但

---

1 柯文:《走过两遍的路》，第 155 页。

柯文在因果建构时，对政治层面的忽略则是显而易见的。近些年，国内学界更为强调"己亥建储"宫廷政治的鼓动及影响。[1] 故而，有学者就评价道，"柯文的讨论拓宽了我们的视野。但是，……他的第一调，即历史事件本身的来龙去脉，尚处于待定状态"[2]。

故而，不必溢美《历史三调》的精巧布局，还应看到结构之外，柯文开阔的学术视野与深层次的学术关照，特别是后者，也是本书饮誉学界的关键。

作为一部依托于义和团运动的史学研究，柯文在例譬之时，汪洋恣肆，除却中国近代史掌故，《历史三调》中还会大量列举西方社会，特别是美国的例子互相印照。如以 1990 年底加州的失业恐慌与 1899 年华北大旱时拳民的焦虑心理做对比。再如，举出 1988 年民主党总统候选人玉米田祈雨的实例，间接说明了中国民间行为的合理性。这种例譬，除了取悦北美读者之外，更多的是柯文史观的转向使然。

《历史三调》一书，在写作之时，柯文曾有意去回击"文化

---

1 较为经典的论述来自马勇，"（己亥建储）引发中外关系紧张和冲突时，政治高层非常不恰当地利用了民粹主义情绪，遂使问题复杂化。"马勇：《由内政而外交——重评义和团战争的一个视角》，《社会科学论坛》2013 年 06 期，第 9 页。这一观点为两岸学界普遍采信，该论文录入后书，见王建朗、黄克武主编：《两岸新编中国近代史·晚清卷（下）》，社会科学文献出版社，2016 年，第 389 页。

2 相蓝欣：《义和团战争的起源》，华东师范大学出版社，2003 年，前言，第 1 页。

本质论"[1]，力证其偏蔽。这一取向宗法师门，史华慈早有判断：

> 中国作为研究主体的价值，不在于它可能拥有的任何独特的异域风情，也不在于它是某些绝对意义上的西方的"他者"，而在于它是人类经历的另一个载体，是一座庞大的实验室，有自己独特的设施，可以用来探索人类共有的困境。[2]

具体到本书，柯文有意识地通过一种跨文化的比较策略，侧重强调在面对类似历史挑战之时，"义和团与其他文化中人们的共同点"[3]，以消除东西文化的距离感，说明义和团运动的内在逻辑，竭力改变义和团运动在西方读者受众中的刻板印象，淡化陈旧的"黄祸论"色彩，"通过一种非异质的、甚至普世性的方式来解读义和团"，来强调"情绪面前，人人皆然"[4]。置身事内，对结果是茫然无知的，祈雨、降神附体，

---

1 柯文曾专门对此词做出解释，"文化本质主义（cultural essentialization），即将一种文化大刀阔斧地砍成其他文化不具有，或表现出来的相对较少的某套价值观和特性"。诸如西方自由包容、东方专制威权的固有认知即是显例。并指出费正清的部分著作，自己早期作品如《中国与基督教》一书中，均倾向于将"文化差异、误解，尤其是态度、价值观领域的误解，视为冲突的根本缘由"。见《走过两遍的路》，第103、104页。

2 柯文：《走过两遍的路》，第105页。

3 柯文：《走过两遍的路》，第184页。

4 柯文：《历史书写的无声之处：一位历史学者的自白——以〈历史三调：作为事件、经历和神话的义和团〉的撰写为例》，《文史哲》2012年第3期，第8页。

以及以谣言指控外来者的做法等等，都是用以对抗不确定性的手段，这正是人类经历中的固有特点。义和团降神、祈雨等法术的首要目的，"均是在面对不确定的未来和各种危险时，为其教众提供保护和情感上的安全感。通过这些仪式，他们力求稍稍把握住不确定的未来"[1]。中国底层社会一系列的反应，与欧、美、非各国民众相比而言，从人类学角度看去都是相通的，并没有什么殊异之处。"它们打破了毫无准则和误导的'东''西'之别，削弱了西方长期以来把中国视为本质上'离奇古怪'的'他者'的看法，让西方研究者有可能尽量不再把中国（包括它的各个民族及其文化）看成是充满异国风情的典型，而是一个有人性、通人情的地方"[2]。这是柯文在"经历"部分反复强调的，也是其人文关怀的闪光之处。

可见，在《历史三调》中，柯文虽仍是以"中国中心观"所标持的某些方法进行研究，但已有所突破。在进一步的"纵向"分解中，《历史三调》将学术注意力倾注到下层社会关切中，淡化中国的特殊性，更为强调"人类共有的困境"。柯文在整本书中的关照，常常超越于区域国别之上，如柯文自己所总结的那样，"用人类中心的取向比中国中心观更确切"[3]。

1　柯文：《历史书写的无声之处》，第9页。

2　朱政惠：《美国学者论美国中国学》，第276—277页。

3　见周武、李德英、戴东阳：《中国中心观的由来及其发展——柯文教授访谈录》，《史林》2002年第4期，第39页。在后续讲座中柯文也称，《历史三调》"是一个更着重以人为中心（human centered）多于是一个以中国为中心的研究取向"。

《历史三调》对文明共性的强调，对人类共有困境的关怀，在深度与广度上，无疑较之"中国中心观"更进一步。如果说《发现》的作者是"中国中心观"的旗手，那么本书文本背后的柯文，可称为"人类中心论"的倡议者。这无疑是柯文对《发现》一书范式、取向反思的结果，隐隐有几分向传统史观回归、与旧有范式寻求和解的意味。

这种回归和转向，可以通过《历史三调》另一取向加以佐证。如前文所述，柯文实际上是以本书实证性的历史研究，回应后现代思潮下，历史相对主义论者带来的挑战。

从结构与篇幅看去，本书第二部分，即"经历"部分，系柯氏着墨最浓、用力最勤、材料最丰之处。书信、日记、口述资料、回忆录、传记及新闻报道等各色史料，辅助以图片，靡不尽收，苦心孤诣，通过翔实史料展现历史的可实证性。这里，柯文要解决的是"人们经历的过去是否可知"这个根本问题。如国内研究者所指出的那样，"（柯文）此举似乎是对极端的后现代主义者之一种宣示。历史并非虚构的，各种扎扎实实的资料摊在眼前，使人无法视若无睹"，"大量的当事人的记载，以各种信件、图片、遗迹等辅助说明，似乎默默地在说：请看，后现代主义者口口声声说历史是虚构的，不能指涉任何真实的过去，而面对这些排山倒海的史料，我们实在无法认为过去是虚构的"。[1]这一分析，在其后得到印证。2022年，柯文在学术自传中，回顾《历史三调》写作历程时，如是写道：

1　王晴佳、古伟瀛：《后现代与历史学——中西比较》，第158、160页。

我坚信纯粹实证主义者认为的可知过去，和极端后现代主义者认为的不可知过去之间存在中间地带。这个中间地带允许真实、一定程度上存在可知的过去，也能敏锐感知重构过去的问题所在。[1]

柯文通过义和团运动的实证性研究，力图证明历史是可知的，"我们不可能全面恢复义和团运动的原貌，但我们的确能够恢复相当大的一部分，而且，在比较广泛的层面上，我们能够深入了解历史事实。"柯文对海登·怀特的回应是颇为有力的，至少，历史写作不应被视为"一种比较老练的骗人把戏"，传统史家的努力，不应也不会在无尽的解构中堕入虚无。尽管柯文的历史哲学在理论层面也存有罅隙。

三、局内？局外？柯文的理论困境

改革开放以来，随着学术市场的自由交换，域外汉学研究纷至沓来，可谓目不暇接。学界对汉学家群体，已初步取得一些共识。如王汎森总结的那样，作为异质文化研究者，汉学家在史料拓展、史实发现等微观实证层面的优势并不明显；其长处体现在"建构、理论、框架、比较的视野"等宏观联系上，能"说出某一个东西比较广的意义"。[2]作为一本

---

1 柯文:《走过两遍的路》，第153页。
2 王汎森:《海外汉学研究的长短之处》,《新京报》2013年10月16日。

历史哲学著作[1]，"《历史三调》整体上是在讨论如何探索历史知识的认知论"[2]，其理论资源无疑是富有价值的。但实际上，柯文的探索也呈现出扞格抵牾的一面，不妨以其反复论述的"局外"（outside）、"局内"（inside）论为例，试举其理论内在张力。

历史学家的"局外性"是柯文在《历史三调》的一个理论探索。从广义上讲，"当代人试图解释过去（有时是相当遥远的过去）的人们的经历"时，由于身处时段之外，这种"局外性"就已经出现。[3]柯文认为"局外性"是一种优势。以"事件"为取径的历史学家，比身处"局内"的亲历者，具备某种优势：预知结果、全局视野、掌控能力、价值中立等等。但是稍加梳理，就会发现柯文的理论存有一个发展过程。

最初，在提及"局外性"时，柯文更多强调的是其负面作用。在《发现》一书中，柯文要求研究者应成为"局内人"，以局内视角"力图对任何特定的非西方社会的历史，从其自身的情况出发，通过自身的观点，加以认识"，反之，柯文认为历史学家超然事外的局外人姿态，势必将"限定我们所寻回的历史真理"[4]。这种局内取向，实际上是"中国中心观"的方法的高度总结。也正是在这一逻辑下，柯文引入"移情"说，

1　如前文所述，柯文本就是一次理论探索，出版方哥伦比亚大学出版社同样将该著定位为"一般性"历史论著，而非"中国研究"著作。柯文：《走过两遍的路》，第160页。

2　柯文：《历史书写的无声之处》，第10页。

3　柯文：《历史三调》，第328页。

4　柯文：《在中国发现历史》，第212页。

要求史家应摒除"局外人"的偏见，以便进入"局中人"的世界，进入中国内部，发现并理解中国历史。应当承认，这一取向，与"中国中心观"主旨颇为妥帖，在逻辑上是自洽的。

至《历史三调》发表前夕，柯文的《〈在中国发现历史〉新序》被译载于《历史研究》时，其观点有了重大改变。他认为局外性在扭曲之外，"还起了阐明和启发的作用"，指出"正是我们的局外性，才使我们不同于历史的直接参与者，并使我们作为历史学家得以再现当事人所无法知晓的并具有意义的过去"。[1] 这里柯文旨在突出史家客观性，也是柯文首次肯定"局外性"的正面作用。

在《历史三调》中，柯文更进一步阐发并肯定其价值"（局外性）是让我们不同于历史的直接经历者和历史的神话制造者的因素之一，它使得我们这些历史学家有能力以直接经历者和神话制造者做不到的方式让历史变得通俗易懂并富有意义"。在这里，"局外性"几乎成为历史学家区别于经历者与神话制造者的一种身份符号。这一点，也在其后的学术自传中再次得到重申，"局外人身份正是我们与历史亲历者、神话创造者的最大差别"。[2]

一方面是对"局外性"的鼓吹，另一方面，作为"中国中心观"的理论根基，柯文对进入局内也并不轻易言弃。如在《历史三调》中，他虽然极大地弱化，甚至对局内优势避而不谈，但认为历史学家仍应"以敏锐的感觉、尽可能多的

---

1 柯文：《〈在中国发现历史〉新序》，《历史研究》1996 年第 6 期，第 105 页。
2 柯文：《走过两遍的路》，第 125 页。

诚实求真精神", 在"局外"和"局内"来回游走, 充当"现实与历史之间的调解人"。[1] 这种首鼠两端的折中论, 在其学术自传中, 仍有浓郁印记。柯文回顾《发现》一书时, 仍将传统汉学家"欧洲中心观""西方中心观"等取向, 指斥为"局外视角"; 而"中国中心观"被视为一种"局内视角", 仍为其坚持、推崇。[2] 可见, 局外视角在特定的研究中, 仍是作为一种批判对象存在。而到了《历史三调》的回顾中, 再次强调局外、局内关系"复杂", 认为历史学家试图理解"研究对象的意识"时, "必须抑制自己局外人倾向"; 另一方面, 作为"过去与现在之间的翻译", 历史学家翻译的原则应是忠实、有效的, 从这个意义上讲, 历史研究者在向当代读者解释研究对象的意识时, 不仅不能抑制, 反而应当充分利用局外人的倾向。这也与此前, 他将史家定位为"现实与历史调解人"的观点, 形成呼应。[3]

柯文的观点大抵可以总结为: 当历史工作者采择史料、追逐真实性的时候, 应以局内视角移情其中, "理解历史对象的意识", 使自己和神话制造者相互区别; 而当解释历史的时候, 柯文强调的又是历史的客观性, 要求跳脱出时代局限, 局外旁观, 使自己和历史亲历者区别开来。柯氏理论探索的演进, 源于他对后现代思潮的扬弃。在回顾经典作家观点时, 柯文曾有总结: 海登·怀特认为真实的过往, 缺乏框架和结

1　柯文:《历史三调》, 第 328 页。

2　柯文:《走过两遍的路》, 第 237 页。

3　柯文:《走过两遍的路》, 第 125—126 页。

构，并非完整叙事，历史学家无法胜任翻译者角色，更多是主观发挥；而传统史家则认为人们在思考生活时，无论是否进行历史写作，本质上都是通过叙事进行表达，历史到现实之间的连续性，是客观存在的。[1] 这实际上，也是林同奇所指称的，柯文在理论建构上遇到的"历史真理的主观性与客观性"问题。[2] 在《发现》一书中，柯文更认同于后现代史家，对既定范式持批判眼光；而《历史三调》中，方法仍是后现代的，但立场则属传统史家。学者认为，这种理论上的转变，"显示了柯文对激进的后现代立场的警惕和对先前之极端化观点的局部修正"[3]。

但这种修正，使得理论愈发充满张力。具体到应用上，以欧洲为原点去观察中国，缘何就不是史家局外性的体现？而持论"中国中心观"者，却又如何保证"翻译"工作的忠实？再或者，史家究竟保有多远的距离，才算是局外？林同奇曾一针见血指出了柯文历史哲学的最大问题，即未能"把多元的分散的'局中人'观点和关照全局的史家个人的观点统一起来"[4]，而这也正是柯文一直未能解决的问题，积留至

---

1 柯文：《走过两遍的路》，第 245—246 页。

2 林同奇：《人文寻求录——当代中美著名学者思想辨析》，新星出版社 2006
年版，第 249 页。

3 夏明方：《一部没有"近代"的中国近代史——从"柯文三论"看"中国中心观"的内在逻辑及其困境》，《近代史研究》2007 年第 1 期，第 19 页。
对柯文局内、局外观的总结，另见张振利、张志昌：《从"中国中心观"到"历史三调"》，《中州学刊》2003 年第 1 期，第 132—133 页。

4 林同奇：《人文寻求录——当代中美著名学者思想辨析》，第 242 页。

《历史三调》一书时，更显模糊、暧昧乃至抵牾。

在 2014 年《历史三调》再版之际，柯文在中文版新序中，吸取了一些批评意见，"局内"、"局外"之论，又有新的发挥，开始被拓展、延伸至汉学家与中国史家治史客观性的比较上。柯文先是提出了文化层面"局内人"、"局外人"的概念。"局内人"指"在这个社会中生活和受教育的人"，由于"从小就被灌输这些知识"，他们已经成为"文化培养的一部分"，就义和团研究而言，指的是中国近代史学术圈的华人研究者群体；相应地，"局外人"指"主要是从书本中了解那种文化，或者通过成年以后在那个社会中短暂生活一段时间来了解那种文化"的人，即囊括美国汉学家在内的所有汉学家。[1] 这一概念界定，也便和《历史三调》末章中，柯文对中国史家的批评呼应起来：书中认为，中国史家"由于承载了 20 世纪的政治和文化重任，所以干扰了历史学家了解义和团运动历史真相的钻研活动"，"很难完全摆脱义和团运动的神话色彩"，[2] 常常身兼"经验者"或"神话制造者"多重身份，故而未能很好地肩起历史学家职责。相较而论，身处域外的美国汉学家，由于远离中国的各色政治漩涡，加上文化疏离，恰能做到价值中立，治学严谨度上（尽管柯文并未明言）自然就有一种优势。无疑，优势的根源，正在于文化意义上的"局内"与"局外"。

游移不定的"局内"、"局外"之论，解释力本已显得苍白乏力。而柯文引入文化介质，使得这一理论呈现出一种"文

1　柯文：《历史三调》中文版再版序，xv。
2　柯文：《历史三调》，第 315—316 页。

化本质主义"的倾向——中国文化熏陶之下史家惯于谄媚当局、编织神话——而这种倾向正是他所反对的。"局（side）"的边界，因之而周延不定，在《历史三调》的结论部分，他略显写意地罗列了一些对象：

> 美国历史学家撰写有关中国历史的著作，
> 男性历史学家重构妇女的经历，
> 白人历史学家研究黑人的历史……[1]

柯文认为上述作者，均具有一定的"局外性"！毫无疑问，这样的解释未免过于随意了。而相较于这种弹性解释，柯文以义和团神话例子，对身处"局内"的中国学者之点评，则愈显严厉、尖刻。黄克武困惑之余，就直指破绽：

> 同在历史学界，究竟谁是"局外"（outside）中的"局"（side）？谁能把自己置于局之内外（in/out）？如果美国的中国史家处于局外，是否非中国史家要比美国的中国史家更在局之外？又作者未明言的反对对象，处于历史界外对于历史的批评者，如文学理论家、文化研究者等，甚至非学术范畴内的评论，由于与历史学科更无涉，岂不又在"局外之外"？[2]

1　柯文：《历史三调》，第 327 页。
2　黄克武：《反思现代——近代中国历史书写的重构》，四川人民出版社，2021 年，第 203 页。

中国学者一矢中的，观之不无戏谑之感。纵观柯文学术脉络，却也不难发现，这种自相矛盾的理论创新，在与时俱进之余，更有几分"因材施教"的意味：相比于英美汉学家同行，他可以操持"中国中心观"的"局内视角"，标新立异；而对于中国母文化地区的研究者，则又可以超然地保有一种局外旁观的身份，高明自许。从这个意义上看去，柯文的理论创新，未免也太过量身定做。理论的特殊性，自然也限制了适用范围。

类似"局内"、"局外"之论的颉颃观点，在《历史三调》中也不止一处。如历史学家与神话制造者的区别问题，王晴佳就指出，"作为史家也往往不易和神话化者的角色分开，尤其是从后现代主义的思考角度来看，史家很可能是不自觉的神化者，而神化者为达神化之目的，往往也不会宣扬其造神的角色，毋宁以'历史学者'的包装更能达其目的。"[1]结合"局内"、"局外"之论，如果以时段区分，后世的神话制造者也同样能够具有历史学家广阔的视野，在时间上，同样是身处局外的。至于预设立场，柯文也不否认史家同样有价值取向，"即使是最有造诣的历史学家，在向某一被神话化的历史事件提出质疑的过程中，也不可避免地会制造出另外一些神话"[2]。那么，在多大限度上，历史学家和神话制造者是有区别的呢？柯文认为神话制造者是为现实政治服务的，历史学家则"爱知求真"，以还原过去为目的，只是这种还原，也受到史家所

1　王晴佳、古伟瀛：《后现代与历史学——中西比较》，第158页。
2　柯文：《历史三调》，第232页。

处时代的政治、经济、文化诸要素局限。爱德华·卡尔也指出治史者应有现实关照，"只有当历史学家对于过去的看法由对当下问题的洞察力得到生动的说明时，才能写出恰如其分的伟大历史。"[1]柯文也承认，历史学家"研究中所遵循的取向，所提出的基本问题主要仍然是由史家的社会文化环境所决定的。"[2]那么，治史者回应时代精神，在研究中倾注某种主观的现实关怀、社会关照时，是否已经逾越了复原历史的底线，是否就已经超出了古今翻译者职分？

林同奇在评论《历史三调》一书呈现出的学术取向时，曾探究了柯文与史华慈之间的学术渊源，并梳理了其与怀特史学思想之异同，认为在现代史学与后现代"之间"或"之外"简单定位柯文，均失之偏蔽。[3]但大体而论，柯文在回应后现代主义思潮之先，即已从批判对象身上汲取大量理论养料，并深受该思潮影响，则是毋庸置疑的；与此同时，在志业取向上，费、史二人作为历史学家的传统价值理念，同样为柯文烙下印记。这势必导致价值观与方法论不兼容的现象，理论张力难以调和。如艾文斯回应后现代的名著《捍卫历史》一样，柯文实际上是"试图采取一种折中的方式，平衡后现代主义的极端相对主义（postmodernist hyper-relativism）和传统历史主义的经

1 E. H. 卡尔：《历史是什么？》，第 125 页。

2 柯文：《在中国发现历史》，前言。

3 林同奇：《现代史学与后现代史学之间或之外？》，载林同奇：《人文寻求录——当代中美著名学者思想辨析》，第 275 页。

验论（historicist empiricism）。"[1] 只是，这种平衡的方式，有时更像是一种妥协，如学者指出的那样，柯文对历史真实性、客观性提出的解说，流于一种"折中主义"，"并没有解决历史相对主义的挑战"。[2]

结　语

柯文治学，史观取向一波三折，从"西方中心论"的门徒，到"中国中心观"的旗手，再到《历史三调》中放眼文明共性，以"人类中心论"为标识。所有这些转变的背后，隐隐可见后现代思潮的暗流。峻急的冲击与挑战中，史家需要不断重新审视历史与现实的距离。柯文回顾一生治学的心路历程，为最近的学术自传题写了一个《历史三调》式的书名：《走过两遍的路》，并破题道"当初亲身经历的历史与后来重构的历史十分不同"，喟叹之余，柯文总结史家困境：

> 历史学家，包括回忆录作家，如何处于现在来看待过去、理解过去、书写过去？总有空隙需要弥合、空白需要填补，但即使历史学家穷尽一生弥合、填补，他们也不可避免要使用今天的语言，去尽力重构当时真实发

1　理查德·艾文斯：《捍卫历史》，张仲民、潘玮琳、章可译，广西师范大学出版社，2009年，第255页。

2　黄克武：《反思现代：近代中国历史书写的重构》，第186页。

生的故事，还要采用能够引起现在人们共鸣的方式。[1]

    史家作为古今之间的翻译者，在两个大相径庭的领域间游走，是治学的最大挑战，这实际上也是后现代挑战的锋芒所指。柯文坦言，"这种困境永远无法完全克服"[2]，但是，如史家所言，"认为历史学家不能讲述全部的真相是一回事，贬斥他们只讲述真相的理想又是另外一回事。"[3]柯文虽未能完美解决后现代主义的挑战，却也求仁得仁，"与这个挑战角斗，甚至拥抱这个挑战，深入探寻我们渴望了解的神秘过去，正是为历史学家带来满足感的最大来源。"[4]从这个意义上讲，从"中国中心观"到《历史三调》再到其后的历史写作，柯文的阔视远想，所做出的西西弗式的努力，"知其不可为而为之"的立场，足令史家动容。这里不妨引用加缪的名言作为结尾，用以致敬那些治史的"柯文"们，"他爬上山顶的斗争本身就足以使一个人心里感到充实。应该认为，西西弗是幸福的"[5]。

1　柯文:《走过两遍的路》，第 253 页。

2　柯文:《走过两遍的路》，第 253 页。

3　彼得·伯克:《历史意识的两次危机》，载彭刚主编:《后现代史学理论读本》，北京大学出版社，2016 年，第 304 页。

4　柯文:《走过两遍的路》，第 253 页。

5　阿尔贝·加缪:《西西弗神话》，杜小真译，商务印书馆，2017 年，第 119 页。